錢穆作品精萃

新亞遺鐸（下）

錢穆

三民書局

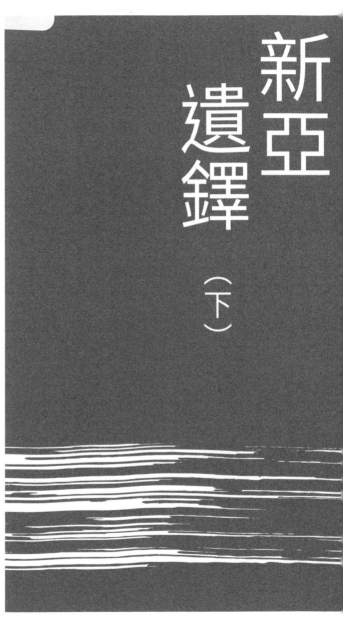

新亞遺鐸（下）

目次

下冊

中國歷史上關於人生理想之四大轉變

民國五十一年四月十日研究所學術演講討論會

（一）

今天我的講題是：「從中國歷史來講中國人生理想中四個大的轉變。」此題一部份是講歷史，另一部份則講思想。若從思想來講歷史，則應一家一家各別闡述，再加貫串，而成為一種思想史。我此乃從歷史來講思想，因此並不重在各家之特殊點。如孔子、墨子之人生理想各如何，而只注重在同一時代中許多思想之共同點。固然於同一時代中各家思想，彼此之間儘有差別。如先秦時，孔、孟、莊、老各家思想，其相互間之特殊處，此講題中暫置不管。而只講其共同點，即其成為時代思想之特徵者。下至魏晉南北朝，時代變了，思想亦隨而變，顯與先秦時代不同。在此講題中，亦不討論當時各家之差別處，而專講其共同處。下及隋唐、宋明亦然。所謂四大轉變，即指此而言。

其次講到「人生理想」四字。關於人生問題，自大處分別，可有兩種看法：一是自己站在人生之外來看此人生，今人謂此為客觀。此種看法，勢必將人生當作一外在自然看，勢必講人生何由來？又將於何歸宿？循此以及人生之意義與價值究何在等。如此研討，亦即今日所謂的人生哲學，或人生觀。要之是思想家自己先站在人生之外，而將人生作為天地間一自然，而對之加以研尋與說明。其另一看法，是自己站在此人生圈子之內，自己早已是一人，即得承認此人生。諸如飲食、男女、生育等，所謂人生，已顯然在此。此已是一現實，不得不承認。但承認了此一人生現實，在此現實中，吾人究可抱有何種理想？希望其明日、後日能有何種變化？果求其能有此變化，則吾儕處身此現實人生中，究應負何等責任？其主要點只在此。卻不必再究人生何自來，其最後歸宿將何所往。只問對此現實，有無加入吾人理想之可能？而對此等理想誠欲求其實現，吾人能盡何等職責？此種講法，近似是一種主觀，吾今不妨稱之為是「人文的」。因其站在人文立場，不問其來龍去脈，不作原始要終之追尋。而僅在此人生中，對此一現實而思維，吾人究應加以何種理想與負起何種職責。

前一看法像是理智的，後一看法則帶有情感性，不得謂純理智。換言之：亦可謂前者是一種澈底的，而後者似不澈底。因其先承認了此現實，接受此人生，而僅討論其理想之可能。此理想即在現實中，並須附帶以行為，因此亦不是純思想的。中國人向來講法，似偏近於後者。當然在中國思想史裏亦多有講及前者處，但不害其所偏乃在此。我此所講，則是專有關於人生理想部份者。因理想只在現實中，而又附帶有一種行為與職責，故與歷史關係更為接近。至謂中國歷史上對於人生理想有四大轉變，此亦只是一種大概的講法。即如先秦以前有春秋時代，亦應大有可講，而在此講題中，則略去不談了。

（二）

先秦時代應從孔子講起。在《論語》中，似乎孔子並未正式討論到人生之起源與歸宿等問題。此可謂孔子乃不重在研討人生哲學，即對人生作純理智的客觀研究。孔子《論語》中所講，主要在先承認此人生。然後針對當時社會，就其所見、所知，而加進了某些理想。而此諸理想，孔子似只向少數人提出。蓋因任何理想之實現，勢必要有少數人肯挺身負責，而非可能期望於全人群。故《論語》乃似為社會一部份人宣述，而非面對全人群講話。此一部份人，即《論語》中之所謂「士」。

根據歷史，在孔子以前，中國尚是一封建社會，有貴族，有平民。貴族稱君子，平民則屬小人。逮至春秋末期，孔子出生，貴族階級已漸趨崩潰。但在當時貴族階級中，亦有不少覺悟分子，如魯國叔孫豹所講人生之三不朽，即是其一例。據孫叔豹看法：貴族世襲僅堪稱為世祿，欲求不朽，即須立德、立功、立言。此三者始對人群有貢獻，而皆屬於人生之職責方面者。當時貴族階級已多不能負起此一職責，在貴族平民間逐漸產生出「士」之一階層。孔子亦是一「士」，孔子似乎希望由此士的一階層來領導社會，發展理想。

近人讀《論語》，多對《論語》中有關「君子」、「小人」之分別加以注意，而忽略了《論語》中對於「士」的教訓。其實天子、君卿、大夫、貴族階層皆可為君子。而理想之士亦可為君子。孔子教訓則偏重在當時士之一階層。孔子所討論的，雖是任何人應如何作人的問題，但孔子似未注重到全人群皆能如彼所教訓。孔子所偏重，乃在教人如何做一「士」，如何做一「理想的士」。換言之：即所謂士者，對此社會須能負起何種「職責」與「道義」，即是對此社會應有一番理想與其相應而起之一種責任感，而努力以求此項理想之實現。社會能有此一批理想之士，可使社會亦臻於理想。故孔子之教，實際上亦可說是一種「士教」。孔子之所以不成為一宗教主，不能與釋迦、耶穌同開一宗教，其主要分別亦在此。

今姑略舉《論語》孔門言士者，稍加說明。孔子云：「士志於道，而恥惡衣惡食者，未足與議也。」此處「道」字，即指一種人生理想，而同時亦為士之職責。就現實人生言，幾乎每一人無不希望能有美衣好食。孔子在此方面，似乎不作批評。只說：倘使你是一個「士」，而志於道，即不應恥惡衣惡食。此等處，顯見孔子非對全體人群講話，而只對人群中少數人說話。孔子並不曾針對全人群，主張人人須不恥惡衣惡食，而只專為士之志於道者言。可見在人生中能有美衣好食，孔子並不反對。孔子又曾云：「飯疏食飲水，曲肱而枕之，樂亦在其中矣。不義而富且貴，於我如浮雲。」顯見孔子並不反對有富貴，只富貴應有條件。儻能合乎道義而富貴，孔子說：「執鞭之士，我亦為之。」富與貴，人人都希望，而孔子之教則專為一般有志之士而說。孔子不敢自居為聖人，然勉勵大家做君子，尤其希望此一輩理想之士都能為君子。

孔子弟子曾子亦云：「士不可以不弘毅。」此語亦未說人人皆得要弘毅，而專側重於對士而言。為何士則必要弘毅呢？此因士在人群中負有重任。求能負起此重任，又必有一段遠道。曾子說：「仁以為己任，不亦重乎。」此猶說以人類之理想與道義為其責任。孔子提出此「仁」字，亦即先承認了此人生、此社會。而仁乃是人道中一項理想，人生向此理想而前進，則需有人能來領導，此輩領導人即「士」。曾子續云：「死而後已，不亦遠乎。」人生為何必有死？宗教家、哲學家都愛討論。但孔子教人，卻不在此等處深究，只承認此現實便了。但負起此人群仁道之士，也須有死。今試問：彼死後又如何？此又應是一大問題，但孔門在此等處也不引伸遠去，只說此有志之士須死了其責任始免。今試問，孔門此種看法，是否可謂是屬於悲觀一方者？至少儒家乃側重現實，我之責任及死而終，便是一現實。此下又有他人，人類既大體相同，我能抱此理想，盡此職責，此下豈必繼起無人！佛家理想最後有一涅槃境界，耶教理想亦有一終極，即大家皆可上天堂。孔子思想似不重此一最後終局。故可言孔子為一悲觀者、消極者，但亦可謂其是一樂觀與積極者。故儒家在現實人生中，乃抱有一大同太平之境界。曾子此番說話，則確乎能發揮孔子之教。曾子也似乎並不希望每一人皆能犧牲為社會，死而後已。只希望有些人能如此，故可說是重現實。孔子之不成為一宗教主者即在此。因孔子不超出人生來作討論，而只在當前現實人生中有一番理想與抱負而止。

孔子所講之「仁」，即是一種理想的「人道」。孔門只希望每一理想之士，能就其一生來負起此責任，來領導社會走向此理想境界。此項責任，死而後已。自己不顧衣食生活，惟以志道為尚。更不計當前或將來之報酬。因此亦本無報酬可言，端視其人自己內心願否如此。故孔子雖非一宗教主，然彼之教訓，於此等處，卻顯見有一種宗教精神，似乎較之佛教耶教更為難能可貴。因佛家求超出輪迴，耶教盼能死後上天堂，其教人皆有一報酬。而孔子之教則未作任何承諾，並無眼前或將來之報酬可言。孔子只提出一種人生理想，並不深究人生究是一什麼，只講人生當前該如何。此所謂該如何者，亦並非孔子個人意見，孔子只在提倡當前社會人人心中所希望，如：孝、弟、忠、恕、仁、義種種，為父母者必望其子女能孝，長者必望其幼輩能弟。儒家人生理想，只承認此現實人生中人人之所想望，而奉以為人生大道。但並不是人生是如此，而是人生能如此、該如此。在人生能如此、該如此之中，希望有些人能來提倡此一該如此之圓滿實現。其能如此之人，即孔子心目中之所謂「士」。此為孔子及孔門諸子所最先提出的一番人生理想。諸位如欲深究，可仔細讀《論語》。

孔子之後有墨子，墨子思想與孔子不同處，此講暫不涉及。惟墨子有與孔子相同者，即墨子所講亦可謂是一種士教。《墨子》書中分別有兩種士：一曰「兼士」、一曰「別士」。至於一般普通人，墨子似亦存而不論。墨子提倡大家做一兼士，不要做別士。由兼士來領導社會走向兼愛。《墨子》書中有〈貴義篇〉，希望人能做一「義士」。義士即是肯自我犧牲，來負起此人類理想之責任者。若單注重此一方面講，則墨子精神亦與孔子無異。

現接講孟子。孟子云：「士尚志」，以示別於從事農、工、商各業之平民。其實農工商各業亦皆有志，如志在豐衣足食，志在富貴利達，但此非孟子所謂之「志」。孟子所云之「士尚志」，仍是一種自我犧牲，仍是在現實社會中少數抱有理想之人，肯負起責任來領導社會走向此理想者。《孟子》書中提及士字處甚多。孟子又謂有「一邑之士」、「一鄉之士」、「一國之士」、及「天下之士」諸分別。又有所謂「豪傑之士，雖無文王猶興。」在現實人生中，何嘗不是人人皆望做一好人！但人人都諉卸此責任，認為在此社會上則無法做好人，做好人必先自吃虧。孟子對此一輩人並未加以責備。孟子意，只須文王一出、社會好轉，則此輩人皆可成好人。但在文王未出以前，則不得不盼望要有少數豪傑之士肯挺身出擔此重任。此少數豪傑之士，則必須出於自願，必先自有此志。但孟子立教，亦並不希望每人都能如此。故曰：「飲食男女，人之大欲存焉。」又曰：「食、色，性也。」可見孔孟乃是承認此現實，而即就此現實來建立理想。而望能有少數人成為豪傑之士，來負起此責任。

孟子繼起有荀子，《荀子》書中少言士而多言儒。因到荀子時，士階層中已甚複雜。荀子所講之「儒」，亦即荀子心目中之理想之士應為一儒而已。《大學》一書，應是荀學後起之書。《大學》提出：「在明明德，在親民，在止於至善」三綱領。程子注曰：「大學者，大人之學也。」可見大學之道仍非講給一般人聽，而係講給有志從事於大人之學之少數人聽。因此，孔、孟、荀等儒家，到底只可說其是一教育家，卻不能承認其為一宗教家。宗教家如釋如耶，逢人皆如此講。而儒家則注重向少數人講。我今不討論儒、釋、耶之內容方面之別異處，只提出此一相異，便可見中國先秦儒家，不得成為一宗教。

《大學》於三綱領之下有八條目，主要則講修、齊、治、平之道。當知身、家、國、天下，此亦現實人生中之一種既有存在，儒家先承認此存在，卻不須追問其何所來。若必追問到源頭上去，則可有人出家、甚至捨生，此便成為宗教或哲學問題。而儒家置此不問，只承認此現實，而提出一些理想。至於其究極將來，亦可不問。儒家所重，只是站在人文立場，而求解決當前問題者。當前有此身、家、國、天下，故須講求修、齊、治、平之道。此即人生理想，亦是人生責任。

儒、墨乃先秦思想中兩大派，在此方面立場甚相近。莊子道家則處於一種反儒、墨之立場。又如法家、陰陽家等，多在批評此立場。有些則走上歧途，如縱橫家是。但無論如何，先秦各家中，講及人生理想，應以儒、墨兩家為代表，則屬無可否認之事實。

（三）

下至漢代，士之一階層，已正式代替了古代之貴族，而成為社會上之領導階層。兩漢時代之士，初看似無甚多人生理想發揮。實則當時之士，乃依著前人理想，而求善盡其職責。大體講來，亦可謂其貢獻實至鉅。此輩士，進而在朝，則在治平實績上用心。退而居鄉，則敬宗恤族，注意到各自的家的一面。此下遂逐漸形成為「士族」。東漢以後，即有大門第出現。此時之士，其家庭在社會上皆已有一卓越地位。就孔孟之教言，敬宗恤族亦不算是壞事。吾人亦不能對此變遷多加責備。但東漢末期，政治進入一黑暗而無辦法之狀態中，黨錮之禍，明明把「士」在治平實績上之可能貢獻之一條出路封閉了。當時的士人內心動搖，意態漸變，首先乃推尊顏淵。顏淵「一簞食，一瓢飲，在陋巷，人不堪其憂；回也不改其樂。」顏淵似對實際社會並未做出任何貢獻。但孟子則謂：「禹、稷、顏回同道；易地則皆然。」東漢士人在其內心苦悶中，似自認無法為禹、稷，乃專一推尊顏淵，這纔真成其為悲觀與消極。但當時之士，實已與孔孟時代不同，因當時已有士族存在，每一士各有一門第背景。就歷史變動言，孔孟時代之士，其對方乃公卿、大夫。而今日之士，其對方則為庶人。士庶之分別對立，成為當時社會一新型態。因此若要在當時保留此士的身分，首須保留此一門第。此為中國歷史上一大變動。

再就思想方面言。古之所謂士，其意義與價值，端視其能對實際社會治平大道有貢獻。今則不然，士對治平實績之貢獻，已認為不可能。在此思想苦悶無出路之中一轉變，遂認為其人縱對社會人群無貢獻，而其人之本身價值仍可有存在。此一本身價值，即表現在其人之「德」，而更可不必論其「功」與「言」。如顏淵，即是有此「德」，而其對社會，則不必有功與言之貢獻者。依孟子講法，顏淵只因所居地位不同，故不得為禹、稷。現在卻將禹、稷拋開，專從顏淵方面看。於是莊老思想從此滲入，而成為魏晉以下人生理想之一主流。《莊子》書中，亦甚佩服顏淵之為人，莊老道家屢講到「德」字。其所謂德，乃屬一種內在之德。而孔孟之所謂「道」，則必可行之於天下。今則認為顏淵之可貴，即在其有德。而孟子所謂顏淵與禹、稷同道，到東漢末期人則撇開此不論，把顏淵與禹、稷分開。此一轉變，乃下開魏晉以下之名士風流。

名士亦有成為名士之條件，並非門第中人即盡屬名士。名士之成其為名士，則因其有風流。

「風流」二字，在當時究作何解？據我意見，風流乃指其可為人之楷模，為人所效法言。《論語》所謂「君子之德風，小人之德草。草上之風，必偃。」孟子所謂：「流風餘澤。」人能具德在身，得人景仰，為人慕效，其德即可以長傳。此乃魏晉以下之人生理想所在。惟風流則必屬於名士，而名士則又貴於有此門第。故魏晉南北朝人對門第之保持特所重視。他們要講「門風」、「家法」、「禮教」，用以維持此門第。其實這些都從儒家傳統來。只在門第中成一名士，風流自標，則夾雜了不少莊老道家意味。

近人講魏晉南北朝士風，認為他們只重道，不重儒，此是一大誤。又認為他們當時之門第，只憑藉政治上之特殊地位，與經濟上之特殊勢力而維繫，此又是一大誤。當知魏晉南北朝時代之大家庭、大門第，乃各有其「門風」與「家法」，乃各有其同遵共守之「禮教」，此等大體乃源自儒家。今姑舉其最顯著最簡易明者言：門第必尚「孝」、「弟」，因此必知尊祖德、教子弟。《文選》中有甚多篇當時著名文章，專在頌揚祖德及教導子弟方面者。故可謂當時士階層之人生理想，主要乃在如何維持其家庭與門第。因此而有家法，有門風，有禮教。必使一門中人能孝弟，知尊祖德，能教子弟。能如此，其人始成一風流人物。但僅此仍不足，尚須其人在文藝方面有修養，並須擅於「清談」。當時所謂清談，乃只談哲學，只談名理玄思，卻不談政治與道德。道德人所共守，禮法具在，無可談。少談政治，所以避禍。談名理、談玄、說道，則可表示各人之學養與智慧。當時遇大族婚宴，嘉賓群集，乃為舉行清談之好場合。既有高雅之風致，亦於談論見情趣。當時名士，居家奉行儒禮，處世乃用莊老。謙虛、沖和、與人無爭，亦是保持家門之一法。若真尚莊老，則何來又重視所謂家法與門風，更有何禮教可言！

最先正始玄談，開始把莊老引入儒門，此一風氣，大為後來所仰慕。然論其實際，固未能把莊老來代替了儒統。因此阮瞻得以「將無同」三語辟為掾。而郭象注《莊子》，處處違反莊書原旨，為孔子作迴護，因此乃為一時之談宗。實因當時所謂名士風流，處世固尚玄虛，而治家仍守禮教。再加以清談玄思，詩文華藻，又須琴、棋、書、畫，投壺、射箭，種種雜技，以表示門第中人高貴之學養與身分。在此等祈福避禍專望門第永保勿墜之心情下，又易對宗教生信心。即如王羲之一家信奉天師道，正是一例。其後門第中人多轉奉釋氏。當知佛教亦富玄談，亦重禮法，正合當時門第風氣。

大要言之：則魏晉南北朝時代之人生理想乃是消極的，包圍在門第圈中，胸襟狹窄。主要只可謂有志潔身保家，卻不比先秦乃及兩漢多知立德、立功、立言，富有一番淑世精神。但中國歷史文化傳統，所以猶得維繫不輟，當時門第亦不為無功。

（四）

下至唐代，佛教逐步中國化，又另開一理想。初時僧徒生活乃由帝王及門第供養，高僧大德多從事譯經工作。入唐以後，寺廟僧侶乃多從事生產勞作，自給自足，不再要專靠宮廷與門第之護法。而自南朝竺道生提出「頓悟」及「人人皆可成佛」之義，下至唐代禪宗六祖慧能崛起，而大揚厥趣。其《壇經》有云：「佛向性中作，莫向身外求。自性迷即是眾生，自性覺即是佛。慈悲即是觀音，喜捨名為勢至，能淨即釋迦，平直即彌陀。」此寥寥數語，卻是佛門中人一大轉變。佛法本是宗教，至是乃全融入現實人生中來。把現實人生中人人所能，處處可遇之慈悲、喜捨、淨與平直，即成為是觀音、勢至、釋迦與彌陀。此一來，佛法即是人生，人生亦即佛法，兩邊縮在一線上。故中國自有禪宗，而佛教遂現實人生化，乃與先秦人生理想異途合轍。

自有禪宗，而佛教之法門大開，不僅人皆可以成佛，抑且立地可以成佛。現實人生，即是佛法道場。從前人欲求成佛，不知要經過幾度或幾十度輪迴。而佛法玄深，經典浩繁，欲窮究其義，儼如要通貫不知幾何家派的哲學大理論。現在大可不理會這些。慧能說：「佛之說法，乃為眾生。苟無眾生，即無佛法。」而且佛法既脫離不了現實人生，因此「出家在家都一般，運水搬柴，即是妙道神通。」只要「心中慈悲，便等於是觀音菩薩了。」而且「煩惱即菩提」，無煩惱則何來有覺悟！釋迦當時所看到者，也只是現實人生中之生、老、病、死，此等乃是人類之大煩惱。若無此等煩惱，何來有所謂覺悟。從前只求逃避此煩惱，現在教人面對此煩惱。從前是逃避了人生求成佛，現在則即在日常人生中可成佛。自有禪宗，遂把佛學的宗教精神沖淡了，重新挽回到人生日常方面來。即此可說是佛家理論上一大革命。

唐代在禪宗盛行之下，如何得成佛，變成人生之最高目標與最高理想。上自皇帝卿相，下至販夫走卒，人人平等，各可成佛。佛法普遍廣大，乃為每一人講，非專為某一色人講。而且講來平等，不須作幾樣話講。這是中國傳統文化中本所自有的一種宗教精神之新影響。但從前中國傳統所特加於某一色人之一種特殊職責，及其所應有之一種特殊精神，卻亦不免隨而沖淡消失了。

（五）

禪宗把佛法挽向現實人生化，但終不脫寺院束縛。宋人又從禪宗翻一身，由釋歸儒，把「人人皆得成佛」轉回到「人人應作聖人」。後人甚至謂：「不為聖人，便為禽獸。」此種意想，顯與孔子又不同。孔子只勉人作「士」，他自己也不敢以聖自居。現在宋儒講學，必以聖人為歸，孔子以下則盛推孟子，較之東漢人尊顏淵更過之。程明道說：「灑掃應對，即是形而上，可以直上達天德。」此種說法，顯從「運水搬柴即是妙道神通」轉來。蓋非廣開此路，則不能說人人皆可為聖人。明道又謂：「堯舜事業，只如一點浮雲過目。」此又與孔子意想不同。孔子盛推堯舜事業，稱其「巍巍乎、堂堂乎！」今把堯舜事業看輕了，豈非治平實績亦如浮雲！此在先秦孔、墨、孟、荀，可謂絕無此意。

宋儒把事業看輕了，卻掉換講「氣象」。明道根據《論語》：「浴沂，風雩，詠而歸，孔子歎而與之。」卻說曾點：「便是堯舜氣象。」其實宋儒論氣象，正猶如魏晉時人所云之「德操」與「風度」。魏晉人把外面世務撇開，只講私人生活。宋儒也把外面世務撇開，只講內心境界。明道之意，似乎認為堯舜雖為人群幹了一番大事業，但堯舜心中亦如曾點般，並不曾把自己的個人事業看得太重了。在明道，或許為儒、釋爭人生理想之領導，禪宗既主人人可以成佛，儒家不能不說人人可以為聖。然此一門路開了，後來人便群思作聖，成為宋明兩代之人生新理想。

南宋陸象山繼明道有云：「我不識一字，亦可堂堂地做個人。」此所謂堂堂地做個人，自然不是指做普通人，其意卻即是做聖人。如此說來，不識一字，灑掃應對，浴沂風雩，歌詠一番，即此道路也可作聖。明儒王陽明繼起，單拈自己一點良知，便是作聖真血脈。他說作聖只講成色，不講分量。他提出「拔本塞源」論，主張種田挖溝，亦與禹、稷同道。若在事業貢獻大小上計較，便是功利觀點。循此遂有滿街都是聖人之說。一箇端茶童子，也即是聖人了。若論事業與學問，此端茶童子決不能與堯舜孔子相比。但在當時風氣下，必要主張人皆可以為聖人之理論，因此只可翻過來說：「若孔子做此端茶童子，豈非也只能做到一心莊敬，不潑不倒，克盡厥職而止！」因此遂說此端茶童子也即是聖人了。本來是說人皆可以為聖人，現在說成讓聖人來做我，也只能如此做。

上引孟子「禹、稷、顏回，易地則皆然」之說，魏晉以下是只做顏回不做禹稷。宋明儒之流弊，乃是教人且做曾點，便猶如做堯舜。風氣所播，理學變成為一種通俗運動與平民教育。這可說是宋明理學自始即存在的主要一大趨勢。

（六）

直到明末東林學派起來，首先反對此種風氣。他們主張講學不能不問政治。下至顧亭林、黃梨洲、王船山三大儒，主張要講聖賢學問，便不能不讀書。專從灑掃、應答、端茶、守門、乃及浴沂、風雩處來做聖人，豈非聖人儘多，而終亦無補於國家之興亡。但既由心性研討轉向至治平實績問題，即復不得不再轉到經史實學方面來。

既側重提倡經史實學，便又不能不暫時拋棄人皆可以為聖之高論。接著繼起的一輩讀書人，又懾於滿洲異族政權之高壓，乃轉上訓詁、考據、校勘，逃避現實，埋頭書本，成為一種畸形發展。須待道咸以降，清政權威望墮落，那時一輩讀書人始重新討論到政治。於是於經學中專講孔子《春秋》《公羊》一派，高談變法，似乎又想重回到西漢儒士的路上來。

而魏晉以下只想做門第中賢父兄、佳子弟，與唐人只想成佛，宋明人只想作聖人等，那些人生理想，則均已擱下。這是在中國歷史上來講人生理想轉變之幾個大段落。

（七）

至於民國以來此五十年，則一時尚無顯然的一種共同人生理想可說。大體說來：有一批人個別地在要求思想學術之自由，或主法律下人人平等，或在企業經濟上爭取自由發展。主要不外是一種個人主義，而偏偏國家不爭氣，社會不安定，個人自由又於何安頓。遂另有一批人出來提倡集體領導，要強力督策此社會向前。共產黨所由能在中國得勢，其最先，多少也注入了一些中國傳統上所謂「士」的精神。有不少青年為共產思想所麻醉，寧肯不顧一己生命，從事地下活動，犧牲在所不惜。這不是中國傳統上一向所佩服的有志之士嗎？故在共產主義之背後，一面利用了民族主義、愛國主義，另一面利用了志士成仁之傳統精神為之撐腰。今天毛幫共產主義雖犯有嚴重錯誤，但其中最先亦含有一部分精神力量，實為得自自己文化傳統者，則亦不可忽視。

我此所說，並不在講論共產主義之是非得失，乃是講及最先中國青年如何走向共產主義之內心，主要在指出社會上任何一大變動，都不能和以往傳統完全脫節，而憑空突然地產生。但總結來講：今天的中國人，實可謂並無一套共同的人生思想。擺在吾人面前者：一是西方耶教之宗教信仰。二是西方民主政治，所謂自由與平等。三是共產主義與集體領導。四是個人主義。此四大分趨，都來自西方，都不是我們自己的，而又彼此不相顧，各奔前程，互相衝突。此後中國是否能醞釀出自己的另一嶄新之人生理想，此又是一問題。由我個人觀點，則仍是欣賞孔子儒家那一套，似乎今日仍應該提倡一派新的儒學，來為中國社會、人生理想找一出路。此事說來話長，在此不能細談了。

（已收入《世界局勢與中國文化》）

寫在本刊五卷一期之前

第四卷的《雙周刊》，已告結束，這是第五卷一期的開始。《雙周刊》的編者，要我對此一年經過作一檢討。《雙周刊》之用意，主要在報導學校生活。學校生活有進步，《雙周刊》自可隨之有進步。儻學校無進步，則《雙周刊》內容，自亦難有進步可期。此一年來，學校共同生活和群體生活，似乎更有增進。而《雙周刊》之報導，似乎亦益見豐富與充實。這至少是值得我們引以自慰的。

至於學校的教學成績方面，雙周刊篇幅有限，未能包羅。除卻研究所的《學報》與學術專著，學校本部之《新亞學術年刊》均能照常繼續外，這一年來，各學系同學之平日成績，已絡續由各系分別彙集刊行，如外文、藝術、經濟、生物各系都有。這更是值得我們欣喜的。

但進步無止境，理想更無止境。我們決不能單就這一些進步，便沾沾自喜。我們該多方策勵，進益求進。近來亦有一部份同仁和同學，關心到學校處境日趨複雜，認為學校本身的自由少了，進步會受阻礙或停滯。這也是有理由的。進步必與自由相輔，苟無自由，何來進步。但從另一角度看，有時專一向外爭自由，並不即是自身的進步。而自身求進步，卻可獲得對外更多的自由。讓我們平心來看學校之內部，豈不還留著甚寬之餘地，好讓我們來力求進步嗎？

中國儒家傳統一向主張「盡其在我」。所謂盡其在我，便是把我所能力求進步之自由，盡量發展。這一層，更值得我們大家警惕，大家體會。學校之進步，主要還在學校之自身。我們試一回想，我們學校當在桂林街初創時期，豈不在客觀條件上給我們以種種限制嗎？我們能在當時不受此種種限制而日求進步，斷無今日處境反見不如理想。此層，盼我們反躬自省。大家能在所能盡力處善盡其力，以求學校之更益進步，這是我們的責任。我乘便在此提出這一意見，來為我們對此下一年的新亞，和此下一年的《雙周刊》作懇切的希望。

（民國五十一年六月）

回顧與前瞻

民國五十一年六月十三日第五十二次月會

諸位先生、諸位同學：

今天是本學年度最後一次的月會。每年我都借此機會，講一講過去一年來我們學校是否有些新的進步，值得我們高興，及下一學年我們當如何努力。換言之，即是我們學校此一年度之回顧與前瞻。希望我們每位先生和同學，都能在這一題目下，作一反省。個人宜如此，團體也宜如此。學校是一個團體，凡屬此團體中之各分子，都該為此團體以及各分子各個人作一反省。

今年我們學校最值得紀念的一件事，是理學院正式成立了。在理學院的四個學系中，生物系成立最早。而此二年來，生物系在學校所表現的成績已很好。雖然時間比較短，但與其他各學系相較，可以說並無遜色。生物系已成為我們學校極有前途、極有希望的一系了。我們更希望化學系、物理系和數學系，在最近的將來，同樣會有極好的表現。設立理學院，本是我們一向的理想。但因種種限制，主要自然是經費問題，直到今年才開始完成了我們的第一步。我希望理學院的先生和同學們，大家能不斷努力向前邁進。這是我們新亞一朵新的蓓蕾，一棵新的生命種子。

第二件值得我們提起的事，是在下學期可添一座新校舍，主要是作為禮堂之用的。本希望在下學期開學前完成，但因種種條件拖延了。目前預計，最早也要在暑假開學後兩個月才能落成。但這一拖延的責任，則並不在學校，這是我希望各位知道的。

除了上述兩事之外，還有什麼新的進步值得我們回顧，和在將來的校史上記錄的呢？我想，自從去年來，各位同學在課外研究的成績表現，已絡續出現了許多學系的刊物。例如經濟學系，自從有壁報取名「社經」，開始至今，歷年沒有間斷過。本學年開始擇優付印。其他如中文系、外文系等，皆有定期性的刊物。中文系的《新亞心聲》，專載中文系同學規定課程外的詩課，迄今已出了兩期。在大學文科中，能由各同學自己寫詩，那是一種新風氣，亦是一種新表現。因此，自《新亞心聲》出版以來，已頗得外界之好評。中文系又希望能出版一本有關課外研究的冊子。其他各學系，有的有系的刊物，有的沒有。但我想，此項風氣一開，沒有的慢慢也會有。這是一種規定課程之外的研究心得之表現。或許從嚴格的標準來講，不能真正達到所謂學術研究的水準。但只要有了這種興趣，這種表現，總可以說是一種學術研究的開始。這是我一向提倡的課程學術化。以後只要大家依此努力，在篇幅內容上求進步，我們盼望隨後有更好的、更理想的成績。

只要是一所有名的大學，真像樣、真夠水準的大學，定是一間具有學術性的大學。學生們來到此大學，一定會感染到一種研究精神。至於提倡此種學術研究，領導此種學術研究的，這是先生教授們的責任。一位合理想的大學教授，主要不祇在講堂上，而在其能主持和領導研究。我們新亞歷年來已有《新亞學術年刊》，便是發表先生們的著作和研究成績的。其他各位先生獨自發表出版的著作，也是歷年有增加。我希望同學們受此影響，大家都能努力在研究上，使新亞成為一所富有學術研究精神的學校。

再說到我們的研究所，從今年起，又創辦了一個「南洋史地研究」的新單位。第一步以歷史為對象，第二步憑著歷史研究，再接觸到南洋各地的現實問題。設立南洋研究，亦是我們好幾年來的理想，而在今年才始獲得初步的實現。現在我們已請得一位極合理想的導師來負責。目前是限於經費，談不上規模。但我們整個學校不也是平地拔起的嗎？稍待時日，我們要把自己的成績來獲得外面的注意和援助。我想這一工作，是極有意義，同時也是極有前途的。

以上各點，在目前所能說的，都不過是一個開始。將來成績，則要賴各位師生們共同努力，並能繼續不斷地努力。這都不是任何一個人所能擔此責任的，乃是整個團體長時間性的表現。諸位是新亞的份子，盼都能貢獻諸位的精力、智慧，甚至生命，共同為此一理想而前進。

現在講到我們學校在暑假後會有什麼新的發展呢？即是對將來有什麼盼望呢？若就建築而言，我們已沒有空地再蓋房子了。當現在正建築的那座禮堂完成之後，勉強約可容納六百位同學罷，那已是我們最初理想的數字了。又以學系而言，現在已經有了三個學院、十二個學系。在短時間內，應不會再有其他別的新院系之產生。就是有，也不可能在很快的時間之內產生的。但是我們要問，理學院固是剛開始，文學院、商學院則已有了十幾年的歷史了，是否能不斷地逐年有進步呢？有時我們所用的力量與所得的成績，並不能成正比。例如爬山，爬得越高，阻力越大，越難上進。我們上面所提出的幾點進步，那都是一種新的開始。新的開始固重要，但舊的不斷上進更重要。若只能有新開始，而舊的不能有不斷之上進，這又有什麼意義呢？這是我要提出請諸位特別注意的。

或許諸位在關心著，下年度我們學校能否正式成為中文大學呢？此事大體上到七月或可有分曉，因英國派了五位委員來港視察，且待到時看他們的意見再說。這件事在香港社會上是人人關心的。除了香港大學外，若能在香港再有一所中文大學，這自然是很有意義的。但從我們學校立場來講，我希望大家不要把此事看得太重。若我們換另一方面講，這也可說不過是一招牌的問題。掛起了大學的招牌，還是這一所學校。不掛大學的招牌，也仍還是這樣的一所學校。絕不可能因今日掛上了大學的招牌，就使我們的學校真跳上了一級。也不可能因其沒有掛上一塊大學招牌，便使我們學校後退了一級。我此所講，是一名實問題，這是很重要的。

我們一切要重實際，不要徒尚虛名。我曾竭力勸諸位，到學校來，不要太重視一張文憑。每一位同學畢業都會有一張文憑的，但在此一張文憑之前後，都還是一個你。文憑之有與沒有，得與不得，與你自己之進步與否，並不完全是一回事。拿成績或分數論，有的六十分，有的八十分，中間儘有高下好壞。同有一張文憑，可能相差很遠。諸位應放開一步想想，在今天香港社會上，能拿到一張文憑的，究是青年中少數之尤少數。拿不到文憑的，多的是。但他們各有他們本身的價值、前途與將來。不能說拿了文憑即有前途，拿不到文憑即沒有前途。一切我們要問自己本身之實際，不要過份看重外面虛名。文憑和招牌，有時僅可算它是虛的。

就算我們新亞下年度真成為中文大學了，又如何呢？且看香港大學，已經有了五十年的歷史，我們新亞則還沒有到十五年。又如美國耶魯大學，已有了二百六七十年的歷史，新亞則連二十年都沒有。大學與大學之間，亦儘有高下好壞。在任何環境中，我們都要重實際，站定自我的立場。當然在環境上，我們各方面的條件會比不上別人。但人也不是種種條件便可能把他限制的。如我們力求上進，這決不是外面環境和條件所能阻。即如我們學校，由桂林街到現在，短短不到十五年，但我們的同學也可拿著新亞文憑直接進外國研究所。我們的畢業生，除卻在本校、在香港大學任教的以外，已經有人在美國大學正式教書，而且不止一人，又是在美國有名的大學教書。可見外在條件實在限制不了我們。新亞規模雖小，但在學術界，各處知道我們新亞這個名字的已不少。無論在美國，在歐洲，新亞的名字對他們並不太陌生。我們在短短時期之內，在極艱困之條件下，我們能有此成績，也是我們可以自慰的。

現在我試再作一淺譬，如我們坐上飛機就能飛。飛機是實在的，飛也是實在的。但一塊招牌是虛的，一張文憑也是虛的。手上拿到一張文憑，這不比飛機，不能使你方便到處飛。文憑之於個人，招牌之於全學校，同是一樣。我勸諸位，不要太重視虛名與外在條件。個人與團體之成功與失敗，全須在實際上用心。要能腳踏實地，要能貨真價實。若只重視文憑和招牌，重視社會虛名，這並不能真正幫你的忙。反過來說，沒有招牌，沒有文憑，應該照樣有辦法。我這番話，說得像淺，但諸位應該把此淺言作深思，且勿忽略才是。

最近我在《雙周刊》五卷的首期，曾寫了一篇短文，希望沒有留心看此短文的同學，再仔細去看一看。我們有很多先生都深切地感到，以前我們是關著門辦學校，現在是開著門辦學校。外面有熱心幫助我們的，我們不能放棄此機會。否則我們就永遠停留在桂林街時代。我們縱說有我們的精神，但精神的表現也一定要寄託在物質上。這正如人的靈魂，一定要寄託在肉體上一樣。又如花草的種子，埋在土裏，才能長。但埋在此地下，便只能在此地長，這也是一限制。上帝給了我們人類以靈魂，但一定要寄託在肉身上。而人又一定要跑進社會，生命才有歸宿。正如一棵種子，一定要埋下土，又要太陽曬、雨淋，才會生長。否則便會枯死。條件不能限制我們，我已在上面說過。但我們不能要求一切須是無條件。比如靈魂進入了肉體以後，肉體便成為靈魂之限制條件。但靈魂仍有其自由。靈魂憑藉肉體，而使四肢各盡其功能。因此，我們應懂得如何來運用條件。在運用條件上，則須要有我們自己的精神。也可以說，條件愈有限制，而精神愈見發旺。理想必投進於現實，必憑藉此現實來完成。世界就是如此般進步的。理想無窮，條件也無盡。縱使我們上了天堂，我們在天堂裏仍該有理想。否則不再奮進就完了。

現在我們說回本題。若我們學校有一天掛上了大學招牌，我們要有進步。今天不掛大學招牌，我們同樣要有進步。我們學校之現有成績，比上不足，比下有餘。我們本不該專一用心與人比。我們主要在能把今天的我與昨天的我比，要能反問自己，我今年是否比去年有了進步？縱有了進步，還得問，我是否已盡了自己的聰明與智慧？而我此一年來的進步，是否已滿足了我自己的理想？若我能更多加一倍工夫的話，是否仍還是今天的我呢？我們在校的先生們，也要如此自問，是否已盡了自己的力量呢？若我能更多加一分心力，是否在教導上能比今天更好一些？我們且可不必責備到學校，也不必責備到別人，只要各自自我責備。學校不必責備學生，學生也不必責備學校。遇到不夠理想的，在我可能範圍內，多盡我一分力量，試問是否會更進一步呢？或是我的責任已盡，不必再責備自己呢？所以同學在校的，只該責備自己努力不夠，卻不必責備先生或學校，當然更不必責備學校以外的社會。如說香港是一個工商業社會，文化水準不夠，學術空氣淡薄。當知此等話，並不能把我們的責任交卸。縱是大沙漠，亦一樣有生命。我們更不必怪到亂世，說生在亂世沒有意義。我們只應反問自己，即在目前狀況下，我是否用力已盡？亦有的怪父母生我不好，使我身體不壯健、腦筋不活潑，比不上人。不要怪父母，其實一切不必比，只要把自己與自己比，把我今天和昨天比。當知學理科的，不一定全要做艾因斯坦。讀文科的，不一定全要做莎士比亞。讀商科的，不一定全要做什麼大王。只要自己不斷有進步，這才是真能比。從學校方面講，或有許多對不起同學的。但同學也可想到有很多對不住學校的。如此想法，在學校，在同學，便能各自求進，卻不至互相責怪，當然更不必多來怪外面環境與時代。

我們當知，各有各的條件不同。我們也不能期求外面沒有任何條件來限制我們，我們也不必以各人的條件來相比。人人各有一可能，並有其最高可能，正貴各自努力。以上是講的所謂內外之辨。此與名實之辨同樣重要。無論做人和做事，只求向內務實便是。

現在學校可說是到了一個最艱難的階段，外面條件儘多，我只盼我們此後一切都能注重內部。求學校進步是大家團體的事，希望我們師生各能盡量拿出自己的聰明才智來，同心合力一意向前，專在實際的事務上著力，這才是所謂新亞精神。精神是內部的，但內部真能不斷上進，這是最不容易的。我希望大家能一致記取我言，在下學年大家努力，向前邁進。

對十一屆畢業諸君臨別贈言

歷屆畢業同學離校，校方諸師長，照例或用文字，或由講演，或取談話方式，總有許多臨別的贈言。其實那些贈言，都是老生常談。若說有用，即一句一字，也可使受者畢生運用不盡。若說無用，則雖多亦奚以為？只是照例有此一套，其關鍵主要在受者，不在贈者。

從前中國禪宗祖師，曾有一譬喻說：「恰如載一車寶劍相似，將一柄出了又將一柄出，祇要搬盡，那有什麼意思。若是本分手段，拈得一柄便殺人去。那裏只管將出來弄？」諸位在校四年，所習所修，十八般武藝真像是都弄過了。只要真使得一件作看家本領，便可仗此防身禦敵，並不要件件武器都能使。至於那些臨別贈言，更屬多餘。所以那祖師又說：「如龍得半盞水，便能興雲起霧，降注大雨。那裏祇管大海裏鯤，謂我有許多水也。又如會相殺人，持一條鎗，才見賊馬，便知那個定是我底。近前一鎗，殺了賊，跳上馬背，便殺人去。須是恁麼始得。」

但例行事總還是例行事。今年畢業諸君，又要我寫幾句臨別贈言，那也情不可卻，理當有贈。讓我再試舉宗門一故事，聊以應例。

有一僧，一夕在某祖師處侍立。祖師說：「更深了，何不去？」那僧人珍重便去。卻回，曰：「外面黑。」祖師點紙燭度與僧，僧擬接，祖師復把來吹滅了。那僧於此大悟，便禮拜。今試問：那祖師究竟指點了些什麼？那僧人究竟悟了些什麼？此一故事，卻值得諸位深思。

依照宗門規矩，我不該對上面這節故事更有多說。多說了不僅是廢話，而且會愈說愈遠了。說遠了，會對諸君反而有害。但目前的世法，則總要人多說，好像愈多說愈好。我自然亦當循此世法，不免在此一節故事之後，仍再說幾句。

諸位此時畢業離校，正如那僧人夜深宜下。但外面漆黑，那是諸位初進社會會有此感的。所以諸位當離校而去之際，總會要諸師長有些贈言，正如那僧人珍重出去了卻又回一般。那祖師點與他紙燭，卻又一口吹了，這正是一番最親切的大教訓。其實外面雖黑，那僧人豈不保此一心，具有兩眼兩腳？大可小心放膽直行而去，不必疑懼卻回。或許此僧人所悟，便悟在這上。因此直從他內心感激，要向祖師深深禮拜了。

諸位讀我此番話，或許會別生疑情，說我教人總好舉孔孟儒家格言，此番為何一變常態，拈出禪門機鋒來。其實也如上舉，一車寶劍，任拈一柄即得。十八般武藝由你使，使鎗也好，使刀也好。那僧人便只在祖師吹滅紙燭時得了大悟。可見關鍵還在諸位自己身邊。爭儒、釋異同，辨中西文化得失，此等都會愈說愈遠。且不如先問諸位切身受用在那裏？

我姑拈此義，作為對本屆畢業諸君的臨別贈言罷。

（民國五十一年七月十四日）

新亞書院文化講座錄序

新亞書院之創始，艱窘達於極度。同仁心力無所展布，乃於日常授課之餘，週末之夜，特設文化講座。除同仁主講外，並邀在港學者參加，以社會人士為聽講對象，而新亞學生亦參列焉。其時，新亞校舍在桂林街，隘巷穢濁，樓梯窄而黝，盤旋而上，每不得踏足處。講室設座，無憑無靠，危坐不能容百席。而寒暑風雨，聽者常滿，新亞學生僅能環立於旁。並有每講必至，歷數年不缺席者，孫君鼎宸即其一人。孫君於每講必有筆記，藏之有年，有意整理印行，此亦新亞早年一份至可寶貴之史料。唐君毅先生長新亞教務，始終主其事。匪唐先生不能有此講座，匪孫君不能有此記錄。孫君整理既竟，爰為序其端。

壬寅夏至錢穆序

有關學問之道與術

民國五十一年五月十八日研究所學術演講討論會

（一）

今天的講題是：「有關學問之道與術」。

「道」、「術」二字聯用，乃是同義詞，猶云「路」。《莊子》〈天下篇〉有云：「古之所謂道術者」，又曰：「道術將為天下裂」，皆指學問言。此即合用之例。若分別用，則義訓有別，道指義理，術訓方法。凡有關從事學問之方向，及其所應到達之目標等，應屬「道」。即是說，凡討論該做何等樣學問，或討論學問之意義與價值等，皆屬之。但依此方向，達此目標，亦非簡單一步可冀。此中儘有層次、步驟、曲折、艱難，此屬方法問題，是即學問之「術」。簡言之，該做何等學問是道，應如何去做是術。

（二）

試舉一淺顯之例，如明儒王陽明先生幼年讀書，塾師勉其為第一等人，問：「何為第一等人？」塾師答以「應科舉，中狀元。」陽明謂「恐做聖賢始是第一等人。」此所辯論，即屬道。但如何去應舉中狀元？如何去做一聖人？此必有方法與步驟，是即所謂術。可見道固當重，術亦不可輕。凡屬討論或指導學問，最高應是道術兼盡。其次不免各有偏倚，或偏道，或偏術。

自古論學，惟孔子能道術兼盡。孟、荀以下，便不免各有偏重。孟子似偏重道，荀子似偏重術。我們若根據此一看法，來尋求古人討論或指點學問之異同，何者偏於道？何者偏於術？分別而觀，必能使我們對治學門路，有更深之瞭解。

（三）

何以謂孔子教人能道術兼盡？試舉《論語》為例：「顏淵喟然歎曰：『仰之彌高，鑽之彌堅，瞻之在前，忽焉在後。』」此四句即指道。顏淵自述所瞭解於孔子之道者，亦可謂即是顏淵所了解於孔子之為人與其學者。下云：「夫子循循然善誘人，博我以文，約我以禮。」此三句，乃指術。

「循循善誘」，乃是依著層次、步驟、淺深、曲折來教人。「博我以文，約我以禮。」具體講，亦屬總括講。孔門以六藝教人，凡見之於文字、書籍，或社會、行事、政治、禮樂各方面者，皆屬文一方面事。禮，體也、履也，指躬行實踐。學問是一大體、一客觀體，做學問必求能落實到學者個人方面來，此即約我以禮。此下又云：「欲罷不能，既竭吾才，如有所立卓爾。」此又指道。所謂「所立卓爾」者，即指孔子之道，亦可謂指孔子之學與人。下又云：「雖欲從之，末由也已。」此又指術。顏淵說已雖欲罷而不能，然心力已盡，本領已窮，而孔子之為人與其學，仍似卓立在前，可望而不可即。此見孔子之道之高，顏淵欲從末由，無法再前。孔門弟子惟顏淵對孔子之教之體悟為最深，故此番述說亦最親切。我們即據顏淵此章，可證孔子教人乃是「道」「術」兼盡者。

惟其孔子教人能道術兼盡，故能因材施教，使各有入門，各有成就。試觀孔門弟子問仁、問孝、問政、問學，所問同，而孔子所答各不同，此即孔子循循善誘之一例。又孔門有：「德行、言語、政事、文學」四科。孔門弟子各因材性所近，分科成才，此見孔子之道大，而又能善盡其教人之術，故其成就有如此。四科中，文學、政事、言語皆易見，惟德行一科最難講。此非不能文學，不能政事、言語，而獨成為德行之一科。德行應是學問中一最高境界，應能會通此三科而又超而上之。顏淵為德行之首，後人稱「顏淵於孔子具體而微」。此言顏淵與孔子僅是份量上不同，而非體質上有別。正猶如陽明所云，同是黃金，成色相同，而僅是輕重不同而已。

然則孔子縱善教，孔子門下則未能再有一孔子。無怪子貢要說孔子「猶天之不可階而升矣」。但子貢之讚孔子，終不如上引顏淵〈喟然〉一章之親切。孔子亦自云：「下學而上達，知我者其天乎。」當知孔子仍由下學而來，下學即是「術」，上達乃是「道」。欲求上達，必自下學。而從事下學，必求上達。如是始是道術兼盡，方可到達最後境界。下學開始，應是人人可同。上達之極，始是各有境界。下學是盡人事，上達是盡天賦。人事已竭，而天不可幾，此亦無法。故子貢又說孔子「固天縱之將聖」。然則我們從事學問，縱不能盡求如孔子之上達於道，卻不能不依循孔子所教之術而下學，庶期能各有所至，其義至顯。我們若依此觀點去讀《論語》，即可明孔子教人之道術兼盡處。

《中庸》云：「行遠必自邇，登高必自卑。」行遠、登高是目標，屬於「道」。自邇、自卑則是方法，屬於「術」。《中庸》又云：「君子之道，費而隱。夫婦之愚，可以與知焉。及其至也，雖聖人亦有所不知焉。夫婦之不肖，可以能行焉。及其至也，雖聖人亦有所不能焉。」此處正是說明下學盡人可同，上達則止境難求。我們從事學問，當從最卑、最近處，一夫一婦可知可行處入門下手。若論最高境界，即聖人亦有所不知不能，在我們則只有雖不能至，心嚮往之而已。

（四）

現在講到孟子。孟子教人，似乎偏重在「道」，而不免忽略於「術」。孟子有云：「耳目之官，不思而蔽於物。物交物，則引之而已矣。心之官則思，思則得之，不思則不得也。」此等處，似乎只在原理上講，只教人去思，卻不教人如何思法。孟子又曰：「此天之所與我者，先立乎其大者，則其小者弗能奪也，此為大人而已矣。」此亦從原理上講。但如何先立其大，孟子亦不詳說。

孟子又云：「人皆可以為堯舜。」為堯舜自然是學問之道已到了最高處。但孟子又云：「力不能勝一匹雛，則為無力人矣。今曰舉百鈞，則為有力人矣。然則舉烏獲之任，是亦為烏獲而已矣。夫人豈以不勝為患哉？弗為耳。徐行後長者謂之弟，疾行先長者謂之不弟。夫徐行者，豈人所不能哉？所不為也。」孟子以非不能乃不為責備人。此種責備，在原則上講，當然叫人只有俯首接受。但若真依孟子言去做，直從徐行後長者做到堯舜境界，那一段路程，卻並不簡單，中間大有步驟、層次、曲折、艱難。固不能因有步驟、層次、曲折、艱難，便謂孟子話錯了。

其實孟子話並不錯，仍只是《中庸》「行遠自邇」，「登高自卑」之意。孟子只鼓舞人向前。「行千里者，起於足下。」近自足下，豈不可遠達千里？然又有說「行百里者半九十」，此話也不錯。上引顏淵〈喟然〉一章，正因那後面十里極難走，故有終不能達者。可知上一句是論道，就原理言。下一句是辨術，就事實言。既是各有所指，我們大可不必在此上起爭辯，主要應予以分別的瞭解。

孟子又云：「道若大路然，豈難知哉？人病不求耳。子歸而求之，有餘師。」孟子教人回家靠自己，不必出外求師。此話也不錯。試問：此世若無孔子、孟子，難道此世便成無人、無道了嗎？陸象山也曾說：「堯舜以前曾讀何書來？」此語也不錯。可是我們不能專聽孟子、象山說法，便不去從師讀書。

孟子又云：「奕之為數，小數也。不專心致志，則不得也。奕秋，通國之善奕者也。使奕秋誨二人奕，其一人專心致志，惟奕秋之為聽。一人雖聽之，一心以為有鴻鵠將至，思援弓繳而射之，雖與之俱學，弗若之矣。為是其智弗若與？曰：非然也。」孟子責備人不要一心以為有鴻鵠將至，孟子鼓勵人該專心致志，此並不錯。但即論奕道，雖遇國手傳授，雖儘專心致志，其人卻不必即成國手，此亦是事實。孟子又云：「有為者譬若掘井，掘井九仞，而不及泉，猶為棄井也。」掘井必須掘到泉，做人則必須為堯舜。孟子高懸此一目標，教人要有志、有勇氣，堅決向前。孟子教人，可謂句句鞭辟入裏。但若與孔子《論語》中教人語相比，終嫌似多講在高處。

孟子又云：「君子深造之以道，欲其自得之也。自得之，則居之安。居之安，則資之深。資之深，則取之左右逢其原。故君子欲其自得之也。」道要我們自得，此語顛撲不破。縱有名師，仍待自得，做學問永遠不能捨卻自得而有得。可是如何而能有自得？此一境界卻仍有步驟、層次、曲折、艱難，孟子在此處也似不曾細講。

孟子弟子公孫丑嘗問：「道則高矣、美矣，宜若登天然，似不可及也。何不使彼為可幾及，而日孳孳也。」公孫丑此問，正盼孟子肯俯就學者，循循善誘之意。但孟子則答曰：「大匠不為拙工改廢繩墨，羿不為拙射變其彀率。君子引而不發，躍如也：中道而立，能者從之。」此謂不因學者之不能，而改變教者之原則與標準。君子立在大道上，能從者自來。故孟子又說：「梓匠輪輿，能與人規矩，不能使人巧。」規矩是道，教者只指示人此道。至於如何能成方圓，必有巧，此即所謂術，則是學者自己的事。故孟子又云：「大匠誨人，必以規矩。學者亦必以規矩。」此皆孟子教人偏重道不及術之證。孟子只從最先立志上，最後標準上，提攜激勵。至於中間一段應有之層次步驟、方法技巧，孟子似不甚多及。孟子只教人向前，要人自得。孟子重在原理原則上提攜激勵人，可使百世之下聞者興起。

宋人葉水心評孟子，謂其「開德廣，語治驟。」此語亦有理。所謂「開德廣」，如孟子語齊王好色、好貨之類。所謂「語治驟」，如孟子謂不嗜殺人，可以一天下之類。秦、楚之堅甲利兵，在孟子意想中，似乎摧之甚易。但此中亦儘有曲折、步驟，孟子則略而不論。故公孫丑謂其高矣、美矣，而若登天之不可及也。

（五）

現再講荀子。韓昌黎有言：「孟子醇乎其醇，荀子大醇而小疵。」荀子論「道」，實未能如孟子之高明。但荀子在論學問之「術」處，卻多可取。《論語》首章「學而時習之」，此乃指示人以一生治學之三階段。《荀子》首篇即為〈勸學〉，亦有許多指導人做學問關於方法方面的話。《孟子》首章「何必曰利，亦有仁義而已矣」，則專在道上講。《論》《孟》《荀》三書篇章次第，固由後人編輯，但由此可窺三家講學，確有不同。

孟子距楊墨，只說：「楊氏為我，是無君也；墨氏兼愛，是無父也。無父無君，是禽獸也。……楊墨之道不息，孔子之道不著；是邪說誣民，充塞仁義也。仁義充塞，則率獸食人。人將相食，吾為此懼。……我亦欲正人心，息邪說，距詖行，放淫辭。……予豈好辯哉？予不得已也。能言距楊墨者，聖人之徒也。」其語爽朗高越，正是泰山巖巖氣象。但《荀子》〈解蔽篇〉批評當時各家學問，一一指出其病在何處，病從何來。所論極深刻細密。從儒家立場言，荀子為功亦不小。又如《荀子》有〈議兵篇〉，將當時各國軍事利病，作一番詳細的分析與比較，當下可以指示人一種整軍經武之入門下手處。又有〈富國篇〉，所論委析。亦非如孟子所謂：「五畝之宅，樹之以桑，五十者可以衣帛矣。雞豚狗彘之畜，無失其時，七十者可以食肉矣。百畝之田，勿奪其時，八口之家，可以無饑矣。」那樣的簡單。

我們似乎可以說，孟子所講只重在基本工夫與最高目標上，而忽略了中間之步驟與曲折。而荀子所長，則正在此中間一段。學問途徑甚遙，曲折甚多，中間一段亦不可不注意。但若只在方法上用心，只逗留在那中間一段，而使基址漸圮，目標昧失，為病正是不小。惟荀子論學，究亦有其長處，則不可不知。

孟子弟子為後世知名者，除公孫丑、萬章數人外，幾無高手。但荀子門下則成材甚多。漢儒傳經，淵源多自荀子。似乎孟子講話甚高，但其弟子在學問上不見有切實立足點。因此孟子之功，在激發人，在大處立高論，在先立乎其大者，在能以顏淵所歎「如有所立卓爾」之一番精神境界。明白揭示，孟子之有功於學術界，在遠處大處。而荀子則似卑之無甚高論，但亦自有其貢獻，不能一筆抹煞。

在《周官》書中，本有師儒之分。今若比讀孟荀兩家書，孟子顯以師道自尊，而荀子則以儒術自負。若就後代人觀念言，孟子可謂是一「人師」，而荀子則只是一「經師」。後人所謂「經師易得，人師難求。」似乎是人師更可貴。依照孟子一路，能提出一篇大道理，能講到「雖不識一字，亦可堂堂地做一人。」此是人師標的。但大道理固該講，讀書為學、切實方法亦不該忽。即如我們從師求學，所從豈不多是經師，所求亦只在方法上。教你如何識字，如何讀書，把這些文字書本學問曲折，一代代傳下，此事終為不可廢。亦可謂，孟子教人偏重在做人，而荀子教人則偏重在做學問。此後歷代大師指導人，便未免依此兩路各有所偏。要如孔子之「道術兼盡」，則難之尤難。此層我們不可不知。

（六）

兩漢經學，大體淵源自荀子，雖無大義發見，然訓詁、章句，使六經猶獲保存，流傳至於今日，其功正不可沒。魏晉清談，所重轉在講莊老。實則莊老教人，亦是偏重在做人方面，故分別出「至人」、「真人」、「大人」、「神人」諸色人等，教人有一趨向。又稱「絕學無憂」，讀書所得，只是古人之糟粕。可見莊老教人重做人，不重為學。做人則貴有原則，必偏重於講道。做學問則不得不注意到細節目上去，並有層次步驟。陶淵明曾云：「讀書不求甚解。」此一態度，偏在道的一面講是對的。讀書得其大意，可為做人之用。若論做學問，一字即是一字，一句即是一句，卻不宜不求解。但一意逐字逐句解下，便應是經師，不得為人師。我們若從此一分別講來，則魏晉清談，大體卻是近在孟子一邊。

（七）

下面談及佛教東來。佛教本是外來的，因此與中國固有傳統，有其不同處。如先秦孔、孟、莊、老，都重在教人如何做人。法家、兵家、縱橫家等，則教人如何應事。講做人，其道尚簡，因在原則上應是大家一般。講應事，其道繁，因在實際上貴乎因時因地而制宜。佛家教義既不教人做人，亦不教人應事，佛家主要乃在教人出世。教人出世，應講一所以應出世之道，其語則繁。至於如何出世，及出世後如何，其事則簡。因此初期佛家經典翻譯來中國，所重多偏在講「道」，即講究一所以應出世之道理。此道決非片言隻語可盡，因此一切經典皆極繁委詳析。而初期僧人亦多注重在義解上，要究明闡釋人類所以要出世之理之所在。迨至隋唐之際，中國人自己傳統精神進入佛家思想之內，而佛家內容所重亦因此有變。此下所重乃在如何成一佛，此則轉變成為一種方法論，即偏在「術」的一邊去。

達摩東來，言成佛有「理入」、「行入」二大法門。我將借此兩語來說明中國的佛學。我認為，唐以後之佛學中國化，乃是重「行入」者。而從前之印度佛學與經典翻譯，則多重於「理入」。亦可說前尚義解，後重修持。天台宗最先引發此趨向，智者大師言：「教理既明，非觀行無以復性。」於是提出他的「一心三觀」之主要方法，將佛家從來所討論之「空」、「假」、「中」三派大道理匯歸合一。只用「觀」的方法，亦兼用「止」的方法。所謂「止與觀」只是實際修持，亦即是行入。所以說：此乃別教之行相。又說：亦即圓教之行相。

佛家本講「戒」、「定」、「慧」。但從前所講是由戒得定，由定得慧。禪定固是一種方法，但僅屬次要。必待由定得慧之後，才能對佛法有真知解。當南北朝時，一輩義學僧人，主要在講通佛經中理論，即屬於道之一邊。而定則僅是一方法、一階梯，屬第二級。坐禪入定，在求得慧。必待得慧以後，纔可有知解，才能理入，理入始是第一級。不幸而佛理愈講愈繁瑣，分派愈多，究竟莫衷一是。從孔子教法來講，那時所重，只在博學於文，但忽略了約之以禮。

由天台宗開始下及唐代禪宗興起，他們乃轉講「定慧不二」。定在慧中，即慧之時定在慧。慧亦在定中，即定之時慧在定。乃有所謂「寂寂惺惺」，「惺惺寂寂」。「寂寂」是定，「惺惺」是慧。如此講來，「理入」「行入」，始打歸一門。華嚴宗所提出的「理事不二」，其實也是此意。總而言之，是由理入門轉向行入門。亦可說，是由博文轉向到約禮。惟禪宗對此傾向更為鮮明，而推衍所及，學佛人竟可不讀佛經，不必打坐入定，只須「見性」即得。此在佛家經典中亦有依據，如《涅槃經》云：「一切眾生皆有佛性。」《法華經》云：「一切眾生悉皆成佛。」佛經到中國人手裏，盡削枝葉，獨尋根本，認為只憑此兩語即得。若問如何見性？則「直指人心」即是。六祖以下之禪宗，主要只是要見性，乃由「靜定禪」轉入「見性禪」。不論坐與不坐，動靜合一，知行雙修。行、住、坐、臥，語、默、動、靜都是禪，皆可於此見性。於是平常心即是道，只求在日用光中物物頭頭上現前而無間隙。此豈不即是華嚴之事事無礙，主要則在自己一心善觀即得。如此一來，遂為佛法開了無窮法門。

因此說佛教到了天台、禪、華嚴三宗，即已著重在修持及方法方面。而禪宗，則達到了方法論之極巔。其後禪淨合流，方法歸於簡化，要之是行入。若遠溯到達摩，則達摩主苦行，並不主頓悟。六祖種種說法，還應上溯到竺道生。「定」「慧」齊修，「止」「觀」雙運，此是中國傳統進入了佛學。故禪宗有些處極近孟子。但孟子所講重在道，而禪宗所講重在術，此則其不同。

（八）

今就上述，再開放一步略說之。似乎中國人講道，因其貴「同」貴「常」，故若無多話可說。而中國人講術，講方法，實較西方人為細密。此處所謂西方，可兼指印度與近代西方言。即舉經濟學為例，西歐經濟思想如亞當斯密司之《原富》，主張「自由經濟」。馬克思之《資本論》，主張「階級鬥爭」。皆在理論處即論道方面用力。一到實際踐行方面，反而簡單。而在中國，則向無專門經濟學及經濟學家，造不出一套繁複詳密之經濟理論。在中國人看來，若講理論，簡單幾句話即可。實際方面，則須因時因地，斟情酌理，變動不居，絕非幾句話可了。此亦是中西文化一不同點。

佛學從印度東來，亦如西歐般，理論繁而實行簡。禪宗雖若繁變，其實亦是無多話可說。主要在予人一「巧」，使人得「悟」。「棒喝」與「參話頭」等等，皆重在行為上教人悟入，其實這些多屬方法，無甚義理可講。故說南北朝佛學是理入，唐代禪宗以下是行入。因此佛教自印度東來，講道則細密，講實踐則易簡。在此處，正與中國傳統相反。於是佛教遂稱為「教」，而禪宗則稱為「宗」，謂之教外別傳。「教」則必在理論上成一系統，思想細密，逐步深入，逐步開展。若言「宗」，則只跟隨一人，從之修入，此一人即是禪宗之祖師，所宗即宗此祖師。如此豈不變成了依人不依法？我們必得明白此一層，方可講到此下宋人之理學。

（九）

宋代理學即承禪宗而來，但宋代理學明是中國傳統。論宋儒思想入微，應自程明道始。明道講學直指內心，近似孟子。其〈識仁篇〉云：「學者須先識仁，……識得此理，以誠敬存之而已。」整個作聖成賢之大道，由明道說來，只此兩句已盡。又云：「此理至約，惟患不能守。」又續云：「既能體之而樂，亦不患不能守也。」此正是孟子「是不為也，非不能也」之真傳統。但究竟如何識仁？明道並未細言，只說「〈西銘〉備言此體。只以此意存之，更有何事？」故從學於明道者，多只授讀〈大學〉與〈西銘〉兩篇，其易簡可知。

其後朱子嘗與呂東萊合撰《近思錄》，不收明道之〈識仁篇〉。朱子以為此篇乃「地位高者之事。」朱子只承認：「誠敬存之」四字，自是中道而立。當知誠敬存之已近了「術」一邊，故朱子特取此四字。但朱子又說：「誠敬為力，乃是無著力處」，則朱子對於明道之〈識仁篇〉，到底未感滿意。主要應在嫌其對方法方面太疏了。故朱子又云：「明道說話渾淪，然太高，學者難看。程門高弟如謝上蔡、游定夫、楊龜山等，下梢皆逃入禪學去。必是程先生當初說得高了，他們只睄見上一截，少下面著實工夫，故流弊如此。」可見朱子批評明道，正在其說話儘高，而少下面著實工夫。就本篇講演之用語，亦可謂明道所講重在道，而所缺則在術。故我謂明道近孟子，亦由此著眼。

上面說過：宋儒理學承禪宗來，又說禪宗偏在術，此刻何以又謂明道所缺正在術？此亦有說。應知禪宗所講乃在出世成佛。理學家不主張出世，要在世做聖人。要做一淑世之聖人，則自然在方法上更宜有一套落實入細處。所以朱子要批評明道說話少下面著實工夫了。後來黃梨洲則說：「引而不發，以俟能者。若必魚筌兔蹟，以俟學人，則匠羿有時而改變繩墨彀率矣。朱子得力於伊川，故於明道之學，未必盡其傳。」此處可見偏道偏術，雙方確有異同。

近人喜把西方哲學來治宋儒之理學，但西方哲學重批判、重邏輯、重思辯、重理智，正是繁在理論方面，而極少談實踐工夫。此則與明道朱子均不合。故知中國人講學，有些處究不宜與西方哲學同類等視。

近人又每說：「大膽假設，小心求證。」認為此是科學方法。亦有人說假設不必要大膽，而求證當然宜小心。其實一科學家提出假設，乃是其科學修養已到高深處始能。上面講過：「行百步者半九十。」在科學上能提出一假設，譬之是已行了九十步，而後才有此能力。那裏能一開始即從假設入門！若由假設作入門，則必為科學一門外漢。儘有假設，亦將無法求證。此等假設，亦只是門外之假設而已。此是說近人論學亦有重視方法，而卻未得真方法。因此其流弊亦不淺。但卻不能因噎廢食，即謂從事學問不必有方法。

程明道又云：「聖人千言萬語，只須收回已放之心，約之使反復入身來，自能尋向上去，下學而上達也。自灑掃應對上便了到聖人事。灑掃應對，便是形而上者，理無大小故也。」此一番話，極似禪宗，亦可謂即是孟子「徐行後長者」，「可以為堯舜」之說之嫡傳。由做人言，自可有此理，但不必有此事。若偏向實踐方面，如論政事、語言、文學，以及修、齊、治、平，種種事為，皆須專門知識，實際措施，豈能如此簡易，一語括盡。程子以「理無大小」四字，把一切人事全涵蓋了，謂「灑掃應對，即是下學上達。」固不能說他話錯了。但朱子年輕時，在延平山中即嘗為此一番話深思，徹夜不寐，靜聽杜鵑啼。此後朱子並屢在此問題上思索。自言每聽杜鵑啼，即回憶到往年延平山中深夜情況。朱子對明道此一番話，似乎也不表示十分信受。這正如說從二加二等於四直尋上去，便可到愛因斯坦之「相對論」。此語亦無可批評，但中間許多層次、步驟、艱難、曲折終是缺了。若一一要人去自得，謂自能尋向上去，此事談何容易。

程子又云：「大抵學不求而自得者，乃自得也。有安排佈置者，皆非自得。」此處提「自得」字，也是孟子傳統。但要不求自得，又要沒有安排佈置，此又教人無著力處。程子又說：「吾學雖有所受授，天理二字卻是自家體貼出來。」此亦仍是說自得。學問能由自心體貼出天理，此在宋儒言，可謂已是登峰造極。但明道這些話終似太高，沒有明白指示人著力處。

其弟程伊川說話則頗想兼顧及兩面，他說：「涵養須用敬，進學在致知。」此兩語，為後來又另闢了一條新路。伊川在教人致知上，曾說了許多話。朱子格物窮理之教，即承伊川來。故朱子說：「明道宏大，伊川親切。」宏大指其論道，親切則指其辨術。但陸象山則只佩服明道，對伊川頗有異議。這裏便見朱陸之異同。

（十）

現在講到朱子。朱子做學問似乎是力求能道術兼盡。朱子並重二程，即見其欲道術兼盡之意。朱子論道有甚多處承續二程，但其指示人從事學問之方法方面，即在學問之術的一面，似乎較伊川更詳細、更親切。陸象山自言其學謂：「乃讀《孟子》而自得之。」又主張孟子之「先立乎其大」。所謂讀《孟子》而自得之，顯然更重在自得。讀《孟子》只是教人自得一方便法門。朱子則教人如何窮經、論史、學文，如何讀書窮理，幾乎細大不捐，直可謂他教人之話嫌過多了。故說陸偏於「尊德性」，朱偏於「道問學」。朱子弟子陳北溪嘗云：「先生平日教人，尊德性、道問學，固不偏廢。而著力處，卻多在道問學上。」亦可謂尊德性是約之以禮，道問學則是博學於文。尊德性是宗旨、是道，道問學是方法、是術。在孔子教法之下，朱陸像是各偏在一邊，而朱子則比較能兼顧到兩邊。

當時二程不尚著書，伊川尚有一部《易傳》，明道除上舉〈識仁篇〉外，幾乎連整篇文字也少見。如其〈定性書〉，則只是一信札，其餘盡是些語錄。朱子年青時師事李延平。延平亦係二程傳統，平日屏居山間，不著書，不作文，好像一田夫野老。終日無疾言遽色，正襟危坐，而神采精明。尋常人去近處必徐行，出遠處行稍急。延平無遠近皆從容緩步，安詳不變。延平常教人「默坐澄心」。大抵二程傳統，還是承襲明道多過承襲伊川，自謝上蔡、楊龜山下迄李延平皆是。朱子初對李延平極表敬佩，後來卻認為沒有關著門不做事的聖人，乃云：「李先生不出仕，故做得此工夫。若是仕宦，須出來理會事。」此一段話，卻是朱子學問之大轉變處。亦可說，若要理會事，則不得看輕了知識。要多知識，則不得不博學於文。不能把「理無大小」四字包括淨盡。朱子後來成就後學最多，其學術之流衍與展布亦極大極廣，緜延亦最久。若專就這一面講，朱子雖論道尊孟子，而論術則似近於荀子。

因此朱子雖講格物窮理，但不似明道，不大愛講理無大小，而多講「理一分殊」。所謂窮理，即是窮此分殊之理。佛家主出世，不須理會事，因此重「理一」，不重「分殊」。儒家於人事貴無不盡，有修、齊、治、平種種責任，故理雖簡，而行則多方。不學無術，道不虛行。一切人事都該注意，有落實用力之處。這是朱子講學，多著力在道問學上之用意所在。

（十一）

現在講到王陽明。陽明承象山學統，與朱子路徑有別。但細看陽明成學經過，在他年十五時，曾出塞逐胡兒馳射，慨然有經略四方之志。深慕建功立業，作豪傑行徑。二十一歲時，志為聖賢。依朱子格物說，試格庭前竹子。歷七日，卒臥病，未能格通，爽然自失，遂又轉治辭章文學。二十六歲感於邊警，留心武事，盡讀兵家祕書。二十七歲厭倦於辭章藝能，煩悶致病，乃轉談養生。三十一歲習導引術，持守靜默，一洗歷年沈鬱。已至可以預知之境。雜念盡消，只不能忘其祖母與父，此心一時終不能放下。陽明忽爾大悟，奮然曰：「此念生自孩提，此念可去，是斷滅種性矣。」明年乃又跳脫靜境，重在入世功業上致力。三十七歲遠謫至貴州龍場驛，處境險惡，備嘗艱險。世間得失榮辱，至此皆已一一超脫。惟生死一念未除。遂自臥石槨中，端居靜默，以求淨化。忽一日，豁然貫通，中夜大悟，呼躍而起，從者皆驚。自此乃提倡彼之「良知學」與其「格物致知」的新說。後人言宋明儒學，皆以陸王與程朱對立。

今試觀陽明成學前之一番經歷，豈不是今日格一物，明日格一物，一旦豁然貫通，仍是朱子大學格物補傳之路徑？陽明亦嘗語其弟子云：「某於此良知之說，從百死千難中得來，不得已與人一口說盡。只恐學者得之容易，把作一種光景玩弄，不落實用功，負此知耳。」陽明提倡良知，可謂是偏在道一邊。但要人落實用功，則一步步腳踏實地，便須有許多層次、步驟、曲折、艱難，那就轉上術的一邊了。

我們也可說，陽明還是博學於文，約之以禮，兩面經營的。龍場一悟，可謂是陽明之由博返約。但陽明門下，終是偏重其師龍場悟後之一段，而把陽明早年經營之百死千難忽略了。

（十二）

現在講到清儒。顧亭林提出「博學於文，行己有恥」兩語。黃梨洲則云：「讀書不多，無以證斯理之變化。多而不求於心，則為俗學。」他們似乎又轉回身來提倡孔子博學於文之教。從博學再切就己身，即是約禮。亭林重「行己」，梨洲重「求於心」皆是。我們亦可說亭林、梨洲皆承朱子，乃求道術兼盡者。但此下則終不免仍偏重在一邊。講方法，略宗旨；尚博文，忽約禮。其流弊成為書本紙片上學問，有術而無道。

其後戴東原出，他雖為一考據學大師，但他並未全忽了道的一邊，他說：「訓詁明，而後義理明。」可見所重仍在義理。因此他著《孟子字義疏證》，專在義理方面發抒己見，可見戴氏還是懂得要由「術」明「道」。同時章實齋講史學經世，其論學頗講方法。而實齋所講之治學方法，尤能不限於訓詁、考據、校勘，而更求博大會通，讀其《文史通義》自可見。我們若把戴、章兩人作比，東原似乎還是板著面孔，有經學家理學家氣味。實齋則似更親切，他指示的方面較廣，門路亦較寬，可以讓人各就自己才性所近，各自孳孳以求成業。實齋嘗說，戴學承自朱子，而彼自己則沿襲陽明。

其實戴、章二人之異同，就我此講之立場言，亦可謂東原單標直指，有些近陸王。而實齋廣開門徑，反而融通，較近朱子。因此我們也可以說清儒學術，實際是受朱子影響者更大。因朱子指示為學之門徑與方法，易為多數人取法。但講學雖不可忽略了方法，卻不能即以此為已足。此層則仍須再三提揭。

（十三）

今試再略論到最近之學術界。若就本講思路，則可謂最近學術界乃是重於明道，而疏於辨術。即如五四以來之「打倒孔家店」，「以科學方法整理國故」、「中國本位文化」，及「全盤西化」等等流行意見，所爭皆在宗旨與目標上，所提出的盡是些理論，亦可說其所爭者乃是「道」。但大家並不曾有一套方法來親切指導人，使人注意到落實用力之一面，因此只是徒爭門面，絕少內容。竟可說儘是提出意見，卻無真實的學問成績。即所謂科學方法，亦只是一句口號。換言之，「科學方法」四字，亦成為一「道」。凡所不喜歡的，都可說其不合科學方法，猶如昔人之言離經叛道一般。憑此來打倒人，卻很少真在此方面落實用力的。記得我在舊著《中國近三百年學術史》一書中，曾有過一段預言，說：晚清以下中國學術界將會走上「新陸王學」之路上去。即是說，講學者將只標宗旨，不用真工夫，目標縱高，卻不指點人道路。甚至連自己也並無道路可循，那是近代學術界一大病。

若論近代人論學，能有親切指點者，在前清有湘鄉曾氏。近人多只目曾氏僅是一文學家。其實曾氏於教人做學問方面，主張義理、考據、辭章、經濟四方面兼顧，道路儘開闊。又能做人、治學並重，經師、人師，不偏倚在一邊。在其家書、家訓中，有不少方法指點。雖若卑之無高論，卻極親切有味。即如曾氏說：「治學貴有恆」，一本書必須從頭到尾通體讀。此語豈不只是老生常談，似不成為一種學術專家之指示。其實讀書若不能一書從頭到尾通體讀，無論是講科學方法也好，提倡本位文化也好，總之是空論，非實學。

民國以來，我認為梁任公講學，亦尚有親切指點語。任公本人之學之所成就，在此不多論。但彼頗有親切近人語，可以開示後學，卻並非專重唱高調，講大道理，發大意見者可比。目前學風多不喜此，不肯落實用功。儘喜講大理論，爭大道理，卻不認真向學，把起碼入門上路的小地方都忽略了。

任公論學，縱有粗疏處，但其對於做人、治學兩方面，亦常有淺近明白之指導。即如其勸人學曾文正、王陽明便是。雖然曾治程朱，梁主陸王，似乎學術路徑不同。但此卻無甚關係。要之，他們所言，都還能領人走上一條路，此一影響卻可甚大。我曾在所著《學籥》一書中有〈近百年來諸儒論讀書〉一篇，講及此層，諸位可參讀。

（十四）

鞭策人、鼓勵人、講大話、發高論，此亦有其作用。如龔定菴所云：「但開風氣不為師。」開風氣亦是一大事，但總得有真能為人師者，無論經師人師，皆不可缺。教人治學，固貴指示一大道，亦貴有方法。方法有高有低，有深有淺。有志治學，更不宜看輕其低處、淺處。近人每云：「不要給人家牽著鼻子走。」我想，初學人還是應循規蹈矩，姑先讓人牽著鼻子走一段，能入門上路了再說，也不遲。但我並非專來講傳統，要束縛人專走一條路。

宋儒邵康節臨終，程伊川往探之，伊川問：「從此永訣，更有見告乎？」康節舉兩手示之。伊川曰：「何謂也？」曰：「面前路徑須令寬，路窄則自無著身處，況能使人行也？」邵氏雖非理學中正統，但他此番話卻極開通，並亦落實。人人能處處為異時異地之別人留餘地，這便是路徑寬。須知學問乃大家公共事，非放寬路徑，則一家之言，成就終有限。

就今日在座諸位言，可能有上智，但大部份恐只是中人。我們從事學問，立志固要高，但路徑要親切落實。又須知，並非只此一路。若只講道不辨術，一則容易有門戶之見，二則不能希望有甚多人各能在一事、一職、一套學問上，各有貢獻。當知學問之事，或大或小，或廣或狹，皆須有門徑、有方法。一條條路平放在前，非一家一派一條路所能包辦，所能囊括而無遺。

今天我所講，乃分別說明學問方面有道與術之兩部份。中國人講道尚簡易，講術卻謹嚴，此乃中國學問之高明處。因此中國人對實際事物能活看，能圓通不固執。若懂得此意，來治中國學術史，應可另有一番新體會。

（已收入《中國學術通義》改題名為〈泛論學術與師道〉）

英國文化協會贈書儀式中致詞

此次英國文化協會贈我們三千磅的巨款，我們得以購買有關各科參考的英國著作，並又獲得大英博物館所藏中國敦煌古寫本之全部影片。在我們圖書館平添了一大宗珍寶。我今天乘此機會，特別要向英國文化協會致謝意。

說到敦煌，在中國唐代，是中西交通一個陸路站。因此在此僻小地區，還保留下許多當時的鈔本書籍，以及繪圖和雕刻等有關宗教方面之藝術品。這些鈔本，此刻已分散到全世界，而大部份則分別收藏在倫敦和巴黎兩處。在倫敦的這些鈔本，則已全部攝成影片。

此項古鈔本，近幾十年來，已為全世界學術界所注意。中間有許多為研究中國唐代文化和社會各方面之重要資料。尤其是關於佛教經典及民間文學之兩項，已引起了當前學術界之普遍重視。

有不少中國學人及其他各國之學人，不斷前往倫敦巴黎參考研究。此次我們能獲得倫敦收藏之全部影片，更值欣喜。

我們今天處在香港，這是近一百多年來中西交通一港口，恰和唐代時的敦煌，一南一北，一水一陸，古今遙遙相對。我們處在這裏，瞻念前人遺業，更應該對當前中西文化交流此一巨大職責，有所奮發。這是我在今天的儀式中，尤其要特別提起的。

謝謝英國文化協會、並謝謝諸位來賓。

（民國五十一年七月五日）

校慶日勸同學讀論語並及論語之讀法

（一）

《論語》應該是一部中國人人人必讀的書。不僅中國，將來此書，應成為一部世界人類的人人必讀書。

讀《論語》並不難，一個高級中文中學的學生，平直讀其大義，應可通十分之四乃至十分之五。

讀《論語》並可分章讀，通一章即有一章之用。遇不懂處暫時跳過，俟讀了一遍再讀第二遍，從前不懂的逐漸可懂。如是反覆讀過十遍八遍以上，一個普通人，應可通其十分之六七。如是也就夠了。

任何人，倘能每天抽出幾分鐘時間，不論枕上、廁上、舟車上，任何處，可拿出《論語》，讀其一章或兩章。整部《論語》，共四百九十八章，但有重複的。有甚多是一句一章，兩句一章的。再把讀不懂的暫時跳過，至少每年可讀《論語》一遍。自二十歲起到六十歲，應可讀《論語》四十遍。

若其人生活，和書本文字隔離不太遠，能在每星期抽出一小時工夫，應可讀《論語》一篇。整部《論語》共二十篇，一年以五十一星期計，兩年應可讀《論語》五遍。自二十到六十，應可讀《論語》一百遍。

若使中國人，只要有讀中學的程度，每人到六十歲，都讀過《論語》四十遍到一百遍，那都成聖人之徒，那時的社會也會徹底變樣子。

因此，我認為，今天的中國讀書人，應負兩大責任：一是自己讀《論語》，一是勸人讀《論語》。

（二）

上面一段話，我是為每一個識字讀書人而說。下面將為有志深讀精讀《論語》的人說，所說則仍有關於如何讀《論語》的方法問題。

讀《論語》兼須讀注。《論語》注有三部可讀：一是魏《何晏集解》，一是宋《朱熹集注》，一是清《劉寶楠正義》。普通讀《論語》，都讀朱子注。若要深讀精讀，讀了朱注，最好能讀何晏所集的古注，然後再讀劉寶楠編撰的清儒注。不讀何、劉兩家注，不知朱注錯誤處，亦將不知朱注之精善處。

最先應分開讀，先讀朱注，再讀何、劉兩家。其次應合讀，每一章同時兼讀何、朱、劉三書，分別比較，自然精義顯露。

（三）

清儒曾說：「考據、義理、辭章，三者不可偏廢。」讀《論語》亦該從此三方面用心。或疑讀《論語》應重義理，何必注意到考據、辭章，以下我將舉少數幾條例來解釋此疑。

第一，讀《論語》不可忽略了考據。如：

子曰：「人而無信，不知其可也。大車無輗，小車無軏，其何以行之哉？」

讀這一章，便須有考據名物的工夫。古代的大車小車，體製如何分別，輗和軏是車上什麼零件？若這些不明白，只說孔子認為人不可無信，但為何人不可以無信，不懂孔子這番譬喻，究竟沒有懂得孔子真義所在。好在此等，在舊注中都已交代明白。如讀朱注嫌其簡略，便應讀古注和清儒注。務求對此項名物知道清楚了，本章涵義也就清楚。萬不宜先橫一意見，說這些是考據名物，不值得注意。

又如：

子曰：「禘自既灌而往者，吾不欲觀之矣。」

或問禘之說。子曰：「不知也。知其說者之於天下也，其如示諸斯乎！」指其掌。

這兩章，孔子論及禘禮，那是有關制度方面的事。「禘」究是個什麼禮？「灌」是此禮中如何一個項目？為何孔子看禘禮到灌以下便不願再看？那必有一番道理。孔子弟子們，正為有不明白孔子心中這一番道理的，所以緊接有下一章，有人問孔子關於禘的說法。但孔子又閃開不肯說，說我也不知呀！下面又接著說知道了這番道理，治天下便像運諸掌。可見這番道理，在孔子心中，並不小看，而且極重視。現在我們只能說，孔子講政治是極重禮治主義。但孔子主張禮治之內容及其意義，我們無法說。若只牽引《荀子》及《小戴禮》等書來說，那只是說明《荀子》和《小戴禮》，沒有說明孔子自己的意見。

若要考據禘禮，那不像大車小車輗和軏般簡單。古人對此，聚訟紛紜，莫衷一是。似乎非專治考據，無法來解決此難題。其實也並不然。前人引經據典，提出的說法，最多也不過四五種。我們只要肯細心耐心，把此四五種異同之說，平心研討，自然也可明白一大概。壞是壞在我們先有一存心，說這些是考據，和義理不相關。其實這兩章的考據不明，則義理終亦無法明。

（四）

現在再說，讀《論語》不可忽略了辭章。

我此處所說的辭章，包括字義、句法、章法等，即純文學觀點下之所謂辭章，亦包括在內。如：

子曰：「晏平仲善與人交，久而敬之。」

此章似乎甚為明白易解。但中間發生了問題，問題發生在「之」字上，究是晏子敬人呢？還是人敬晏子呢？「之」字解法不同，下面引伸出的義理可以甚不同。朱子是解的人敬晏子，古注解作晏子敬人。現在我們且莫辨這兩番義理誰是誰好，我們且先問孔子自己究如何說。這不是一義理問題，而是一辭章問題，即是在句法上，此「之」字究應指晏子或他人。就句法論，自然這之字該指的晏子。但又另有問題發生，即《論語》的本子有不同，有一本卻明作：「晏平仲善與人交，久而人敬之。」下句多了一「人」字。若下句原來真有一人字，自然又是古注對。此處便又牽涉到考據學上的校勘問題了。

牽涉到校勘，便要問這兩個不同之本，究竟那一個本更有價值些？鄭玄本是不多一人字的，《皇侃義疏》本是多一人字的。但皇侃本在其他處也多與相傳《論語》有不同字句，而頗多不可信，則此處多一人字，也不值得過信。至於其他本多一人字的還多，但皆承襲皇本，更就無足輕重。因多一人字始見是人敬晏子。則少一人字，自當解作晏子敬人。而多一人字之本又不值信據，則此問題也自然解決了。朱子注《論語》，豈有不參考古注異本的？但朱子只依鄭玄本，知在此等處，已用過抉擇工夫。

（五）

又如：

子見南子，子路不說，夫子矢之曰：「予所否者，天厭之，天厭之。」

這一章的問題，較之上引一章，複雜而重大得多了。從來讀《論語》的，對此章不知發生過幾多疑辨。直到民國初年新文化運動掀起打倒孔家店的浪潮，有人把此章編了子見南子的話劇，在孔子家鄉曲阜某中學演出，引起了全國報章喧傳注意。可見讀《論語》，不能不注意到此章。討論孔子為人，不能不注意到此章。但研究此章，斷不能不先從字義句法上入手，這即是辭章之學了。

孔子做了此事，他弟子心感不悅，孔子沒有好好陳說他所以要做此事之理由，卻對天發誓，那豈不奇怪嗎？所以從來注家，都對此章「矢」字作別解，不說是發誓。獨朱子注明白說：「矢，誓也。」朱子何以作此斷定？因下文是古人常用的誓辭。朱注又說：「所，誓辭也。如云所不與崔慶者之類。」可見此處朱子也用了考據工夫。其實朱子此注，如改為「凡上用『所』字下用

『者』字之句，是古人之誓辭」，就更清楚了。其後清儒閻若璩在《四書釋地》中把關於此種語法之例都詳舉了。近人《馬氏文通》也曾詳舉一番，可證明朱注之確實可信。

朱子既根據這一判定，下面「予所否者，天厭之，天厭之」三句，解作「若我所行不合於禮，不由其道，則天將厭棄我。」這一解法，也確實可信了。許多對「矢」字作曲解的，對下面「否」字也另作曲解，那都不值討論了。

照字義語法講，朱注既是確切不移，但仍然不能使人明白這全章之意義。南子是一位有淫行的女人，孔子見之，卻說合禮由道，這是什麼意義呢？朱子在此處，特別添進一句，說：「古者仕於其國，有見其小君之禮。」此一條又是考據。若我們明白了這一層，子見南子這一件事，也無足多疑了。

《論語》中像此之例還多。如陽貨欲見孔子，孔子不見。陽貨饋孔子豚，孔子便不得不去見陽貨。朱子注此章亦引據古禮，說：「大夫有賜於士，不得受於其家，則往拜其門。」經朱子加進了這一番考據，情事躍然，如在目前了。現在孔子在衛國受祿，衛君的夫人要見他，照禮他不得不往見。近代社交，也儘有像此類的情節，那有什麼可疑的呢？

清儒說：「訓詁明而後義理明，考據明而後義理明。」朱注此章，真做到了。清儒對此章之訓詁考據，則反有不如朱子的。

但這裏仍有問題。清儒是肯認真讀書的。朱子所說那條古禮，究竟根據何書呢？清儒毛奇齡曾遍翻古籍，卻不見朱子所說的那一條。於是再翻朱子的書，原來朱子也曾自己說：「是於禮無所見」，因說朱子是杜撰。但這裏至少可見朱子也曾為此事而遍翻古禮，才說「於禮無所見」。朱子也知要明白這一章的情節，不得不乞靈於考據，於是才遍查古籍的。但古籍中雖無仕於其國必見其小君之一條，也並無仕於其國必不得見其小君之一條。如衛封人欲見孔子，說了一番話，孔子也就見他了。南子欲見孔子，也說了一番話，這番話《史記》曾載下，說：「四方之君不辱，欲與寡君為兄弟者，必見寡小君，寡小君願見。」是南子欲見孔子之請辭，十分鄭重，而又懇切。《史記》又說：「孔子辭謝，不得已而見之。」是孔子辭而不獲，乃去見的。《史記》又記其相見時之禮節云：「孔子入門，北面稽首。夫人在絺帷中再拜，環佩玉聲璆然。」我想朱子根據《史記》此一段記載，說古者仕於其國，有見其小君之禮，不能說他完全是杜撰。清儒硬要說無此禮，反見是拘礙不通了。古代的禮文，那能逐條保存，盡流傳到後世。而且社會上的禮節，又那裡是件件要寫下正式的條文的呢？可見我們讀書，需要考據。但考據也解決不了一切的問題。又考據也有高明與不高明之別。朱子此條，在我認為是極高明的了。近人認宋儒輕視考據，或不懂考據，那都是門戶偏見。

但這裏仍有問題，若果如朱子解法，孔子何不直截了當把此番話告訴子路，卻要急得對天發誓呢？朱注對此層，仍未交代明白，所以清儒仍不免要多生曲解。此處讓我依據朱注再來補充說一番。

說到這裏，便該注意到本章中子路不說之「不說」兩字上。今且問：子路不悅，是不悅在心中，還是不悅在面上，還是把心中不悅向孔子直說了？依照本章上下文的文理和神情，子路定是把他心中的不悅向孔子直說了。子路如何說法，《論語》記者沒有記下來，但一定牽涉到南子淫行，是可想而知了。而且南子原本不是一位正式夫人，如何叫孔子去受委屈。這些話，都是無可否認的。孔子若針對子路話作答，則只有像朱注般說，我只依禮不該拒絕不去見。至於她的一切，那是她的事，我何能管得這許多。在此又有人提出古禮，說：「禮在其國，不非其大夫。」現在南子是君夫人，地位更在大夫之上。她請見孔子，辭令又很鄭重有禮，孔子不願針對子路話作答，因為這樣便太直率了。於是說：「我若錯了，天自會厭棄我。」這樣說來，孔子之以天自誓，並不是憤激語，反見是婉委語。細尋本章文理，如此說，並非說不通，而且在文章神情上，豈不更好嗎？就行事言，孟子說：「仲尼不為已甚。」就應對言，孔子說：「不學詩，無以言。」孔子此處對子路的誓辭，卻反而有詩意了。

以上這段話，是我根據朱注，再依或人之說，而自加以闡發，自謂於考據、辭章、義理三方面都能兼顧到，說得通。但不知如此說來，究說到《論語》本章之真義與否？總之，要研尋《論語》義理，不能不兼顧考據、辭章。舉此為例，也可說明此意了。

（六）

現在再繼續舉一章說之：

子貢曰：「我不欲人之加諸我也，吾亦欲無加諸人。」子曰：「賜也！非爾所及也。」

朱子注：

子貢言：「我所不欲人加於我之事，我亦不欲以此加之於人。」此仁者之事，不待勉強。故夫子以為非子貢所及。

朱子在圈外注中又引程子說，謂：

我不欲人之加諸我，吾亦欲無加諸人，仁也。施諸己而不願，亦勿施於人，恕也。恕則子貢或能勉之，仁則非所及矣。

朱子又自加發揮，說：

愚謂無者自然而然，勿者禁止之謂，此所以為仁恕之別。

大家說程朱善言義理，但此章解釋極勉強。朱子說：「無者自然而然，勿者禁止之辭。」其實本章明言「欲無加諸人」，所重在「欲」字，欲即非自然而然。欲無加諸人之「無」字，亦非自然而無。乃是亦欲不加諸人。因此此章程朱把仁恕分說，實不可靠。

古注孔安國說：「非爾所及，言不能止人使不加非義於己。」此解乃為得之。何以說孔安國說得之？仍須從本章的句法上去研求。本章句法是平行對列的，我不欲人把非禮加我，我亦欲不把非禮加人。下句有一亦字，顯然是兩句分開作兩件事說的。若說己所不欲，勿施於人，此等句法是直承偏注，只是說一句話，一件事。細究兩處文法，自見不同。若把握住此點，朱注：「子貢言我所不欲人加於我之事」，這一句也錯了。只應說「我不欲人加於我，我也欲我不把來加於人。」朱注：「我所不欲人加於我之事」，此語只可移作「己所不欲」四字之注解，朱注「之事」二字，即所不欲之「所」字，但本章則句法不同。孔安國看準了，故說：「別人要加非義於你，你何能禁止呀！」孔子所謂「非爾所及」，只承上一句，不關下一句。

我舉此例，仍只是要說明欲通《論語》之義理，必須先通《論語》之文法。若文法不通，所講的義理，只是你自己的，不和《論語》本文相關。

（七）

此下我想再舉一例。

子曰：「飯疏食，飲水，曲肱而枕之，樂亦在其中矣。不義而富且貴，於我如浮雲。」

我常愛誦此章，認為大有詩意，可當作一首散文詩讀。此章之深富詩意，尤其在末尾那一掉，「不義而富且貴，於我如浮雲」十一字。其實在「於我如浮雲」那五字，尤在「如浮雲」那三字。若省去此一掉，或在掉尾中換去「如浮雲」三字，只說於我有什麼相干呀！那便絕無詩意可言了。但我們讀《論語》，固可欣賞其文辭，主要還在研尋其義理。難道《論語》記者無端在本章平添此一掉尾，也像後世辭章之士之所為嗎？因此我們在此掉尾之十一字中，仍該深求其義理所在。

若在此十一字中來深求其義理所在，則「不義而」三字，便見吃緊了。素富貴行乎富貴，富貴並非要不得。孔子又曾說：「富與貴，是人之所欲也；不以其道得之，不處也。」不以其道而得富貴，還不是不義而富且貴嗎？今且問：你若不行不義，那有不義的富貴逼人而來？富貴逼人而來，是可有的。不義的富貴，則待我們行了不義才會來。倘我絕不行不義，那不義而富且貴之事，絕不會干擾到我身上，那真如天上浮雲，和我絕不相干了。因此，我們若沒有本章下半節「於我如浮雲」這一番心胸，便也不能真有本章上半節樂亦在其中這一番情趣。關於本章下半節的那種心胸，在《孟子》書裏屢屢提到，此不詳引。我此所說，只是說明要真瞭解《論語》各章之真意義，貴在能從《論語》各章逐字逐句，在考據、訓詁、文理、辭章各方面去仔細推求，不要忽略了一字，不要拋棄了一句。至於把《論語》原文逐字逐句反到自己身心方面來真實踐履，親切體會，那自不待再說了。

（八）

或有人會懷疑我上文所說，只重在考據、辭章方面來尋求義理。卻不教人逕從義理方面作尋求，如孔子論仁論智，論道論命，論一貫忠恕，論孝弟忠信之類。這一層，我在上文已說到，讀《論語》貴於讀一章即得一章之益。即如《論語》說：「巧言令色鮮矣仁。」又說：「剛毅木訥近仁。」又說：「仁者其言也訒。」又說：「仁者先難而後獲。」這些話，逐字逐句求解，解得一句，即明白得此一句之義理，即可有此一句之受用。若解釋得多了，凡屬《論語》論仁處，我都解得了。《論語》不提到仁字處，我亦解得了。孔子論仁論道的真意義，我自然也解得了。此是一種會通之學。義理在分別處，亦在會通處。會通即是會通其所分別。若《論語》各章各節，一句一字，不去理會求確解。專拈幾個重要字面，寫出幾個大題目，如「孔子論仁」，「孔子論道」之類，隨便引申發揮，這只發揮了自己意見，並不會使自己真瞭解《論語》，亦不會使自己對《論語》一書有真實的受用。那是自欺欺人，又何必呢？

所以我勸人讀《論語》，可以分散讀，即一章一章地讀。又可以跳著讀，即先讀自己懂得的，不懂的，且放一旁。你若要精讀深讀，仍該如此讀，把每一章各別分散開來，逐字逐句，用考據、訓詁、校勘乃及文章之神理氣味，格律聲色，面面俱到地逐一分求，會通合求。明得一字是一字，明得一句是一句，明得一章是一章。且莫先横梗著一番大道理，一項大題目在胸中，認為不值得如此細碎去理會。子貢說：「回也聞一而知十，賜也聞一以知二。」顏淵、子貢都是孔門高第弟子，但他們也只一件件，一項項，逐一在孔子處聽受。現在我們不敢希望自己如顏淵，也不敢希望自己是子貢。我們讀《論語》，也只一章一章地讀，能讀一章懂一章之義理，已很不差了。即使我們讀兩章懂一章，讀十章懂一章，也已不差。全部《論語》五百章，我們真懂得五十章，已儘夠受用。其實照我辦法，只要真懂得五十章，其餘四百五十章，也就迎刃而解了。

（九）

今天是我們學校的校慶，同時也是孔子誕辰。我們能把讀《論語》來紀念孔子，那是最有意義的。同時，我們學校能有更多學生喜歡讀《論語》，那亦是我們學校一件最大可慶祝的事。所以我特地寫此一篇來勸大家讀《論語》，來教大家如何讀《論語》。至於篇中舉例，那是隨便舉來的。舉一隅而反之三，則待我們同學的各自努力了。

（已收入《孔子與論語》）

秋季開學典禮講詞

民國五十一年九月十日

諸位先生、諸位同學：

今天是本校第十三年的開學典禮，我們首先將表示歡迎從今年起的新先生與新同學。今年的新先生下面將由副校長介紹報告。現在說到新同學方面，本年統一入學試錄取共超過了五百位，但到本校報到的只有一百二十餘人，較本校原定錄取名額一百六十人，尚缺三十位。其他兩間補助專上學院崇基與聯合，聽說報到亦未足額。三校合計應尚有一百個缺額。但那些錄取的人，究竟不知何處去了。香港的中小學都嫌學額不夠，但我們這三間專上學校，今年人數反而收不足，豈非是一件怪事。誠然，香港社會一般人，對我們此三間專上學校的地位，仍然不重視。所以能進入港大的，以及有能力遠赴英美留學的，又有去臺灣的，此外香港尚有三間師範學校，留下來有志到三校的學生，自然也不一定很踴躍了。

當然主要的第一點，是這三校還未正式成為中文大學，因此社會對此三校比較漠視。我為此事，經常告訴我們新亞的同學們，進入學校讀書，不要太過看重那一張文憑。只要有真才實學，將來不怕沒有出路。所以選擇進入大學，主要應選擇此大學之內容，莫要只注重那招牌。從前國內學生投考大學，卻懂得這一層。當時國內大學雖多，大家爭先恐後去投考的，則只有少數幾校。諸位當知，你們進入一學校，會影響諸位將來的一生。也可說諸位的將來，已在此刻進入某大學時，早決定了百分之四十以上。或諸位今天不進新亞，而轉入其他學校，在名義上是差不多，在實際上則各校所給諸位之影響各不同。我們負責教育的人，自應警惕這一點，當知我們所負責任實甚重大。雖然諸位將來離校而去，好的不一定會感激學校，壞的亦不一定會責備學校。但學校的責任總是非常大的，我們不得不反心自問，警惕著這一重大的責任。

說到有關中文大學的事，此刻富爾敦先生所領導的那個調查團已回倫敦去，他們將在十一月中旬有一正式報告。據非正式的消息，這個報告中，或將建議在明春或暑假後，即成立中文大學，此三間學院均可在內。惟今年的新生，是否可以獲有正式大學文憑，刻尚不可知。至於今年的四年級、三年級、二年級生，會不會有大學文憑，這就更不可知了。我現在附帶告訴諸位，關於這些問題，我們可不必太重視。我在上學年最後一次月會中曾講過，一旦掛上大學招牌，新亞仍是那新亞。若不掛上大學招牌，新亞也仍是那新亞。主要在學校自身能不斷自求進步。說到學生方面也一樣。諸位須深切瞭解，學校有了招牌，學生有了文憑，固然好，但主要不在此。諸位不能專從文憑上來估量出路，出路不一定專靠那文憑。尤其是為長久計，當知一個人在社會上的出路，不專限在明天，主要在我們能有不斷的奮鬥精神。我上面所說，也就是我們新亞教育精神最重要的一點，我曾屢為諸位講起。今天的新同學，可說已上了新亞的第一課，此下盼能在真才實學上各自鍛鍊你自己。

每一年，我們學校必要有一次或一次以上的檢討，現在我要重複上學期最後一次月會所講，約略檢討我們學校之過去與將來。現在我們學校中重要的學院和學系，大致都完成。只有理學院生物系、數學系尚有一年，物理系、化學系尚有二年，始有畢業生。這幾系的課程與教師，尚需增添。其餘各系則大體都已定了。說到學校組織方面，教務、訓導、總務三處，也已各有規模了。我們的校舍，到年假新禮堂落成，亦即告一段落。而我們的大學招牌，不久亦將可能掛出。如是說來，我們學校的一切，到此已有一個小小的段落了。此下我們的新希望，該注意在那一方面呢？

我想引孟子的一段話來說，孟子說：

「可欲之謂善，有諸己之謂信，充實之謂美，充實而有光輝之謂大。」

我們學校在桂林街時，一切都真是在可欲的時期，現在經此十三年，頗多是有諸己的了。此下的一段，我將請大家注意孟子的「充實」二字，我們學校正該刻意去求充實。在我們的教授先生們，我盼望能以身作則，在學術上不斷有新貢獻、新發現。對同學課程上亦要更負起責任，不斷在課程內容方面求充實，求革新。而同學們也應努力追隨學校此一宗旨，來充實自己。

關於「充實」二字，我想有一神話故事，可以作譬。此神話說：有一道士，放鵝入籠，從一鵝裝至十鵝，同樣裝下了。乃至二十、三十、一百頭鵝也裝下了。而那籠卻依然。其實那故事即可以如今的香港作證。香港此十幾年來，從幾十萬人到數百萬，擴大了六七倍，猶如此道士之籠內之鵝，逐次裝進去，而香港還是一香港。若論我們的腦子和心胸，更不知可裝進幾多，而此腦子此心胸依然如舊不覺。我所講之充實，簡單是如此。讓我們不要專在外面量上看，轉從內面質上看，如是充實不已，便可有光輝。

說到一個學校要有光輝，那談何容易。世界有名大學如美國之耶魯、哈佛，英國之牛津、劍橋等，可謂是有光輝了。那是經過幾百年之充實而來。光輝是從外面人看來的，充實卻靠自己。新亞若說到要有光輝，那是距離太遠了。但憑良心說：新亞還是太不充實，不充實那會有光輝。我盼望各位先生同學，不斷充實自己，俾能使新亞真成為一富有學術性、研究性的學校。不斷在我們內容上精神上求充實，我們學校終有在別人眼中見到光輝的一天。這是我們今後最該注意的一點，我特在今天提起。我們將懸此目標，在此後五年、十年中，不斷用此目標來檢討。這是我今天所要向諸位講的話。

孔誕、校慶及教師節講詞

民國五十一年九月二十八日

諸位來賓、諸位先生、諸位同學：

今天我們在此慶祝孔子聖誕、校慶及教師節，關於學校方面，我在上學期最後一次月會及本年度開學典禮上，已講了許多，不擬再在此多講。關於孔誕方面，我特地寫了一篇文章，在今天出版的《新亞生活》上刊載，題目是〈校慶日勸同學讀《論語》並及《論語》之讀法〉。我並在去年校慶日亦寫有一篇〈《論語》讀法〉。兩篇文章寫法不同，意思卻是一樣，各位可以把我去年一篇重新參讀。在今天所刊出的一文，最後第二段排印兩錯字，我得在此提出。我在這一段裏告訴諸位，做學問要一點一滴做起，讀《論語》也該一字一句的讀。《論語》載：有一次孔子問子貢，「你與顏淵孰賢？」子貢回答說：「回也聞一而知十，賜也聞一以知二。」顏淵與子貢都是孔門高第弟子，但他們也只能一件件、一項項，逐一在孔子處聽受。所以我們做學問也應該今天知道一件，明天知道一件，逐一地累積，然後求會通。讀《論語》自然亦要一章一節，一字一句，逐一去讀。不應先橫梗著一番大道理、一項大題目在胸中，認為不值得如此細碎去理會。諸位讀《論語》，若能讀一章懂一章固然是好，若不能時，即使讀兩章懂一章，甚至讀十章懂一章，也已不差了。全部《論語》共不到五百章，若我們能真懂得五十章，也已儘夠畢生受用。

關於教師節，孔子為萬世師表，中國自孔子建立師道以後，至今尚沒有一個比孔子更偉大的教師出現。中國社會常說：「天地君親師」，可見對師道之重視。我還記得幼年時，七歲開始上學，第一天父親親自送我到學校，先拜孔子像，再拜先生。當時社會一般人對先生的尊敬，由今說來，幾已是不可想像的了。在家庭中，父母兄弟姊妹，都對學校先生懷著敬意。因此入學的學生，自然不會對先生不尊敬。

我在民國元年自己開始做先生，那時社會上尊師之風仍保持。我當時僅十八歲，學生有比我年齡大的，但他們對我一樣表示十分尊敬。若見到學生家長，即或街坊中人，他們亦必恭敬稱呼「先生」而不名，自然很多人根本不知此先生之姓名，但其恭敬之態度與心情，令人十分感動。

時間慢慢過去，先生漸不為社會所尊重，甚至也漸不為先生們自身所尊重。這裏原因極多，時代變了，社會變了，一切也隨之而變。但有些則其過在做師長的自己身上。猶憶民國十七年，我自無錫一師範轉到蘇州一中學去教書，到校約一月之後，有一晚，有六七個學生到我房間來，談話間問起：「先生來校已有一月之久，為何不見你告假？」我說：「我無病，又無其他事故，自然不告假。」但我心中甚奇怪，因反問學生，「你們是否希望先生告假呀？」他們初時面面相覷，後來才說出其中原委。乃因民國十六七年間，政治動亂，學校經濟受影響，教員薪水發不下來，衹發些生活補助費，所以先生大都告假。大致學生們更佩服的先生，告假也更多。告假多少，轉成為那位先生學問和地位高下之一種表示。他們見我不告假，因而感到奇怪，故此相問。當時我就對他們說：「我來的責任是教學生，薪水是我職務之報酬，我自己不該不盡職，而且不發薪水也非學校之過，乃是政府發不下來，但你們的光陰卻不該由我來浪擲。」

在這一件事上，我深深體驗到一般社會心理的轉變。做教師的順著社會潮流，也把教書當作一種職業，和其他謀生手段並沒有甚麼不同。教師領不到薪水就請假，在別人看來，也沒有甚麼不對處。這種觀念，到今三十多年，已經是一種極普遍極正常的觀念了。

回憶在民國初年，凡學校請先生，或由校長，或是學校委託人，必親向先生表明禮聘之意，經答應後，再致送聘書。至於薪水多少，請先生的與被請的，都不會提起，直要到正式教課後，再由介紹人或其他有關人，轉達說明薪水數目。這是一種心理，表示聘先生不該重在經濟報酬上。換言之，即是師道之尊，不能用薪給來估計和衡量。但到後來，必先講明薪水，一般人認為這是天經地義，無可厚非。

有一年，我在小學教書，當時學校開學僅一個多月。大約中秋節前十天模樣，我忽然收到一間中學的電報，請我到該中學任教。我心裏很願意去，但已接受了小學一年聘書，中途辭職於心不安。去向校長談起，校長一口勸阻，只有將辭職一事擱置下來。後與另一同事談起此事，他力主我辭職，並勸我再次向校長請辭。結果得到他的同意了。他那次挽留我，絕不談到學校等級和薪給高下，那位校長實是遵守著一向很典型的舊禮貌，使我至今還記在心。後來在中學，某年接到中山大學的來信和電報，請我到中大去教書。當我持信電去向校長請辭時，校長說：「你在中學教書，本是委屈的。但我仍請先生留下，隔一年兩年，我們一起走罷。」我因他這一留，把中大聘書退回了。

我談及這些往事，是說當初做教師的轉換學校，斟酌去就，至少在經濟待遇上，是不能提出作為正式理由的。但現在做教師的，已經認為待遇、鐘點等，是最重要的考慮條件了。若在現在，如像我們學校有一位先生，被其他學校用較高薪俸禮聘時，我只能對他說：「我們很不願意先生離開，但那邊待遇高，我們不能阻止先生的高就。」

這幾十年來的變遷，教師完全變成為職業性，而且也和其他職業一般，不能說當教師便特別清高些。而教師待遇卻比其他職業低，所以教師益不為社會看重，而且也不為教師本身所重，只成為一種不得已而為之的職業而已。又在抗戰期間，開始有「公教人員」一名詞，將政府公務員與學校教員放在一起，其意也在薪給問題上。開始一般教師聽此名詞，好像怪不自然，但後來也就習以為常了。這些，都可指出在近幾十年來，由於社會之變，而教師地位也隨而變。這好像是很自然，而且也是無可奈何的。

但我們若細讀《論語》，孔子當時也非可以沒有職業的。他教他門弟子如何做一「士」，士在當時即是職業。孔子《論語》中講到如何來盡職從業，至少也可得有百條上下。《孟子》也然，書中所論辭受取與，出處進退，都與職業有關。孔子弟子，大多數有職業，有些生活甚清苦，連孔子本身也如是。顏淵是孔門最得意的學生，顏淵死時，他父親想要賣去孔子的車來為顏淵做一棺材套，孔子沒有答應。因為孔子之子伯魚死，也是有棺無套。而且孔子有時要見國君卿大夫，也不能無車。他們生活如此清苦，焉得不重視職業。但他們從事職業，也非專一在生活上打算。因此他們的生活依然如此清苦。

現在的問題是，我們能否在重視職業之外，還保留一點師道呢？師道與教書職業，是否是相互牴觸，不可兩全呢？諸位畢業之後，必須謀一職業，這自不用說。但諸位也很可能在學校中教書，那時你們認為師道之尊要不要保持呢？就是不教書，或作其他職業，但每一職業，也必有一「道」。如到銀行中工作，至少必依時上班下班，辦事要謹慎負責。若如有機會給你舞弊貪污，或牽涉到政治立場，這些處都有「道」。那裏可以像一般想法，職業便是職業，專在私人的生活條件上打算，一切便不顧到道義了呢？

今天我們紀念孔子，第一要講到師道。縱說教師也是一職業，但此項職業與我此刻所談之師道並不相衝突、相違背。現代社會各項職業情形固是較之以往有極大的改變，但各項職業中仍該有道，此一原則仍是不能變。

讓我再講一件孔子的故事。孔子是一大聖人了，他平常愛講禮，《論語》〈子罕篇〉記載著：孔子有一時病重將死，他那時的社會地位只是一士，他的一輩學生為他預備喪禮。當時學生中年紀最長的是子路，他指揮著同學們來當孔子的家臣，想要用當時卿大夫的喪禮來安排孔子的喪事。他的意思自然是在尊敬孔子，但卻違背了孔子平常講禮的意思。孔子為中國社會創立師道，他的身份那在官位上？孔子心中覺得，死在幾個學生手裏，那是何等好。而他的門人卻以為，孔子能照當時卿大夫禮，由許多家臣來辦喪事，那是一種榮耀。後來孔子病好了，得知此情，就說：「久矣哉！由之行詐也。」子路是孔子門下一位最有信用的人，那裏會行詐？但此事卻像是行詐，這因子路當時沒有懂得孔子創立師道之一番大道理，因此仍要一般學生來權作家臣。後來孔子的門人，才知道他們該如何來尊重孔子。到了孔子真逝世時，他的門人再也不裝扮作孔子家臣來行喪禮。他們只是心喪三年，各人在孔子墳上搭一茅棚住下來守喪。又每人在孔子墳上植一株樹作為紀念，遂成為一林，即後世所謂的孔林。他們守孝三年後，才各回家去。只剩下當時最年長的子貢一人，又繼續在墳上守孝三年。

這一故事，說明了孔子當時建立師道，連他的學生也不知道那深長意義所在。至少孔子並不以做官為榮，而以當一教師為重。他心中，只希望有幾個好學生，並不想有幾個像樣有派頭的當差家臣。我們今天來紀念孔子，亦當懂得師道，並當從建立師道做起。尊師重道，這是中國文化傳統。或有人仍以為當一教師並沒有什麼值得尊重之處，但我們要提起，人總是最可貴的，教人為人的人，豈不更可貴嗎？豈不更值得尊敬嗎？你自己也是人，你不覺你自己可貴嗎？現在那幾位教導你的師長，不應該為你所尊重嗎？諸位要自尊，自該要尊師。由此想下去，那一位為中國社會創立師道的大聖人孔子，不是該值得我們尊敬嗎？

有關學問之系統

民國五十一年九月二十一日研究所
第二十四次學術演講討論會

(一)

今天的講題是:「有關學問之系統」。所謂學問,並非將一堆零碎知識拼湊即成。只要成為一門學問,或一個人之專家之學,皆必有一系統。今且講:什麼是學問之系統?次說如何完成一學問之系統?此下所講,乃根據中國人之舊傳統、舊觀念,將中國學術史上之各項學術系統,作一扼要的敘述。然後再拿來和現代觀念,即承襲自西方人對學問系統的觀念作一比較。

「系統」二字亦是一新名詞。若把中國傳統舊觀念來說,中國人常講「體系」及「體統」。故此「系統」二字,實可用中國人常講的一個「體」字來加以說明。我們也可說:學問成體,即指其學問系統之完成。「體」應可分為三大類：

一是自然體。中國舊講法：有所謂金、木、水、火、土五行。但火既非體。嚴格言之：金、木、水、土亦均不成體，只當稱之為「質」。但如礦物有結晶，此即成了體，因其有結構。近代物理學研究到原子、核子階段，始知凡屬物質，分析至最後，都確有體。但在今日之科學界則稱之為「能」。此處也正合中國人舊觀念，因凡體必有用，用即是能。由於上述，可說凡成一體，必有結構，也必有用、有能。至於中國人詩文畫家中之山水一體，多屬藝術上之一種想像體，其間寓有人的意象經營，又與自然實在體微有不同。

二是生命體。此乃自然體中之一部份。凡屬生物，如植物、動物、人類，每一生命必有一體。就生物學所研究，每一生命體之結構之每一部分，則必有其特定之用與能。此種用與能，則均屬於生命意義者。

三是創作體。全由人類創造所成。與自然及生命體屬於自然所創造者不同。遠自石器時代以至今日，一切器物、一切機械，皆屬此類。此類諸器物，亦各有結構，並亦各有其用與能。此種用與能，則皆屬於人生實用者。

由於上述，「體」字應涵有兩意義：一是其結構，亦稱為「組織」。另一為其作用，亦稱為功能。每一體必各有其作用，一切體之構造皆由此作用為前提，亦皆以此作用為中心。即如眼前桌、椅、電扇、電燈諸物，莫不各有作用。其所以有如此之結構者，則為顯現此作用，完成此作用。故作用亦可稱為屬於此體之意義。

（二）

今再論此結構與作用之來歷。根據上述，可知一則來自自然，一則來自意志。此意志亦可稱創造意志。如每一生命體之背後，即有一生命之創造意志存在。此一創造意志，即成為此體之領導作用，亦可稱為此體之創造原則。如一桌、一椅，在其創始時，必有創造此桌此椅之某種意志為之發動。直至近代如火箭、人造衛星等種種新發明，其背後，亦必先有一創造意志作領導。生命體之創造，乃由生命意志作領導而漸臻於完成。此在生物學上已大體闡發，可無疑義。至於自然體，由宗教家言，則一切來自上帝，上帝由此創造意志而後創造出此宇宙。此一說法可信否，且勿論。我們不妨如此說：在一切創造之背後則各有一意志，先有「天心」，後有「人意」。天心創造出自然與生命，生命則顯是有意志者。亦可說生命本身即是一意志，由此一意志而形成此種「體」，故生命體乃係一有計劃者。

但此中亦有甚多條件限制，如做一張桌子，不能以水做，只能以木做，此即是限制。說到創造原則領導作用，是指其積極方面言，而限制條件則指其消極方面言。人類之創造諸物，固是出於人類之智慧，但人智亦必與天工相配合，先有此創造意志，再配上自然方面之種種限制條件，方可真實形成一新體。然縱使外面一切條件具備，而無此創造意志領導原則，則仍必無成。

（三）

我在上次曾講過〈學問上之道與術〉（該文收入《學籥》）一題，今將此講與前講配合，則此講所謂之創造意志與領導原則，即約略相當於上講中之「道」，此創造意志配合上外面種種限制條件則有所謂「術」。

學問亦是一種創作體，要學問成一系統，即應有結構，即組織。有作用，即意義。先由創造意志來作領導原則而決定其形成計劃，此即是求學之志與為學之方。若僅在講堂或圖書館中聽講、讀書，而自己心中並沒有浮現或成立一意志，此即沒有了領導之原則。無原則就無方法可言。有了志嚮，才有方法。方法只是針對於外面種種限制條件而起，如讀一書，必有許多限制條件存在。此等限制條件，一面須能避免，一面須能運用。必先打開此限制，始能有創造。故任何一門學問，一面要有組織、有意義。此原自學者之創造意志。又必配合上外在的條件限制，而後始有實際的形成計劃。學問系統即由此而完成。

（四）

依照中國傳統，應說學問有三大系統。因其創造意志有不同，故其形成計劃亦不同。

第一系統是「人統」。其系統中心是一人，中國人說：「學者所以學為人也。」一切學問，主要用意在學如何做一人，如何做一理想有價值的人。此乃吾人從事學問之一種創造意志與領導原則。因此，其所成之學問，亦以如何做人為中心，為系統。換言之，即是以此學者個人自身之完成為中心為系統。此種學問之目標即在人。此種學問之結構，亦即在從事此學之人。忽略了此人，即不見此人之學問之目標與其結構。故說：此種學問，乃是以人為統者。

第二系統是「事統」。即以事業為其學問系統之中心者。此即所謂「學以致用」。人之本身，必然期有用。吾人之所以從事於學、學為人，其主要動機及其終極意義，乃在對社會人群有用、有貢獻。故其所完成之學問，以人生為中心者，必連帶及於事業。惟事業之範圍甚廣，而人之才性有異，智力有限，機緣亦別，有專於某一項或某幾項事業有興趣、有抱負，而從事於學者，遂成為學問之第二系統。因其為學之中心在事業，故亦惟就其事業，始能見其學問之大體。

第三系統是「學統」。此即以學問本身為系統者。近代中國人常講「為學問而學問」，即屬此系統。如治史學，治哲學，好像每一套學問，各有其客觀的外在，在於人之完成與社會人群事業之實際應用之外，而別有此一套學問體系之存在。於是學問遂若與人與事分離而自成一系統。此與前兩系統之分別，一在由人來做出此學問，而此則是學問超然於人之外，乃由學問而來產生出學人。但學問亦是一事業，任何一項學問之在人群社會中，亦各有其貢獻。因此，第三系統在人統事統之意義上言，則仍是一貫遞下，可認為是事統之一分支。

（五）

上面將學問分成如是的三系統，恰與中國人一向傳述的所謂：「立德、立功、立言」三不朽相呼應。有志立德，自然走上第一系統。有志立功，則走上第二系統。有志立言，以著述文章傳世，則走上第三系統。

但此三系統亦只是姑為之分類而已。在中國學術史上的開始階段，似乎中國人只看重了第一、第二系統。在中國人之觀念中，似乎並不曾很早便認為有一種客觀外在之學術系統之存在。

孔子嘗說：「古之學者為己，今之學者為人。」由我想來，孔子說的「為己」，是指第一系統之學而言。孔子說的「為人」，是指第二系統之學而言。孔門學分四科：「德行」，有顏淵、閔子騫、冉伯牛、仲弓等，此屬第一系統。「言語」，有宰我、子貢。「政事」，有冉有、季路。此皆專注重在政治社會之實際應用上，所學必求為人用。此項學問乃似為人而有，故稱之為為人之學。

第四「文學」一科，有子游、子夏。就近代觀念言，似乎此一科近於為學問而學問。但在孔門當時實無此想法。文學只是博學於文。在學問意義上，則只似一項準備工夫。論其究極用意，則仍還在立德或立功上。當然孔子所講的立德，決非是一種無用之德，決非是不能為用於人。所以說：「用之則行，舍之則藏。」可見第二系統亦已包括在第一系統之內。而子路、子貢諸人，其所學問之背後，皆有一理想人格在作主。因此，儒家講學則必然是注重在第一、第二系統者。《論語》開首第一句話即曰：「學而時習之。」此一「學」字，可謂是只指第一、第二系統之學言，並不如現代人觀念中所謂之「為學問而學問」之學，即我所謂之第三系統。

我們也可說孔子為學之創造意志乃是「仁」，其形成計劃乃是「智」。中國人傳統觀念中之理想人格即是「聖」，聖之一目標，主要在求完成自己所具之「德」。所謂「內聖外王」，自可由其所學而發揮出大作用。至孔子所云：「好古敏求」，其所好所求之對象，雖必穿過典章文籍，即孔門所謂之文學，而善下其博文工夫，但其所好所求之最終目標，則仍不出於為己為人，即立德與立功之兩途。顯然是屬於上述之第一、第二系統者。故可說在當時，實無一種為學問而學問之想法。換言之，學問則只是一工具，其本身不成一目標。

（六）

現在我想試依曾國藩〈聖哲畫像記〉中所列舉之三十二人，來分別指出其學問之系統。就曾氏此文之題目言，「聖」、「哲」二字，即屬第一系統。可見曾氏此文之主要意義重要在此三十二個人，其次才是此三十二人之所學。我們做學問之主要目標，則在由其學以企其人。此三十二人是：「文、周、孔、孟，班、馬、左、莊，葛、陸、范、馬，周、程、朱、張，韓、柳、歐、曾，李、杜、蘇、黃，許、鄭、杜、馬，顧、秦、姚、王。」

文、周、孔、孟，顯屬第一系統。孔子曰：「甚矣，吾衰也，久矣吾不復夢見周公。」又曰：「文王既歿，文不在茲乎？」可見孔子平日之好古敏求，其心目中必常有文王、周公二人，因其人而及其道。孔子之求行道於天下，亦求如文王、周公之行道於天下而已。我們若用「體」、「用」觀念來述說，亦可謂：作人是體，行道是用。為學則由第一系統以達於第二系統。在孟子心目中則是一孔子，故曰：「乃我所願，則學孔子。」若非其人，其道亦即無所依存。而且深言之，則是由其人而始創此道。故學貴重道，尤貴重人。第二系統之學重在用世，用世自必重道。然正因學者本身的人格力量不足，故由人而見之道，亦必有限。故古人為學則必以第一系統為之立本。

其次班、馬、左、莊。就今日言之，史學、文學、哲學，都已各成為一項專門學問，此似應屬第三類。但司馬子長作《史記》，其意實欲學孔子，上紹《春秋》。彼所謂：「通天人之際，明古今之變，成一家之言。」此絕非純然為史學而史學。彼意所在，至少應屬第二系統。故講中國人之史學，其最先之創造意志，乃在道，更在人。如司馬氏之作《史記》，乃在學孔子之明道救世，其主要目標仍在求用。而第二系統之學之本原所在，則仍須上溯及於第一系統。故司馬氏〈孔子世家贊〉有謂：「高山仰止，景行行之，雖不能至，心嚮往之。」可見司馬氏心中仍是嚮往孔子其人。惟力不能至，則成就其為第二系統之學而已。

莊子就今日言，彼乃先秦諸子中之一家。先秦諸家中最顯要者，儒家以外應推道、墨兩家。其實，此兩家之學，都應歸入第一、第二系統之內。因在彼輩心中，決非想要發現一套真理，發明一套哲學，如今人所想像之為哲學而哲學而止。在彼輩心中，主要問題，亦只在如何做一人。如《老子》書中，隨處見其有一理想之聖人。莊子則更顯然。《莊子》一書，主要仍只在教人如何做一人，如何做一理想人，如天人、至人、真人等。即墨子亦然，試讀《墨子》書，主要仍是在教人做人，做一兼愛之士，做一像大禹般的人。中國人所以一向看重此三家，在當時此三家所以得最為顯學者，正因其所學乃屬於第一系統之故。

至如法家，只講如何治國。名家，只重在求正名，辨名實。餘如農家、縱橫家、陰陽家等，此等皆當歸入第二系統。在彼輩心中，亦全有一套治平理想，全有一項學以致用之觀念。但不能如前三家之廣大而深邃，不大注重到自己如何做人，教人如何做人，因此只陷在第二系統中。此下子學流變，如《四庫全書》子部所收，包括有天文、醫學、農、工各科，初一看之，像甚雜碎，與先秦諸子之學有不同。其實此等亦皆可歸入第二系統中，因其皆所以致用者。故後人收之入子部，亦寓此意。子夏所謂：「雖小道，必有可觀。」中國後代都把子部之學認為是小道，其故亦由此。若如近代人觀念，專把先秦諸子當作哲學或思想家看，則此下《四庫全書》中子部所收，即無法講通。此乃一種古今人之觀念之變。在中國古人所以把天文、醫藥、農、工諸類，全歸入子部者，亦自有其一套想法。惟與我們近代人所想有其不同而已。

再說葛、陸、范、馬此四人，顯然在第二系統中。諸葛年輕時高臥隆中，即自比管、樂。范仲淹為秀才時，即以天下為己任。後來他又說：「先天下之憂而憂，後天下之樂而樂。」可見彼二人之學問皆從有志用世來，因此即走上了第二系統。如陸贄，只看他的奏議，自然知他乃是一極有學問之人。但他為學之主要目的，自然是偏在政治實用上。又如司馬光著《資治通鑑》，雖是一部史學書，而特地要為此書加上「資治」二字，豈不亦是一種學以致用之觀念之明白表示嗎？但此四人，人品光潔，大節皎然，其學問境界必然能上透到第一系統，亦是無疑。

再說周、程、朱、張，此無疑應屬第一系統。彼輩之學，主要在教人如何做人，此是他們的學問中心。我們若求明瞭孔、孟、程、朱之學問，則斷然應從「人」之中心而著眼，斷然應從做人的大體作研究。若不知孔、孟、程、朱其人，焉能懂得孔、孟、程、朱之學！若我們改從西方哲學觀點來尋求，對此諸家之學，總嫌有不恰當處。不僅如此，而且必然把此諸家為學之最吃緊、最重要、最真實處忽略了。如孔子斷不能僅稱其為某一部門之學者，或一思想家，或說他的一套學問是哲學。周、程、朱、張亦然。我此所講，雖不過只是大體上作此分別，但此一分別卻甚不可忽。

周濂溪、程明道二人，更顯然應屬第一系統之下。周濂溪嘗教二程尋孔顏樂處，又曰：「志伊尹之所志，學顏淵之所學。」可見他指導人為學，其主要目標，其中心對象，都是一個人。如孔子，如顏淵，如伊尹。二程即受濂溪影響。而同時張橫渠則稍有不同，彼著《正蒙》，用思深刻，似乎是有意在著述上。彼之思想亦甚有組織。比較說來，比濂溪二程，他似乎更近似一哲學家，可說他正是有一些近似於為學問而學問的氣味。故二程有時批評橫渠，說他學非自得。所謂自得，則正指其學問必從其自身真實生活中出發而完成。這樣的學問，始是活的，所謂活潑潑地，亦即是所謂有德之言。此皆從第一系統來。而橫渠則好像根據一題目，加以不斷思索推演而得。這樣的學問，便會移至生活之外面，向外尋求。因此，其所得也不稱之為自得。此處二程意見，當知並不在批評橫渠的哲學思想，乃是批評其治學方法。

至於朱子，他的學問，不僅和二程有不同，也和橫渠有不同。他對一切學問都有興趣、都理會。雖論其大系統，仍和周、張、二程一路。但朱子在孔門，似乎像更多接近子游、子夏文學的一科。他在博學於文那一條路上，像是走得更認真。因此同時陸象山要起來反對他，說他支離。象山之學，吃緊在專講做人，故他說：「我雖不識一字，亦可堂堂地做一人。」象山顯然是注重第一系統的。他不僅反對朱子，有時也反對伊川，他只認許了濂溪和明道。其異同處正在此。

但象山也只能反對伊川與朱子之學問方面，卻不能反對到伊川與朱子之做人方面。大體言之，宋代的理學家都可歸入第一系統。我們要瞭解宋人之理學，必要先瞭解宋人理學之創造意志，必須能對他們的實際生活、實際做人方面去求體悟。現代中國人對待傳統文化常喜歡用一種予取予求的態度，截取古人枝節來自立新解。對於古人原來做學問的整個體系，與其創造此一套學問之血脈精神，卻都忽略不理會。譬如講宋明理學，也都舉出一兩個論點，只作一項哲學問題來衡量、來探討。這正如將一桌子劈了作柴燒，可惜那桌子卻為他破壞不復存在了。

此下「韓、柳、歐、曾、李、杜、蘇、黃、許、鄭、杜、馬、顧、秦、姚、王」十六人，似乎都應歸入第三系統。如杜佑、馬端臨考據歷史制度，許慎、鄭玄講求經籍訓詁，顧亭林、秦蕙田（撰《五禮通考》）亦都是考據之學，但他們也可說都從第二系統轉入。經史之學，原本都重在用世。又如韓昌黎主以文明道，他自謂：「好古之文，乃好古之道也。」又每以孟子自比。杜工部則心慕稷、契，而欲致君於堯舜。我們也可說韓志在傳道，杜志在致治。雖然後人都把他兩人奉為詩古文之大師，但他們之為學，亦還是從第一第二系統轉來。清儒如姚鼐，專治古文，但也說為學必義理、考據、辭章三者兼顧。王引之專精小學，而其所撰之《經傳釋詞》，在訓詁範圍之內又專一注意來講一些「虛字」。此可謂是專門之尤專門者，但此書極受當時人推崇。如此為學，像可謂真是為學問而學問，確然成其為專家之學的了。但論王引之著書本意，則仍在教人讀「經」、讀「傳」，其心中所重視的應仍在第一系統。只其做出來的成績，則顯屬第三系統而已。

我們根據上述，可見中國人學術傳統實在是始終逃不出第一、第二系統之精神淵源。即如上引曾氏之〈聖哲畫像記〉，也只是佩服此三十二位哲人和聖人，其主要目標仍在人，仍從第一系統來。若如近代人治學，接受西方觀點，似乎學問自有系統，可以與人無關，乃把第三系統視為學問之正宗。這和中國以前舊觀念大不同，故此提出，好教大家注意。

（七）

倘若我們除上舉三十二人外，要再另找例證，則如：戰國時屈原，他本是一政治家，忠君愛國，所志不遂，最後才寫了一篇〈離騷〉。〈離騷〉雖為後來文學界推崇，然在屈原當時，他本人並非有志於文學，想要作一文學家。後人重其作品，但同樣重此作者。我們讀他的作品，並可知其學問之廣博。他對中原文化、周孔傳統，致力實深。可見他的學問，絕非第三系統文學一門可限。惟如漢代之司馬相如，自以為其所作賦乃上承雅頌，好像也要把自己作品歸入第二系統之內。但他實在只是一文人，除卻他的文章外，其餘無足取。如彼乃可說是為文學而文學之一位道地文人。他如賈誼、晁錯，他們治學，顯屬第二系統。賈誼雖通經，但時人評其：「不得為醇儒。」這就是說：他不得列入德行之科，並異於孔孟之第一系統的學問了。若依此看法，西漢一般經學家，自伏生、申公以下，都不過是第二系統。故「通經致用」四字，特為西漢人所重。

至東漢，跑出郭林宗一流新人物來，他們似乎較看輕經學，而更講究做人，這乃自第二系統要翻回到第一系統去的一種運動。此項新風氣，直下到魏晉南北朝人講莊老，其實一般動機乃在學莊老之做人，仍是注重講人生，仍當屬第一系統。不過他們的生活環境實與莊老不同。所以魏晉清談人物自成一格，不能與先秦莊老相比。此下轉入佛教，佛教之主要精神，自然也在教人做人。但只是教人如何做一出家人而已。其後禪宗大興，把此一條路走得最徹底，把如何做一出家人轉成為如何成佛。就大體言之，彼輩所講亦可謂是第一系統者。

隋末王通在河汾講學，所講則只是一套治平之學，其意欲學孔子。惟所學之對象則重在第二系統。北周蘇綽亦通經學、佛學，為北周興起制度。其學亦當列入第二系統中。唐初如房玄齡、杜如晦、魏徵諸人，皆是學者。此諸人可謂與諸葛亮等相近，均偏在學以致用方面，都應歸入第二系統。惟後人論學，卻把此一類人忽略了。治史的，則只重其人物與功業。論學的，則把他們擱置一旁。其實如諸葛，如蘇綽，如唐初諸賢，苟其無學，如何能成此人物、建此功業？這正如宋儒以下論孔門人物，都忽略了子路、子貢等人一般。若如此，則孔門四科，豈不只有德行、文學兩科堪稱學問嗎？此與本題所講著眼不同，請大家注意。

至如宋儒講理學，其實受禪宗影響甚大，禪宗與理學皆應歸入第一系統。惟宋儒除理學家外，第二、第三系統之學問亦甚發達。元、明人治學，亦以第二、三系統者為多。惟陳白沙、王陽明一般理學家，仍屬第一系統。

（八）

入清以後，顧亭林提出：「行己有恥，博學於文」之口號。其所為《日知錄》自謂：「以待王者興。」則其治學精神，顯然淵源於第一系統而應列入第二系統者。此外如黃梨洲、王船山，皆不能專目之為史學家或哲學家。彼等心中皆各有一做人標準，並各有一番「淑世」精神，仍與亭林一般，出入在第一、第二系統之間。其後漢學家輩出，當時人做學問遂似明顯地走上了為學問而學問之途徑。清儒之經學與考據，乃顯然成為應屬第三系統方面之學問。在清代學術中，才始更透出了我們今天所看重的專家分科精神。在他們的學問上，各自有一套嚴肅之方法與態度。故近人謂清學近似於西方之科學方法，此語自亦有理。即如王引之撰《經傳釋詞》，又如段玉裁窮畢生之力為《說文解字》一書作注，可見在學問上之專家分科精神，到清儒手裏，是更見完成了。

惟近人喜稱清學是一種「故紙堆中之學問」。此種批評，卻有不公平處。其實在當時漢學正統如蘇州惠派，相傳其家中有一聯云：「六經師許鄭，百行法程朱。」可見在他們心中，仍不失中國傳統精神，仍還是看重在做人上，並未割斷了第一系統之血脈。他們所謂「訓詁明而後義理明」，何嘗撇棄了義理，來專治訓詁。若我們單從清儒做人方面，就其日常生活及私人道德方面來平心審察，清儒要為不失前人榘矱。即如江藩《漢學師承記》一書，雖其敘述重在各人之治學，但亦時時提及他們的私人道德，其中不少值得我們仰敬。可知清儒並不曾把此傳統一路放棄不管。在我舊著《近三百年學術史》一書中，曾特地提出如毛西河、閻百詩諸人，而批評其人格之缺欠處。但終不能以此少數人為代表，而全部把清儒之人品立德方面一概抹殺了。如戴東原，就其私人道德言，或不無可議。然如錢竹汀，則為人光潔平實，殊無隙可擊。

其實清儒並非只鑽故紙堆，只講考據名物訓詁，只著重做一專家學者。他們亦還不失舊傳統，仍講究做人。至少他們能一生安心為學，相尚以樸學為號召，不希榮遇，不務聞達，確然皆有以自守。即此便是受傳統之賜。尤其如高郵王氏父子，雖為高官，而敦品修行，始終不脫書生本色。段玉裁僅任一縣令。錢竹汀中年即棄官不就，專任一書院山長，把畢生精力盡貢獻於學術。清儒中負不朽盛業的，皆不在政治上求進顯。而在政治上得意的，又多能不忘學問，不僅其自身有成就，而對同時學術界，尤能盡其獎拔誘進之能事。直到晚清如陳蘭甫等，其學脈精神，均顯然與我上說第一系統有淵源，有血脈相通。大體說來，在中國學術史上之一輩學者們，都和我們此刻所想像之所謂專家學者、為學問而學問之純然應入第三系統者有其不同。此層極屬重要，姑在此提出。但恨不能精細詳說了。

（九）

現在試根據上述，再來和近代淵源於西方的學術觀點作一約略的對比。

似乎西方人一向認為學問乃有一外面客觀的存在，有其本身自有之疆境與範圍。所謂學問，則祇是探究此客觀之外在，而又宜各分疆界範圍以為探究。如講宗教，主要對象乃是上帝與天國，即客觀外在者。宗教之信仰，即信仰此外在。宗教徒所研尋，亦即研尋此外在。又如云：「凱撒之事由凱撒管」，則把人世社會事另劃出一範圍，宗教家避不過問。而政治社會上一切事，在西方人看來，仍像是一種外面的客觀存在，只是其範圍對象各不同而已。西方哲學家則想綜合此一切外面存在，而會通研尋此一外在之整體，或此一綜合之真理。此一整體之與真理，實是超越於人群社會種種事態之外者。故此一存在，可稱之為「超越的存在」。超越的存在，則必然是抽象的。西方的宗教、哲學與自然科學，所研尋者都屬在外，都先應超越於人事，此處不具論。即在西方之人文學方面，亦復分門別類，如政治、經濟、法律等，都是各有疆域，各有範圍，皆可各別研尋。甚至如文學、史學、藝術等，就西方學術觀念言，亦頗似各有一客觀外在之學問疆域，仍可各別研尋。在此向外研尋中，獲得了一理論，再回頭來在人生實務中求實現。故西方人做學問，主要在尋求真理。而尋求真理，事先即抱一超然事外之心情。因此其學問遂走向分科專門化之路。而每一門學問，則必要到達一超越抽象之境界。

即如當年馬克斯在倫敦研究他的經濟學，發現了資本家之利潤所得，乃來自勞動剩餘價值。由此發展，造成他一番超越抽象之理論，成為他自己的一套歷史哲學。此套哲學之最高原理，即是由存在決定了意識，講歷史依循著階級鬥爭之必然法則而前進。然後馬克斯及其信徒，把他那一套最高真理要求落實，表現在實際社會上。則此社會必須革命，成為無可避免之事。其實不僅馬克斯一家學說為然，即如亞當斯密之自由經濟理論何莫不然。又如在政治學上，如孟德斯鳩之《法意》、盧梭之《契約論》等亦然。彼等都能在學問疆界中建立起一個抽象超越而概括性的理論，於是回過頭來，要求社會現實與之配合，則自然會引起法國大革命。西方人此種研究學問的態度，在中國傳統中比較很少見。

固然此種研究，亦為人類社會開闢了許多的境界，提供了許多新意見。但也可說有兩項易見之弊：一則各自分道揚鑣，把實際人生勉強地劃開了。如研究經濟的可不問政治，研究文學的可不問歷史等。第二、各別的研尋，盡量推衍引申，在各自的系統上好像言之成理、持之有故，但到底則每一項學問，其本身之系統愈完密，其脫離人生現實亦將愈顯著。如此一來，再要把各項學問研尋所得來在人生實際社會上應用，自然會有很多困難和不可預防的病害出現。因此我們可把中西方學術系統之建立，分作如下的分別：中國人乃是先有了一「用」的觀念，而始形成其學術上種種之「體」者。西方人則似先肯定了此種種之「體」，而後始求其發為種種之「用」者。實因「明體」與「達用」之兩種創造意志之不同，而始有循此以下之分歧。

若把西方學問的大體來和中國傳統相比，似乎西方人最缺乏中國傳統中之第一系統，即他們並不注意到如何做人的這一門學問。在西方人做人的理想中，似乎只想到如何做一宗教徒，如何做一國家公民。做學問的，則只問如何做成一學者，如哲學家、文學家等。其他則如做一政治家、律師、醫生、及各種行業中的人物等，他們卻似乎沒有一個共通的做人理想。除卻此種種分別外，是否有一做人的共通大原則、共通大道理，他們似乎沒有像中國傳統如上所述學問的第一系統之所注意而討究。因此，中國學問都自第一系統遞進而至第二、第三系統。而西方則似正相反，可謂乃是以第三系統為主，乃自第三系統而逆歸至第二、第一系統者。

在中國傳統學術中只有佛學，其先本自印度傳入，比較和中國原有傳統有不同。但到隋唐時代，天台、華嚴、禪宗中國化的佛學出現，佛學精神也便逐步接近了中國舊傳統。尤其可見者是禪宗。此層已在上提及。

惟其中國學問傳統有如此一特點，所以中國人講學問常說：「道不遠人」，「理即事見」。不太遠超越了實際人事來向外研尋，不重在學問自身來尋求系統。若如在中國出了一個馬克斯，他看到當時資本主義之流弊，必會提出許多實際改革方案，來求在人事上逐步矯正，其學即走入了第二系統。卻不致因此推尋愈遠，發揮出一套距離現實太遠的階級鬥爭與唯物史觀的理論來。這因中國人做學問，主要在求如何做人、做事，即在現實人事中來尋求其合理改進之可能。不像西方般先在人事之外來尋求一項終極最高真理，再把這一項真理來衡量一切人事。如是，則只有革命一途。革命則是根據真理來改造事實。而真理則是超越於事實而外在者。此一觀念，在中國學術史上很少發揮。

到今天，西方各門學問演進到幾乎難以綜合的地步了。而人事也不能時時處處要革命。其實革命實在也本不是一理想，只是一不得已。而且在落後社會中要求發生革命尚較易，待此國家社會進步到某一階段，到那時再求革命，實很難。而且革命所得，其實也往往不如革命前的理想所期望。尤其是如當前的共產革命，其貽禍人類之烈，豈不已為人所共見？今天的西方學問，似乎已無可會通。而革命改造在他們的現實狀況下，也無法痛快實現。於是乃至陷入於一種進退維谷、一籌莫展之困境。於是在此境況下，要求有能推倒一世豪傑，開拓萬古心胸的大哲學家、大文學家出現，也已不可能。然而這又何嘗定是人類文化前途之一種可悲觀的消息。說不定在這裏，正是西方學術文化新生一契機所在呀！

（十）

中國人做學問，主要既在講「做人」，尤其主要在求改進他自己，所謂：「三人行，必有我師焉，擇其善者而從之，其不善者而改之。」此乃是一種極具體，極現實，逐步向前，人盡可行的大道，絕非一種超越抽象之談。自做人之共通理想進一步，遂有所謂「道」。道亦指人生實事言。人生實事之改進，則亦是極現實，極具體，自近及遠，自卑登高，惟求其逐步向前，而無所謂徹底改造。故曰：「天理不外人情」、「忠恕為道不遠」。「忠恕」是中國人所講人生共通一大道。但若真講忠恕，則此社會便很難有革命。因此中國人講人道，注重在教育與教化。尤貴盡其在我。「君子思不出其位」，雖若是各就自己個人分內盡力，但也有一共同目標，共同方向，共同步驟。在這裏，人人能知能行，而又不易出大毛病。此即是中國人之所謂「道」。學問主要目的，正在明道行道。而道亦可以變，可以進。但其變其進，卻不必要革命。

今天要來講明中國學問之傳統精神，此事實不易。因其非可自書本上作研求，更非短篇演講所能盡意。諸位應先各自具有一番創造意志，自此創造意志來決定自己學問之形成計劃。今天的中國社會，已是近一百年來深受西方影響，而日趨於現代化的社會。換言之，中國社會早已走上了西方路子。際此形勢之下，我們應如何以古學為今人？即是如何把中國自己傳統精神與現實需要相配合，這一層卻大可有研究。我想我們且莫放大步，倡言革新。我們且不妨跟從清代學人入手。因清代學術實際上已發展完成了我上述之第三系統，其學問方法與其規模較近現代化，較可與西方學術接近。若越此而上，時代愈遠，和我們今天的社會愈不一樣，愈難追尋。輕言學術傳統，談何容易。探本窮源，心知其意，此一境界，實難驟企。諸位且不如先從事一門專家之學，求其可與現代社會相融洽。然後由此上溯，希望能接受到中國之舊傳統。而循此往下，亦並不違背世界之新潮流。將來如何把此傳統與新潮流匯會為一，則在諸位此下之努力。

（已收入《中國學術通義》）

讀書與做人

民國五十一年十二月二日對慕德中學師生演講詞

今天在這講堂裏有年青的同學，有中年人，更有老年人，真是一次很有價值、很有意義的盛會。如按年歲來排，便可分為三班。所以講話就比較難。因為所講如是年青人比較喜歡的，可能年長的不大愛聽。反之亦然。現在我準備所講將以年長人為主，因為年青人將來還得做大人。但年老了，卻不能復為年青人。並且年幼的都當敬重年長的，這好讓將來的年青人也敬重你們。至於年老的人，都抱著羨慕你們年青人的心情，自然已值得年青人驕傲了。

我今天的講題是「讀書與做人」，實在對年青人也有關。嬰孩一出世，就是一個人，但還不是我們理想中要做的一個人。我們也不能因為日漸長大成人了，就認為滿足。人仍該要自己做。所謂做人，是要做一個理想標準高的人。這須自年幼時即學做。即使已屆垂暮之年，仍當繼續勉力學、努力做。所謂「學到老，做到老」，做人工夫無止境。學生在學校讀書，有畢業時期，但做人卻永不畢業。臨終一息尚存，他仍是一人，即仍該做。所以做人須至死才已。

現在講到讀書。因為只有在書上可以告訴我們如何去做一個有理想高標準的人。諸位在學校讀書，主要就是要學做人。即如做教師的亦然。固然做教師可當是一職業，但我們千萬不要以為職業僅是為謀生，當知職業也在做人道理中。做人理當有職業，以此貢獻於社會。人生不能無職業，這是從古到今皆然的。但做一職業，並不即是做人之全體，而只是其一部份。學生在校求學，為的是為他將來職業作準備。然而除在課堂以外，如在宿舍中，或是在運動場上，也都是在做人，亦當學。在課堂讀書求學，那只是學做人的一部份。將來出了學校，有了職業，還得要做人。做人圈子大，職業圈子小。做人當有理想，有志願。這種理想與志願，藏在各人內心，別人不能見，只有他自己才知道。因此，讀書先要有志。其次，當能養成習慣，離開了學校還能自己不斷讀書。讀書亦就是做人之一部份，因從讀書可懂得做人的道理，可使自己人格上進。

惟在離開了學校以後的讀書，實與在學校裏讀書有不同。在學校裡讀書，由學校課程硬性規定，要筆記，要考試，戰戰兢兢，擔心不及格，不能升級，不能畢業，好像在為老師而讀書，沒有自己的自由。至於離了學校，有了職業，此時再也沒有講堂，也沒有老師了，此時再讀書，全是自由的，各人儘可讀各人自己喜歡的書。當知：在學校中讀書，只是為離學校求職業作準備。

這種讀書並不算真讀書。如果想做一位專門學者，這是他想以讀書為職業。當知此種讀書，亦是做人中一小圈子。我們並不希望，而且亦不大可能要人人盡成為學者。我此所講，乃指我們離開學校後，不論任何職業、任何環境而讀書，這是一種業餘讀書。這種讀書，始是屬於人生的大圈子中盡人應有之一事。必需的，但又是自由的。今問此種讀書應如何讀法？下面我想提出兩個最大的理想、最共同的目標來：

一、是培養情趣。人生要過得愉快、有趣味，這需用功夫去培養。社會上甚至有很多人怕做人了，他覺得人生乏味，對人生發生厭倦，甚至於感到苦痛。譬如我們當教師，有人覺得當教師是不得已，只是為謀生，只是枯燥沉悶，捱著過日子。但當知：這非教師做不得，只是他失了人生的情趣了。今試問：要如何才能扭轉這心理，使他覺得人生還是有意義有價值？這便得先培養他對人生的情趣。而這一種培養人生情趣的工夫，莫如好讀書。

二、是提高境界。所謂境界者，例如這講堂，在調景嶺村中，所處地勢，既高又寬敞，背山面海。如此刻晴空萬里，海面歸帆遙駛，或海鷗三五，飛翔碧波之上。如開窗遠眺，便覺眼前呈露的，乃是一片優美境界，令人心曠神怡。即或朗日已匿，陰雨晦冥，大霧迷濛，亦仍別有一番好景。若說是風景好，當知亦從境界中得來。若換一境界，此種風景也便不可得。居住有境界，人生亦有境界。此兩種境界並不同。並非住高樓華屋的便一定有高的、好的人生境界，住陋室茅舍的便沒有。也許住高樓華屋，他的居住境界好，但他的人生境界並不好。或許住陋室茅舍，他的居住境界不好，而他的人生境界卻盡好。要知人生境界別有存在。這一層，或許對年青人講，一時不易領會，要待年紀大了、經驗多、讀書多，才能體會到此。我們不是總喜歡過舒服快樂的日子嗎？當知人生有了好的高的境界，他做人自會多情趣，覺得快活舒適。若我們希望能到此境界，便該好好學做人。要學做人，便得要讀書。

為甚麼讀書便能學得做一個高境界的人呢？因為在書中可碰到很多人，這些人的人生境界高、人生情味深，好做你的榜樣。目前在香港固然有三百幾十萬人之多，然而我們大家的做人境界卻不一定能高，人生情味也不一定能深。我們都是普通人。但在書中遇見的人可不同，他們是由千百萬人中選出，又經得起長時間考驗而保留以至於今日。像孔子，距今已有二千六百年，試問中國能有幾個孔子呢？又如耶穌，也快達二千年。他如釋迦牟尼、莫罕默德等人。為什麼我們敬仰崇拜他們呢？便是由於他們的做人。當然，歷史上有不少人物，他們都因做人有獨到處，所以為後世人所記憶，而流傳下來了。世間絕沒有中了一張馬票，成為百萬富翁而能流傳後世的。即使做大總統或皇帝，亦沒有很多人能流傳讓人記憶，令人嚮往。中國歷代不是有很多皇帝嗎？但其中大多數，全不為人們所記憶，只是歷史上有他一名字而已。那裏有讀書專來記人姓名的呢？做皇帝亦尚無價值，其餘可知。中馬票固是不足道，一心想去外國留學，得學位，那又價值何在、意義何在呀？當知論做人，應別有其重要之所在。假如我們誠心想做一人，「培養情趣、提高境界」，只此八個字，便可一生受用不盡。只要我們肯讀書，能遵循此八個字來讀，便可獲得一種新情趣，進入一個新境界。各位如能在各自業餘每天不斷讀書，持之以恆，那麼長則十年二十年，短或三年五年，便能培養出人生情趣，提高了人生境界。那即是人生之最大幸福與最高享受了。

說到此，我們當再進一層來談一談讀書的選擇。究竟當讀那些書好？我認為，業餘讀書，大致當分下列數類：

第一是修養類的書。所謂修養，猶如我們栽種一盆花，需要時常修剪枝葉，又得施肥澆水。如果偶有三五天不當心照顧，便絕不會開出好花來，甚至根本不開花，或竟至枯死了。栽花尚然，何況做人！當然更須加倍修養。

中國有關人生修養的幾部書是人人必讀的。首先是《論語》。切不可以為我從前讀過了，現在毋須再讀。正如天天吃飯一樣，不能說今天吃了，明天便不吃。好書也該時時讀。再次是《孟子》。《論》《孟》這兩部書，最簡單，但也最寶貴。如能把此兩書經常放在身邊，一天讀一二條，不過花上三五分鐘，但可得益無窮。此時的讀書，是各人自願的，不必硬求記得，也不為應考試，亦不是為著要做學問專家或是寫博士論文，這是極輕鬆自由的，只如孔子所言「默而識之」便得。只這樣一天天讀下，不要以為沒有甚麼用。如像諸位每天吃下許多食品，不必也不能時時去計算出在裏面含有多少維他命、多少卡路里，只吃了便有益。讀書也是一樣。這只是我們一種私生活，同時卻是一種高尚享受。

孟子曾說過：「君子有三樂，而王天下不與存焉。」連做皇帝王天下都不算樂事，那麼，看電影、中馬票，又算得甚麼？但究竟孟子所說的那三件樂事是甚麼？我們不妨翻讀一下《孟子》，把他的話仔細想一想，那實在是有意義的。人生欲望是永遠不會滿足的，有人以為月入二百元能加至二百五十元就會有快樂。那知等到你如願以償，你仍然覺到不快樂。即使王天下，也一樣會不快樂。我們試讀歷史，便知很多帝王比普通人活得更不快樂。做人確會有不快樂，但我們不能就此便罷，我們仍想尋求快樂。人生的真快樂，我勸諸位能從書本中去找。只花三兩塊錢到書店中去，便可買到《論語》《孟子》，即使一天讀一條，久之也可有無上享受。

還有一部《老子》，全書只五千字。一部《莊子》，篇幅較巨，文字較深，讀來比較難。但我說的是業餘讀書，儘可不必求全懂。要知：即是一大學者，他讀書也會有不懂的。何況我們是業餘讀書，等於放眼看窗外風景，或坐在巴士渡輪中欣賞四周景物，隨你高興看甚麼都好，不一定要全把外景看盡了，何況是誰也看不盡。還有一部佛教禪宗的《六祖壇經》，是用語體文寫的，內中故事極生動，道理極深邃，花幾小時就可一口氣讀完，但也可時常精讀。其次，還有朱子的《近思錄》與陽明先生的《傳習錄》。這兩部書，篇幅均不多，而且均可一條條分開讀，愛讀幾條便幾條。我常勸國人能常讀上述七部書。中國傳統所講修養精義，已盡在其內。而且此七書不論你做何職業，生活如何忙，都可讀。今天在座年幼的同學們，只盼你們記住這幾部書名，亦可準備將來長大了讀。如果大家都能每天抽出些時間來，有恆地去讀這七部書，準可叫我們脫胎換骨，走上新人生的大道去。

第二是欣賞類的書。風景可以欣賞，電影也可以欣賞，甚至品茶喝咖啡，都可有一種欣賞。我們對人生本身也需要欣賞，而且需要能從高處去欣賞。最有效的莫如讀文學作品，尤要在讀詩。這並非要求大家都做一個文學家，只是要能欣賞。諺語有云：「熟讀唐詩三百首，不會做詩也會吟。」詩中境界，包羅萬象。不論是自然部分，不論是人生部分。中國詩裏可謂無所不包。一年四季，天時節令，一切氣候景物，乃至飛潛動植，一枝柳，一瓣花，甚至一條村狗或一隻令人討厭的老鼠，都進入詩境，經過詩人筆下渲染，都顯出一番甚深情意，趣味無窮。進至人生所遇喜、怒、哀、樂，全在詩家作品中。當我們讀詩時，便可培養我們欣賞自然，欣賞人生，把詩中境界成為我們心靈欣賞的境界。如能將我們的人生投放沉浸在詩中，那真趣味無窮。

如陶淵明詩：

犬吠深巷中，雞鳴桑樹顛。

這十個字，豈非我們在窮鄉僻壤隨時隨地可遇到！但我們卻忽略了其中情趣。經陶詩一描寫，卻把一幅富有風味的鄉村閒逸景象，活在我們眼前了。我們能讀陶詩，儘在農村中過活，卻可把我們帶進人生最高境界中去，使你如在詩境中過活，那不好嗎？

又如王維詩：

雨中山果落，燈下草蟲鳴。

諸位此刻住山中，或許也會接觸到這種光景。下雨了，宅旁果樹上，一個個熟透了的果子掉下來，可以聽到「撲」「撲」的聲音。草堆裏小青蟲經著雨潛進窗戶來了，在燈下唧唧地鳴叫著。這是一個蕭瑟幽靜的山中雨夜，但這詩中有人。上面所引陶詩，背後也有人。只是一在山中，一在村中。一在白天，一在晚上。諸位多讀詩，不論在任何境遇中，都可喚起一種文學境界，使你像生活在詩中，這不好嗎？

縱使我們也有不能親歷其境的，但也可以移情神遊，於詩中得到一番另外境界。如唐詩：

松下問童子，言師采藥去；

只在此山中，雲深不知處。

那不是一幅活的人生畫像嗎？那不是畫的人，卻是畫的人生。那一幅人生畫像，活映在我們眼前，讓我們去欣賞。在我想，欣賞一首詩，應比欣賞一齣電影片有味。因其更可使我們長日神遊，無盡玩味。不僅詩如此，即中國散文亦然。諸位縱使只讀一本《唐詩三百首》，只讀一本《古文觀止》也好。當知我們學文學，並不為自己要做文學家。因此，不懂詩韻平仄，仍可讀詩。讀散文更自由。學文學乃為自己人生享受之用，在享受中仍有提高自己人生之收穫，那真是人生一祕訣。

第三是博聞類。這類書也沒有硬性規定。只求自己愛讀，史傳也好，遊記也好，科學也好，哲學也好，性之所近，自會樂讀不倦。增加學識，廣博見聞，年代一久，自不尋常。

第四是新知類。我們生在這時代，應該隨時在這時代中求新知。這類知識，可從現代出版的期刊雜誌上，乃至報章上找到。這一類更不必詳說了。

第五是消遣類。其實廣義說來，上面所提，均可作為消遣。因為這根本就是業餘讀書，也可說即是業餘消遣。但就狹義說之，如小說、劇本、傳奇等，這些書便屬這一類。如諸位讀《水滸傳》、《三國演義》、《紅樓夢》，可作是消遣。

上面已大致分類說了業餘所當讀的書。但諸位或說生活忙迫，能在甚麼時候讀呢？其實人生忙，也是應該的。只在能利用空閒，如歐陽修的「三上」，即枕上、廁上和馬上。上床了，可有十分一刻鐘睡不著。上洗手間，也可順便帶本書看看。今人不騎騾馬，但在舟車上讀書，實比在馬上更舒適。古人又說「三餘」：冬者歲之餘，夜者日之餘，陰雨時之餘。現在我們生活和古人不同，但每人必會有很多零碎時間，如：清晨早餐前，傍晚天黑前，又如臨睡前，一天便有三段零碎時間了。恰如一整塊布，裁一套衣服以後，餘下的零頭，大可派作別的用場。另外，還有周末禮拜天、乃及節日和假期。尤其是做教師的，還有寒暑假。這些都可充分利用，作為業餘讀書時間的。假如每日能節餘一小時，十年便可有三千六百個小時。又如一個人自三十歲就業算起，到七十歲，便可節餘一萬四千四百個小時，這不是一筆了不得的大數目嗎？現在並不是叫你去吃苦做學問，只是以讀書為娛樂和消遣，亦像打麻雀，看電影，那會說沒有時間的！如果我們讀書也如打麻雀看電影般有興趣，有習慣，在任何環境任何情況下都可讀書。這樣，便有高的享受，有好的娛樂，豈非人生一大佳事！讀書只要有恆心，自能培養出興趣，自能養成為習慣，從此可以提高人生境界。這是任何數量的金錢所買不到的。

今日香港社會讀書風氣實在太不夠，中年以上的人，有了職業，便不再想到要進修，也不再想到業餘還可再讀書。我希望諸位能看重此事，也不妨大家合作，有書不妨交換讀，有意見可互相傾談。如此，更易培養出興趣，只消一年時間，習慣也可養成。我希望中年以上有職業的人能如此，在校的青年們他日離了學校亦當能如此，那真是無上大佳事。循此以往，自然人生境界都會高，人生情味都會厚。人人如此，社會也自成為一好社會。我今天所講，並不是一番空泛的理論，只是我個人的實際經驗。今天貢獻給各位，願與大家都分享這一份人生的無上寶貴樂趣。

（已收入《歷史與文化論叢》）

衡量一間學校的三個標準

民國五十二年二月二十二日春季開學典禮及五十八次月會

各位先生、各位同學：

在每學期開學典禮和結業禮中，我總講一些關於半年來學校的進步，和對下半年的希望。此即我常所講之回顧與前瞻。去年最後一次月會，我因身體不適，沒有出席，已由吳副校長對此半年之回顧與前瞻約略講了。我今天所講，則仍將是針對過去半年的檢討。但許多副校長已講的，不再提。

今天我的講題，可稱為：〈衡量一間學校的三個標準。〉我將把此三個標準來衡量我們新亞之已往。

衡量一間學校的第一個標準是物質上的，包括建築和設備，那是具體擺在那裏，可以與人共見的。

此刻我們第三期校舍建築已完成，香港政府今晨正派員來查驗，已予通過，下星期便可正式使用。記得我在第二次校舍落成典禮和以後好幾次月會中，都曾再三說過：「待第三期校舍落成後，我們學校在建築方面，暫時將不會再增加。」到今天，第三期校舍落成了，我們也確可認為在校舍建築上已粗具一規模，可以暫告一段落了。

除建築外，更重要的，則屬內部設備。如圖書館和理學院各科實驗室等，此刻也在日求充實中。回想我們學校在桂林街以前，曾有半年，只借人家一所中學的兩個課室，夜間上課。以後搬到桂林街，又擴充到嘉林邊道，最後始在此地自建校舍，至今已經過三期的建築。在最初，真是連做夢也沒有想到的。今天的「新亞」，總算已成為一間小規模的學校，已算奠定了一個相當的基礎，值得我們滿意。

衡量一間學校的第二個標準，我們要問那間學校擁有多少教授和開設幾多課程？乃至這間學校的學生在學業上的成就究如何？在桂林街時，我們只有極少幾位教授。到今天，我們教授人數，專任兼任，比較當時，何啻增加了十倍二十倍。關於我們學校諸位教授在學術上的地位，我們固不便自吹自許。但諸位既是來此就學，在諸位心裏，也自應明白。至少在我本人，可以借此機會告訴大家。我們歷年聘教授都不是隨便的，各教授的學歷資歷和其學術成就如著作論文等，這些也都是具體可以與人共見的。至少我們學校的教授人選，應不會比別的大學太差了。這也不單是把來和香港一地相比，即把來和目前乃至以前國內的大學和世界各國大學相比也如此。我們的教授們，有些在學術上有地位、有名譽，他們有著作、創造，而且大多數並不單是一位專一從事講堂教課的教書先生，而同時是一位繼續從事研究的學者。當然，我也不好說我們的教授每一位都如此。我們只是一間五百學生的學校，論我們的教授陣容，就其比數言，定可說決不比國內和國際大學的教授陣容過於相差了，這是我至少可以說的。因此我們當前所擁有的教授陣容，也該值得我們看重。而且諸位更應知道，一位教授只要在學術上真有成就、有地位，則其成就與地位不僅限於今天，至少該有十年二十年以上的繼續價值。因此，也可說他們的成就不單是今天的，而還是明天的。這層諸位應該鄭重認識。

其次，學校所開課程，一部份亦可代表教授們的成就。我們在桂林街時，雖然設有文、商兩學院，但所開課程，卻簡陋得可笑。如文學院，文學、歷史、外文只合設一個文史系。商學院情形也如此。到今天，我們絡續增設有十二個學系，共有了三個學院。諸位當知，一間大學要添多一學系，增闢一學院，那不是一件輕易的事。如我們文學院添設藝術系，開始甚困難，我們既無經濟準備，在校務會議和校董會議上，都引起了很多辯論，才獲通過設立。當時我曾說：「我們的藝術系真是從無到有，恰如新亞的縮形。」雖然到今天，我們藝術系的成績仍不夠理想，但總是我們新亞一特色，社會上各方面也都很看重這一系。至於此後我們能否擴大成立一藝術學院，乃至有一所像樣的藝術館等，這正待我們的努力。又如商學院添設工商管理系，也曾經過很大的困難和討論。但到今天，工管系已有了一屆畢業生，而且也有了頗好的成績表現。我們在創辦這一系時，我們的理想，求能予當地香港實業界工商社會以貢獻，或說是能予以一種學術上之指導。當然，這是理想。在今天，我們仍未能達到，但總算已有一開端。

關於理學院方面，我們學校一開始，本即有此一理想。外邊人都說：新亞是注重講中國文化的，為何要辦理學院？我們也深知此事不易。首先，要有良好的實驗室。因限於經濟，急切難解決。其次，教授人選更不易。科學日新月異，自從大陸淪陷，以前在國內大學任教的老教授們，流亡出來的不多，而且若沒有繼續作研究，可說在科學上是已落後了。而要請年青一輩的，第一，在國外作科學深造的青年，都有出路，很少肯回來。第二，專作精深研究，而沒有廣博的科學知識和行政經驗，也不適合我們的需要。我們的理想，要能請到那些具有廣博的科學知識和在行政上有經驗的老教授們來計畫、來主持，而又能加以年青的一輩，能和新潮流接近，如是互相配合。這些考慮，使我們的理學院，難於創始。到現在，我們理學院四學系中，還只請到了三位主任。另一位花了很大力氣，因種種關係仍然未請到。但請來的，總是合理想的。不止有很高的學位和悠長的行政經驗，而且更要的，都能在學術上仍然繼續不斷在研究，不僅以教書為專業。這一層，諸位理學院同學該知道，不是理學院的同學也該知道。我們的理學院總算奠定了一個很好的基礎，以後能不斷加上年青新血新進教授之協助，我想不要幾年，理學院的發展必然很可觀。

我們若用第二個標準來衡量現在的新亞，把來回比在桂林街時的情形，我想我們學校在這方面的進步，也並不比在校舍建築和圖書儀器設備方面的增加，特別慢了些。

其次要講到學生的表現。

新亞從開辦以來，同學們的讀書風氣可說一路都很好，這是值得我們慶幸的。如我們研究所的成績，可作為一個很好的例證。我們研究所所出《學報》，最早開始，多數是外邊人寫文章。到今天，已減到極少了。大部作品，都是本所導師和助理研究員的成績，顯見這是進步。又如：學校的《學術年刊》，那是代表全校各系教授們的研究成績的。雖較《學報》為後起，但也已有其同等的價值和進步。另如：《生活雙周刊》，報導學校同學們的團體活動，又刊登一些先生和同學的講演或文章。又如經濟、外文、中文、藝術各系，都已出版或在籌備中，有各系自己的刊物，而且也都有很充實的內容，這也是代表成績的。

至於畢業離校的校友，已有十一屆，在國外大學深造的比數相當高。我們全校學生，每年不超過五百個，但在海外的，到現在不只五十人，且能在最有名的國際學府獲得最高學位，而在國內外大學正式任教的也已不少，已有了五六人以上。雖然數字像不算多，但論比數，則決不算少了。

我們若以第一標準，即物質方面的標準來衡量新亞，從無到有，短短十三年，現有成績差可自慰。若用第二標準，即在學術研究上來說，我們幸運地能請到很多好教授，也有很多好學生，憑他們的學術成績為新亞爭光，此十三年來，實在也可使人滿意。只是學術上的標準，不易看。如外邊有人來參觀，只看建築，看圖書儀器設備。縱說我們有《學報》，有《年刊》，有教授著作等，匆匆不易看。也不是只我們有，別人家沒有。這一標準固重要，而衡量卻不易。我們不好自己儘說自己好，要等別的識貨人說，才算有意義。

這一假期內，吳副校長赴美出席杜威年會，順道去到耶魯、哈佛等好多所和我們有關係的著名學府。他來信說：他接觸到很多我們畢業的校友，和那邊關心我們新亞的人。他所得影像，也很使我們得一些安慰。有幾所大學，他們提起希望和我們能在學術上有緊密的合作，許多則願在經濟上幫助我們。諸位須知；我們只是一間十三年歷史、只有五百學生的一所小學校，我們可能與具有十倍以上的歷史，二、三十倍以上學生的大學在學術上有合作，這是何等值得安慰的事！這層，待副校長回來，我想請他與諸位詳細作一番談話，讓他告訴諸位。

回想我們在桂林街時，當時只希望能租有十間二十間房間作校舍，已很不易。今天我們有了三期的建築，這真是大進步。但這種進步究不是了不得，只要有錢，就能有建築。而且學校價值也不在建築上。換言之，沒有大建築，甚至沒有建築，縱使是租屋設校，也可不失為一所有價值的學校的。而且校舍建築，也有個止境，再往前建築儘多，價值卻不免要遞減。又如圖書和儀器等設備，這種擴充，應是沒有底止。但仍不是一個學校所最值重視的。所最值重視的，還是我們的成績。此十三年來，究竟我們在此方面進步了多少？如教授們固然不斷在研究，不斷有新著述出版，但在學術上究竟有多少進步？那是不易言的。我們此十三年中，校舍可以從無到有，圖書可從一本添到十萬本，只要有經費，那些都容易。但求學術進步則甚難。甚至不但不進步，可能有退步。至少就我個人說，這幾年在學問上，實是退步了。實因沒有時間，潛心學問。遇執筆為文，總不比以前那般從容探討，精心結構。現在寫文章，往往竟是逼來的。我常因此自慚。就我們學校論，教授陣容是充實了，課程編排也擴大了。但如把最近幾屆畢業同學的成績來看，難道也比前幾屆有很大進步嗎？又難道可以說定沒有退步嗎？

我們當知，建築和設備有了可以延續，教授陣容和課程開設也如此。但學業成績卻常變動，我們總希望它進步，而且進步無止境。我們不能說，今天新亞的學術水準已到了最高峰。我們不能自滿自懈。不僅要虛心，又要明白自知。我們實不能真和世界上幾個有名大學比。豈止不可比，也可說相差甚遠呀！關於此方面，我們該求有大進步，而且還須時時提防可能有退步。

因此，我們在物質上可說該滿足了，至少不要在這方面多奢望。而我們的學業成績卻萬不能自滿，要求天天向上，求能在國際學術水準上有份。若說校舍，不及哈佛、耶魯，不及港大，甚至不及崇基，這些都可不論。但我們的學術水準，則決不可不論。只因此一標準衡量不易，也可說我們自己了不起，關起門來自稱王，由我們自己誇張，別人也難辯。正因這方面的標準很難定，因此我們更該虛心，更該求上進。其實我們能用一個很高的水準來作衡量的話，那就十分容易了。

我們講學問，萬不可你我彼此相比。若講歷史，來和司馬遷相比、或司馬光相比。講哲學，來和朱子、王陽明相比，不是很易知道自己的渺小嗎？只有知道自己渺小，才能奮進，叫你有希望夠標準。

我們在此標準上，即第二項學術標準上來說，我們實該時時警惕。我們需要一種做學問的胸襟和氣度，不要比較學年分數，比較所得學位高下，比較畢業後職業。該在學術上把標準儘量提高，應以此一門學問中最高成就者來比。應知：他們也和我們一般，我們應該有志和他們作比。如我們理學院的同學們，大家和不久以前獲得諾貝爾科學獎金的我們兩位中國青年學者來作比，便知道我們新亞目前的學業水準太不夠。

可是我們評論一間學校，仍有第三標準，這就是我們校歌裏所唱的「新亞精神」。所謂精神，這標準則更是難說了。

如何叫做新亞精神？讓我從淺顯易明處說去。猶記我們第一期校舍落成，捐助我們建築的某基金會適有人來參觀，他表示很滿意。我問他滿意在那裏？他說：他知道香港房租貴，但我們的校舍全不在此著想，不僅無教授宿舍，連學校辦公室地位也很小，而圖書館和課室卻大。我想，這也就是我們的新亞精神了。精神，本應能隨處流露，也可流露在建築方面的。

去年有一位哈佛燕京社的先生，來看我們研究所。我說：「我們的研究室太小了。」但他道：「我們的更小呀！」這是確實的，我去哈佛時，確看到他們的導師室並不比我們的大。我們學校建築佔地面積雖小，但拿我們的圖書館和教授研究室來講，在整所建築中，比例實在不小，也可說很大了。因此只從我們的校舍看，也可看出一部分新亞精神來。

當我們第一期校舍落成，曾有一位日本京都大學的前任校長來參觀，他說新亞很有些處像京都大學。我不知道他說那句話時，在那一方面欣賞著我們，而把新亞和京都大學比。無論從歷史上，從現實上，像是無可相比。我想：那位校長所欣賞於我們的，也即是一種我們的精神流露罷。

但何謂精神？仍難講，我將改說是一種氣象罷。諸位學哲學文學的，都知道宋代大儒喜歡講氣象。我想藝術系的同學們，也該知道這「氣象」二字。我從前在北平時，北大的氣象是這樣，清華的是那樣，燕京的又是另一樣。一校有一校的氣象，常在學生們身上顯露出。因教授可以同時在幾間學府裏兼課，就很難在他們身上顯露出某一間大學的氣象來。但從學生身上則很易見。每間大學各有其特殊的氣氛，即如美國哈佛與耶魯不同，英國牛津也與劍橋有不同。衡量一間學校，能注意到他們的特有氣象，那是更不易的了。其實學校氣象，主要還從學生身上見。學生在不同的學校，會有他們不同的風度和格調。如說：讀書人有讀書人的風度和格調，商人和官僚也有商人和官僚之風度和格調，軍人藝術家各有他們各自的風度與格調。同樣，作為一個大學生，他亦該有大學生的風度與格調，然後才有風度與格調上之不同處。以前在內地，一個青年跑進大學，尤其是進了那些有名的大學，他自會覺得他走進了另外一個新天地。他所接觸到的都是新，不到一年兩年，在不知不覺間，他自會具有一個大學生的風度與格調。可是在今天此地，我實在沒有見過真正具有某種風度與格調的大學生。老實說，在殖民地統治下的大學教育，也不容易培養出我所謂的有風度格調的大學生。諸位有機會到外國去，便知道我此刻所說的真確性。

現在我再說，要拿教授水準和課程內容來衡量一間大學，已是困難了。若要把大學生的風度和格調來衡量，那便更困難。新亞在此方面，也實在最可慚愧。從此一標準來講，我覺我們新亞還不像是一間大學。

諸位或要問：所謂大學生的氣象和格調究是怎樣來的呢？我想有兩點可以說：一是每一個大學生應有一個人生理想。一個青年跑進大學，至少應培養出他個人的一個人生理想來。如他看到大學裏面的教授們，有哲學家，有科學家，總會引起他一番羨慕嚮學之心，這就把他的人生理想提高了。至於他在課程方面所接觸到的種種人生境界，那自然更廣大更高深。諸位來此就學，註冊上課，所接觸的只是些課程和分數單，可能對一位教授學問人格上的高低深淺，一切莫名其妙。

如此般的影像，怎會提起理想，接觸到新境界？

我曾屢次告訴諸位：諸位來學校不可只重文憑和學分，要緊的是，能有一個人生理想，一番人生嚮往。一個宗教徒，他懂得嚮往天堂和上帝。你且問他天堂的情況，上帝的高矮肥瘦究怎樣？他自然不知道，但他總有了這一番嚮往。我上面說我們要有人生理想，這也並非有具體內容可說。只要有此一嚮往，有此一想像，就是了。倘若一個人真能具有了如此的嚮往和想像，他的氣象自會不同，他的格調也自會不同。接著第二步他的待人接物的態度也會因此而不同了。

我幼年曾在一中學讀書，有一位體操先生，他給我印象很深。他是一日本留學生。有一天，我們上體操課，他跑到操場後說：「你們真不像樣。」跟著他說起他在日本時，曾聽人說：有一位大將臨出軍前檢閱軍隊，那位大將一跑到檢閱場，便說：「這樣的軍隊不行，出去定會打敗仗。」他退下，號召部屬，叮嚀教誡。過了幾天，再去檢閱。這一次，他滿意了。他說：「像樣了，可以臨陣打仗了。」我常覺得，走進我們新亞，似乎缺了些什麼似的。我雖說不出來，但也可說在精神方面，在氣象方面，總有些不夠。諸位若是信教的，當你走進一所教堂，自會覺得和教堂外面有不同。進到一所理想的大學，簡單說，也該有些和外邊不同才是。

我們又常說中國文化，究竟中國文化最要處在那裏？前幾年，曾有人提起此語問我。我總回答說：「中國文化最要處，是它的道德精神。」但到現在，我覺得此話不夠鮮明。我想，中國文化之最重要、最特殊處，乃在其能看重學做人，在其能看出人的理想和境界，可以日新月異地上進。這種向上和前進，乃是人格的表現，但不一定便是道德的表現。由外面看來，像是平平常常的，並沒有道德和不道德的鮮明界線之存在。但在其內心人格上，是可日有上進，實不平常的。信上帝，進天堂，是死後事。但是講到孔子之道，中國文化之所重，則全在我們未死之前這一生，全在當下平常日用間。朱子曾說：「讀論語。今日讀一章，明日便該覺得自己像換了一個人。」這已說到中國人講學問之最高深、同時最切近處。諸位今天進大學，要能在明天也覺像是換了一個人。而且日日該如此。一日復一日，學無止境。「行年五十，而知四十九年之非」。在我們內心境界上，有一個天天上達、欲罷不能之境，這始是中國文化中獨有的學問和獨有的精神。

這種精神，不是要表露給人家看；所以說：「古之學者為己」，又說：「下學而上達，知我者其天乎！」孔子曾說，他「十有五而志於學，三十而立，四十而不惑，五十而知天命，六十而耳順，七十而從心所欲不踰矩。」他的內心境界，真是天天在進步。又如顏淵，「一簞食，一瓢飲，在陋巷，人不堪其憂；回也不改其樂。」當知：簞食、瓢飲、陋巷，在外面的人盡可見，看來好像總如此。但講到裏面，顏子的內心方面，則天天在進步，所以他覺得是可樂。孔子亦說：「我見其進，未見其止。」

我前面曾說：我在新亞此十三年中，學問是退步了。或許諸位可以說，我虛心，或能謙。但我總不能說我的做人退步了。因每一人之學問，可以停滯不長進。但論人格，卻只能進，不能退。又且此種進步，只有自己一人知，不能為別人知。淺言之，如諸位畢業後，去當一小學教師，每月得薪二百元，如此一年復一年，可以老做一小學教師，老得月薪二百，這也無所謂。但論做人，便不能老如此無長進。我們要能活在一個精神境界裏，要在自己人格上，不斷有上進。一個人從童稚到白髮，那只是身體物質上變化。這種變化，一切禽獸生物都有，卻不是上進。我們做人，從幼到老，也不是上進。上進則在精神上。

物質上的，只關外面幸運，與人的內在價值無關。孔子所講的道理，即中國文化之最獨特、最有價值處，是要懂得人之一生，在他內心應能天天有進步。每一人有他一分最高可能的理想與境界。諸位若知道這一點，人生樂趣與人生大道都在此。並可由此知道中國文化之高深獨特處。我們新亞在這一層上，似乎還是缺乏的。所以我今天要特地提出，使諸位知道，這便是中國文化精神，也該是我們新亞精神。

我希望諸位以後能從具體的學術研究，慢慢走上路，各從自己內心能醞釀出一番理想，一番嚮往來。又能由此培養成一種學者風度和學者的格調來。人人如此，便成為新亞一校之氣象與精神。到那時，新亞才始有與其他學府之確實不同處。將來要能到這一步，新亞才算成功了。但此事不易，我現在只能把此意告訴諸位，讓大家有此一番想像、希望便是。

至於有人批評說：從前新亞像是個大家庭，現在師生間關係不像從前般好。但要知道一個家庭中，子女長大了，氣象也會有不同，不可讓孩子老是像孩子。所以在這一點上，我們不必太拘泥。又有人說：從前新亞同學，都向外稱讚新亞好，鼓勵大家來新亞。現在同學有在外面批評學校，說學校的缺點。我想這也沒有關係。正如一個貧家子弟，怕人家說他家窮。但一個富家子弟，卻又怕人家說他家富。他常會說我們經濟並不寬裕呀！或許說我們還得借債度日呀！從前外面不知道新亞，所以同學們儘向外說新亞好。現在外面知道新亞，我們的同學們卻覺得其實也不過如此罷。那是人情，不足為怪的。其他許多講從前新亞好，現在新亞不如從前的，在我想來，那都不盡然。若把我今天所講第三標準來說，可說從前到今天，都還不夠格，都不符理想，這一層卻待我們大家努力的。

這是我今天特別提出來勉勵大家，要能共同嚮往去追求的。

歷史與地理

民國五十一年十二月七日歷史系學術講座

（一）

今天所講的題目是：「歷史與地理」。

從前的讀書人，把地理當作是歷史的附屬。現在大學中設有的地理系，照性質來說，應該隸屬於理學院。我今天所講的地理，仍屬前一類。一個大學生應具有一些必須知道的地理知識，而學歷史的更必須兼學地理。我們學校到現在還沒有找到一位先生來擔任地理課，一因經費上無法容許我們找專人來擔任，二因不易找到理想的好教授。

今天我簡單地講一講學歷史的人應如何學地理，以及地理和歷史的關係究怎樣。學地理首先要懂得查看地圖。最先要注意山川，第二看疆域，第三看都邑，然後再從都邑回溯到山川。第四要注意交通。這些都是普通常識，只查地圖便知。若連這些都不知道，便不易懂歷史。

諸位在學校念歷史，一定要對上述諸項地理知識有一粗淺的概念。讀歷史讀到地名，一定要查看地圖。只是在香港，地圖不易得，舊的如《大清一統圖》，較新的如丁文江、翁文灝等所編《中國地圖》等，都不易找。但即有這些地圖仍不夠，因仍不知古代地名所在。因此，我們又須知道地理沿革，這一層卻非常麻煩。

如我是江蘇無錫人，但我生在前清，也可說是金匱人。因在前清時，無錫、金匱是分縣同城的。如何有分縣同城的制度？那要牽涉到制度問題上去，此處且不講。但到民國後，分縣同城的制度取消了，於是金匱併入無錫，因此我只是無錫人。又如元代胡三省注《資治通鑑》，凡遇地名都注上。但他注裏所說的「今」，是指元代言。因此他注中所舉出的「今地」，現在仍不一定有。清代學者遂有《通鑑地名今釋》一書。但清儒的今釋，到我們此刻仍然是古的了。由此可知，要通沿革地理，其事甚不易。於是要看歷史地圖。以前都看清末楊守敬的《歷代輿圖》，此書不僅不易得，而且到現在仍感不適用。可見在這一方面，正待我們學歷史的人，繼續去下工夫。

我以前在北平教歷史，不僅備有普通地圖和歷史地圖等，又還備有郵政地圖及軍事地圖等，那些就更難得。又有許多特別應用的地圖，如此刻中共和印度相爭，那一方面邊界的詳細情形究如何，自必待參考地圖。古人說：「左圖右史。」而我們此刻又不能多備地圖，要來講地理，那就很困難。回憶在中日戰爭時，日本人用兵路線有些處他們很懂得中國歷史上的戰爭經過，他們在此一方面占了許多便宜。那時我們一方，似乎反而對這些知識不如他們。那是深可慨歎的。

（二）

但我們只講查看地圖或地名大辭典等，這樣來求地理知識，只求能記憶，依然是死知識，沒有大用處。我們一定要把地理知識活用到歷史上來，由此而加深我們對歷史之瞭解。這問題更複雜。讓我就自己經驗再講一些入門方法。

諸位最好不要先有一存心，以為自己是學歷史的，或是學文學的，不關這一方面的書便不看。我開始能懂歷史地理，卻是從讀經學書入門的，因我早年曾用功讀過了《皇清經解》。其中有一部閻若璩的《四書釋地》。他把《四書》地名一一查考。例如「子路宿於石門」，好像石門只是一地名，不煩探究。但閻書把此石門究在何處仔細考訂，因此這一章的情蹟，才得透露無遺，使我們因此獲得了很多新知識。我因讀了《四書釋地》，才懂得考據之學，才懂得地理知識之有用，才懂得如何在歷史上活用地理知識的方法。這是我要介紹的第一書。

第二部是胡渭的《禹貢錐指》。〈禹貢〉所講都是古代的山川疆域，而胡渭《禹貢錐指》卻不僅專講古代，更重要的在講述黃河在中國歷史上之重要演變。我們常以為黃河是中國之害，其實黃河在古代中國，有如埃及的尼羅河，巴比倫的兩河，印度的恆河，同為世界四大文明古國文化發源地的重要河流，應說黃河為中國之利才對。胡氏《禹貢錐指》把古代直到清代黃河歷次水患情形，以及各時代治河的意見與辦法，一一敘述。我在他書中獲得了甚大啟示。我在很早以前寫了一篇〈水害與水利〉的文章，當時很受一輩治史朋友們重視。後來寫《國史大綱》時，特有〈南北經濟與文化之轉移〉一章，中有許多創見，完全因我受了胡渭《禹貢錐指》的啟發。

諸位又莫以為：《四書》地名，黃河沿革，已經有人研究過，他們的書不值得我們再注意。當知做學問，最先便是要瞭解從前人的甘苦，和接受從前人的成績，否則便沒法再創新。諸位讀《四書釋地》、《禹貢錐指》，至少可把此兩書作為自己將來作新研究的示範。不看別人如何研究，便不能懂得自己當如何研究呀！

我要介紹的第三部是顧棟高《春秋大事表》。這本書將春秋二百四十年十二大國間之軍事、外交種種關係詳細說明，這中間全有地理背景。我讀了此書，始懂得關於中國北方黃河流域這一地區之山川向背，疆域形勢，都邑交通，種種地理方面之知識與當時歷史情態間的緊密關聯。諸位莫認為我正在研究歷史，且莫管地理方面的知識。諸位又莫謂我正在研究漢、唐、宋、明，且莫管春秋時代之一切。當知你若能懂得春秋時代，自有許多足以幫助你瞭解此下各時代的問題，在地理方面也如此。我所著《國史大綱》中有許多方面是講地理的，許多時代的史事都把地理背景配上作說明，最先是受此書的影響。

還有一部書，就是顧祖禹的《讀史方輿紀要》。此書不在《皇清經解》內。但在我幼時，此書似乎獲得廣泛的讀者，尤其是關於十八省之總論方面。但隨後讀此書的人便少了。當我在北平時曾在某篇文章中講過：日本學人注意此書，這一意義之背景甚值得我們之注意。後來「九一八」事變發生，日本進軍侵略中國，有許多行軍方略，似乎正用此書作嚮導。我後來到昆明，在西南聯大授課，有一位畢業生要到江西前線去做隨軍記者，臨行時要我對他有些指示。我說：要做隨軍記者，該懂些軍事地理。他說他從來沒注意。我就指點他讀《讀史方輿紀要》。但在昆明買不到此書，因此我決心在下學期特開「中國軍事地理」一科。但我那年暑後臨時離開了昆明，此科終於沒有開。

我對地理知識乃在《皇清經解》中開始獲得了入門，已在上面講過。現在再講一本書。那是梁任公的《歐洲戰役史論》。在第一次世界大戰時，讀了此書，對歐洲地理可以獲得許多知識。此項知識，並多與歷史緊密相關聯。當然梁任公必是讀過如《春秋大事表》一類的書。因此，說到近代歐洲戰略地理這一類新知識，可謂在我們中國，春秋時就有人懂得了。下至漢高祖，雖然和項羽劃鴻溝為界，但跟著從另外兩面包抄項羽。一面派韓信渡河側擊，一面派彭越在項羽後方搗亂，結果是劉勝項敗了。此下歷史上的兵爭，有大部分都牽動到全國的大局面。此類兵爭，均須知道有戰略地學之運用。直到清末，曾國藩湘軍和太平天國作戰，也有一套全盤戰略，都和地理形勢相配合。胡林翼在當時，曾特著了《讀史兵略》一書，為實際應用作參考。所謂《讀史兵略》，其實仍是一部地理書。而太平天國諸將不瞭解到這裏，所以終於失敗了。

我想諸位若亦能從上述諸書試加瀏覽，或可獲得從地理講歷史一個入門的途徑。

（三）

其次講地理，重要在能到各地去遊歷。

即如最近有「北京漫遊」的電影，中間介紹到盧溝橋。此橋如此著名，其實也不在它有如許多的橋洞，與如許多對石獅子。專論橋的建築本身，是不會瞭解到此橋的歷史意義的。我當年曾和一位同是學歷史的朋友親到盧溝橋去暢遊了整半天，我才體會到所謂盧溝曉月的意義所在。曉月到處可見，為何盧溝曉月獨能如此著名？因在清代，建都北平，全國政治知識分子，出京進京，絕大部分都須經過盧溝橋。出京時第一站，進京時最後一站，都得在盧溝橋住宿。一清早起程，那時的曉月，對中國一般士大夫知識分子心理上的影像是特別深刻的。這正如唐代長安之灞橋折柳，雖和盧溝曉月時地不同，晝夜景色不同，但同有一番很深微很廣泛的情調，與此一時代之歷史，有內在相通之呼吸。舉此一例，可見我們要從地理來瞭解歷史，而求能獲得此兩者間一番深微內在、活潑生動的想像和意義，最好而且必然應從親身的遊歷去攝取。

近一百年來的中國人，心中只想去外國，絕少有對中國內地遊歷發生興趣的。我們說：「秀才不出門，而知天下事。」其實彼之所知，多少是不真切不確實的。近代的中國人，縱使他遍歷五大洲，但就其對本國言，則多少只是一位不出門的秀才。彼之所知，只是一位秀才之知。因其不懂地理，所以也不懂歷史，不懂真情實況。若使全國知識分子都如此，全對其國家民族之已往和現在無知識，這豈不是等於亡了國！現在我們耽在這地方，沒法到內地去遊歷考察，這還情有可愿。可是從前在國內的青年，他們對於國內各地山川都邑全都引不起興趣，一心只想去外國，這亦是一件使人感到非常痛心的事。

又如諸位讀到唐初王勃〈滕王閣序〉，其中有「落霞與孤鶩齊飛，秋水共長天一色」等美麗句子，傳誦百代。但滕王閣在那時，所以如此出名，卻不就是為了王勃的文章。若我們要瞭解滕王閣在當時的地位和情形，我們就會考論到唐朝的文化、經濟、交通等種種情形。江西在唐時，是南北交通要道，行旅往來不絕，而滕王閣適當其衝。這就要牽涉到所謂「經濟地理」與「文化地理」之範圍。

若我們空講中國傳統文化，卻不明白文化地理之演變，如洛陽，先在魏、晉，後在北宋時都很重要，因其是當時文化文物的薈萃集中點。至於杭州、蘇州，要到宋以後才慢慢地像樣。而到清朝五口通商以後，上海遂成重要商埠，駕過了以前歷史上揚州的地位。又如今天的香港，其地位重要，又超過了百年來的上海。我們若不明白文化地理，也就不易真明白文化歷史呀！

（四）

從文化地理再說到宗教地理。譬如問：為何自漢以下歷代帝王都到泰山去封禪？泰山並不是中國境內一個了不起的高山，泰山在宗教信仰上何以得此崇高地位？我曾親到過泰山，纔約略體悟到其中一部分之所以然。中國名山雖多，如江西廬山、陝西華山等，我都去過，纔知道這些山都不合帝王封禪使用。華山宜於道家住，廬山宜於佛家住，這裏面最好用地理知識去解答。

諸位如能讀酈道元的《水經注》，他書中記載著很多山川、都邑、名勝，以及在他以前的文化遺蹟。這對於學地理有益處，對學歷史同樣地重要。

在中國，因其歷史演變久，每一地方都有其深長的歷史性，都有其豐厚的歷史遺蹟。即以山論，華山有華山的歷史，泰山有泰山的歷史，廬山有廬山的歷史。不僅在政治史、宗教史上有關，在藝術史、文學史上也有關。諸位各自的家鄉若能用歷史眼光去研究，便知都有其長遠的歷史，都有深厚的文化遺蹟存留。如我家在無錫之梅里，相傳自西周初吳泰伯避地來此直到現在，這一地方已有三千年可考可述的歷史了。有一部書名《梅里志》，幾乎把我家附近每一鄉村每一角落都裝進歷史裏去。我小時即很喜歡看這本書，因看這本書幾乎如讀三千年歷史，而此三千年的歷史又近在我家鄉呀！我想諸位各自的家鄉或多或少，或大或小，都有類此的情形。因此中國每一縣有縣志，每一省有省志。可惜中國各地志書此刻大部分多被外國人搜購去。但他們買了去，只擺在那裏，很少人真能利用。而我們此刻在香港，要見這些書便很困難。我今天雖講了這許多話，也不能真要諸位在此方面去用功，這也是痛心事。

現在我們姑且說，學地理可以幫助我們去研究歷史的。而如能親到各地遊歷，更可發現許多為前人所不注意的新問題。地面上實有許多新鮮的歷史材料和歷史涵義，待我們去發掘和體會。即如藝術及建築等，便有許多要待我們去遊歷考察。因此不僅是普通史，即如各門專門史，尤貴有親切的地理知識。我曾這樣想：若有人能把《全唐詩》來分著地域作研究，其中也必有許多新發現。

中國實是一個大國家，又歷史悠久。因此研究中國地理，最好是由合而分，四面湊合，絕不能由一人來包辦。諸位今天有志研究史學、文學，要做一個理想的、像樣的中國人，對中國的地理如何能不知道？此理極顯明。但闡發則話長，姑此發瑞，以待諸君將來去努力罷！

學術與風氣

民國五十一年十一月二日研究所
第三十九次學術演講討論會

（一）

今天的講題是：「學術與風氣」。首先講「風氣」二字。前清湘鄉曾文正有〈原才〉篇，大意說：人才來自風氣，而風氣則源自心術。往往由於一二人心之所嚮而形成為一時之風氣，而陶鑄出一時之人才。曾文雖是短短一小篇，而涵義卻極為深宏。在歷史上常可看到某一時期人才瀼起，而某一時期則人才寥落。各時期所出人才，其規模格局亦各不同，此皆風氣使然。孟子說：「非天之降才爾殊。」人才應是時時有之，處處有之。而且各式各樣的人才，該是無所不有。其成才與不成才，則全賴於風氣之陶冶。風氣必由少數人提倡，得多數人響應，逮於眾之所趨，勢之所歸，蔚然成風。乃莫知其所以然，而靡然爭歸，而終至於不可禦。一切人才皆由此出，學術人才自不例外。

學術亦隨風氣而變。章實齋《文史通義》，關於此方面，特有發揮。試就學術史論，亦可見有時學術興盛，人才輩起。有時則蕭條寂寞，無學術、無人才。此一關鍵，亦繫於當時的風氣。章氏謂：學術上有開風氣之人，亦有追隨風氣、主持風氣之人。但風氣積久，必見弊害。因此又必有矯風氣之人。但當知，矯風氣不一定即是開風氣。實齋在當時，亦只有志矯風氣。只因當時學風皆趨嚮經學，過分注重古經典之訓詁與考訂。彼力主研治史學，注重近代，提出「經世致用」之新觀點，用以補偏救弊。但當時經學既成風氣，並未發生根本搖動。繼此後起之今文學派，實是跟隨章氏主張而產生。故實齋對晚清學術界影響貢獻實甚大。即如曾文正提倡於義理、考據、辭章三者之外，再加上經濟一項，學問應由此四方面配合，以冀造成一種新風氣。除章、曾二人外，稍後如陳蘭甫，主張漢、宋兼採，亦是一種矯風氣。此三人皆非僅是追隨風氣之人，因此在學術上各有一番成就，值得我們注意。但此三人亦皆未能開風氣，對當時學風未能有一番大振起，因而不能在學術界開一新局面。

龔定菴在晚清學術界被目為一怪傑，梁啓超喻之為當時一慧星。龔氏頗有意開風氣，其詩有云：「但開風氣不為師。」可見其意氣與抱負。然定菴之今文經學，實從章實齋史學轉來。此層我在舊著《近三百年學術史》中，已詳細指出。若論真對學術界有貢獻，則定菴實較章、曾、陳三人為遜。可見有志開風氣，未必即比僅在矯風氣上用心者貢獻成就大，此層我們亦該注意。

再遠溯到晚明諸大儒如顧亭林、黃梨洲，應可謂是開風氣者。此下清代學術，即由晚明諸大儒開出。清學至乾嘉時期，已臻鼎盛。而流弊亦曝露，不能不求改進。章、曾、陳三氏，皆欲矯此風氣之偏頗。然他們亦仍在當時學術傳統牢籠之下，終未能真開出一番新風氣。比較說來，實齋之學，接近有開風氣之可能。然此下如龔定菴、魏默深諸人，依然仍在經學圈子中，只稍微採用章氏一些看法，略有變動，並未能真開出一派新學術。下到康有為，今文學派已走到極端盡頭處。此下則必然將變，再不能依循此三百年來的一條老路。此層我亦在舊著《近三百年學術史》中明白提過。

（二）

風氣既隨時代而變，現在我來講學術風氣，自然該先定一時代之限斷。此下所講乃是從清代道光二十二年即公元一八四二年開始，直到目前中華民國五十一年即公元一九六二年。此段期間，恰是一百二十年。中國人向來以三十年為一世，因每人通常至三十歲時多已娶妻生子，有了第二代。而每人自向學到老，論他的學問壽命，亦不過六十年左右。如此算來，一百二十年間，所謂學人恰已換了一代。故此一百二十年，應可分為兩個時代加以述說。

我此講為何要自一八四二年開始？因是年南京條約簽訂，中國國運正式走進一新時代。前一年正是龔定菴之卒年。龔氏在當時學術界，亦可說是一極具眼光的人，他已預料到此後中國時運必變，他又有意為學術界開風氣。自有龔定菴，確乎清代學術也可說走上一新路。故我此刻，暫把他死後之一年，作為此兩個六十年之開始。但自五口通商至清代之亡，近七十年，中華民國成立到今始過五十年。我們暫時把民國以前的作為前一期，民國以來作為後一期。我們要講民國以來之學術風氣，自然不能不提前看一看前一代之學者。

此處又須作另一交代，如我此刻所講曾文正、陳蘭甫諸人，彼等著作之完成，多仍在民國前一時期。但他們之成學基礎，則應在更前一時期，故將不列在此一百二十年中討論。我所著《近三百年學術史》，其中正式可認為此一時期之人物者，則只有〈康有為〉一章。故此一時期，亦可認為是學術史上一段寂寞冷落的時期。

在我《近三百年學術史》書後有一〈附表〉，表中將我們前一時期之學者，雖非專章論列，而亦舉其姓名及其生卒年。其卒年已到民國以後者，則僅列生年。此諸學者，似乎無甚可講。依中國全部學術史論，此諸學者，亦可謂其無何大成就，無重要地位可言。但若專就此一百二十年論，則此諸學者，仍有值得我們注意推重處。即如王先謙，誠然不是在學術上有重要地位，但其所著如《漢書補注》、《後漢書集解》、《水經注集注》、《荀子集解》及《續古文辭類纂》等書，若以與民國以下此五十年來之學術成績相比，豈不仍見其卓越。又如郭慶藩有《莊子集釋》，陶方琦著《說文通釋》，朱一新有《無邪堂答問》，在史學方面頗能闢一新路。黃遵憲之新體詩，仍為此一時代人所傳誦推許。其所撰《日本國志》，在今日雖不受重視，但五十年來，出使和留學外國的雖多，無論在亞、歐、美、非大國小國，但沒有人能把他所到國家的國情和歷史來作著作對象，遂使黃遵憲這部《日本國志》，在此五十年中成為廣陵散，更無嗣響。無怪梁任公要對黃遵憲甚加推崇。又如孫詒讓，可謂是清代考據學一位最後殿軍大師，所著《墨子閒詁》及《周禮正義》，體大思精，卓然不朽。皮錫瑞著《經學歷史》與《經學通論》，這是他在湖南中學校任教時的兩本教科書，但此五十年來，一般大學教授自撰教本，恐難與相擬。柯鳳蓀著《新元史》，現已列入二十五史。此書極為日本人重視，特贈以博士學位。沈曾植著作雖不多，但其學精博，多創闢，在同時及民初學者，幾乎無人不加以崇敬。簡竹居與康有為同門並稱，其著作數量之鉅，亦為不可及。至康有為在今文經學方面之甚多見解，多得自川人廖平。林紓介紹西方文學，翻譯小說不下一、二百種，對當時影響極大。其文筆，即今人讀之，亦一樣會受其感興。若文言文暫不絕跡，林譯仍將流傳。嚴復譯西方學術著作，在當時中國產生巨大影響。所譯如《天演論》《原富》《羣學肄言》《自由論》《穆勒名學》《孟德斯鳩法意》《社會通詮》等，皆極雅正謹嚴。採用一字，往往有考慮經年者。民國以下，大家爭推西洋文化，然在哲學、文學上，能如嚴、林兩人之繙譯成績，實無幾人。范當世、易順鼎之詩，自提倡白話詩後，彼輩遭受排斥，自屬當然。然平心論之，彼二人詩之造詣，實亦非我們這一代提倡作白話詩者所能與之相提並論。又如康有為、章炳麟、梁啓超、王國維、劉師培等，皆在入民國後為大師，然彼等之成學階段則仍在前一時期。若如我上述曾文正、陳蘭甫諸人，不作上一時期之學術人才論，則康、章諸人，亦不得歸入民國以下之一時期。

我們平常總說清代學術至乾嘉以後即盛極轉衰，鴉片戰爭太平天國以下，更如由高峰迤邐下達平地，學術衰落，無甚足言。就有清一代學術之高標準言，自可如此說。若轉換一立場，就民國以下之五十年與此一時期相比，則不僅相形見拙，且屬瞠乎其後。由我們此一時期回視他們那一時期，正猶如峨眉天半，使人有急切無可攀登之感。試問：在我們此一時期，誰復有此工力來寫一部像《漢書補注》那樣的書？誰復有此規模來寫一部像《新元史》那樣的書？更何人有此精力來寫一部像《墨子閒詁》，或《周禮正義》那樣的書？

只要我們真實在做學問，真實肯平心靜氣講公道話，便知鴉片戰爭、太平天國以下一段時期，實在比我們這一時期，在學問成就方面強得多。我們應再問，晚清一段時期的人才和工力，何以此五十年來竟再看不見？我們不妨自問，我們這一時代，在學術上究竟有幾許成績，能與前一時代人相比？我們今天提倡西方文學已久，赴國外學西方文學的多如過江之鯽，但如《莎士比亞集》，何人能通體譯出？在五四時代以下，儘有人在指謫林譯之錯誤，但不可否認，林紓譯筆，至今只要有人肯讀，仍會手不忍釋。《莎士比亞集》結果總算有人譯出了，但我們儘加忽視，儘不當是一成績貢獻看。又如五四以下盡力提倡西方文化，但又有幾人能像嚴復般忠實地做繙譯工作，把西方大著作、大理論，肯如從前南北朝時代一輩高僧般，誠懇介紹與忠實傳播？那樣的人也非全沒有，但只是些住上海亭子間，埋頭繙譯馬克斯一派唯物史觀理論的。我們儘可不承認他們在學術界有地位，但他們究竟在社會上發生了影響。

而且我上所舉，亦只就生於此一時代之學者言。若如我上所分析，尚有生在此一時代前十五年以下者，其成學全在此一時代，照理當列入此時代中。今再自一八二八年起，就我《近三百年學術史》附表摘錄其姓名，如：黃以周、李慈銘、譚獻、王闓運、李文田、陸心源、吳大澂、戴望、黎庶昌、楊文會、薛福成、劉壽曾、洪鈞、楊守敬、蕭穆、吳汝綸等，此輩人在學術上之成就及其著作，亦當歸入此一時代中。

而且我《近三百年學術史》的附表，關於晚清一段學術人才尚多未經提及的，如屠寄撰《蒙兀兒史記》，此書貢獻或尚在《新元史》之上。姚振宗著《隋書經籍志考證》，吳士鑑著《晉書斠注》，最後如盧弼之《三國志集解》，我在附表中都未列。又如辜鴻銘，民國以下此五十年中，論到博通西方學術文化的人，恐很少能及。又如王半塘、朱古微、況夔笙諸人，在詞的方面之造詣與貢獻。又如陳三立以詩名，馬其昶以古文鳴。黃節辦《國粹學報》，歐陽竟無創設支那內學院，乃至佛界高僧，如印光、虛雲、太虛等，皆當歸屬前一時代。此外我一時遺漏未及者必還多。然即此已可知我們此五十年來就學問成績論，確不能與上一時期相比。清末這一時代之學術界，較諸今日實是高高在上。至少我們此一時代人，萬不應對他們輕視。

（三）

今要問，為何前一時期中學問上還能有如此多的人才和貢獻，而近五十年來竟至無人才、無成就？至少那些人才和成就，已不能與前一期相比，而且相差很遠。此非我故意抑揚。諸位真做學問，一進圖書館，前一時代人之書，便知不可不理會。他們的著作，恰如當道而立，只要我們走上路，便會遇到他們。我們儘可率意批評，恣情詆巇，說他們全是過時代落伍了，老朽無價值。但我們這一時代中，究竟連那樣的人才和成就也沒有。縱有，也少得可憐。真可謂蕭條已極，寂寞太甚。此前一期人才，固不能與乾嘉時代諸大師相比，他們不過承乾嘉之緒餘，循規蹈矩，無所創新。然究竟他們還是高出在我們之上。即如康有為、章太炎、梁啓超、劉師培、王國維諸人，豈不是我們這一時代之大師！但實由前一時代所培植。我們這一時代，若無此數人，將會更感黯淡，更無光彩。

我在前清時代，尚屬年幼無知，然已聽到康、梁、章、劉諸人之名字，已開始讀到他們的文章。我還認為他們是古人。稍後才出乎意外，知他們還在人世，還是和我是同一時代的人。我總想，我們此一時代，實是向他們借光不少。但稍後，卻聽人說，此數人都落伍了。甚至有人說：章炳麟如一頭死老虎，不值得再打，打虎該打活的。然章炳麟在學術界究竟是一頭老虎，此刻那老虎真死了，但他的著作，他的學術地位，依然存在，他仍是一頭老虎。至於不屑打那死老虎的人，在學術地位上論，實也夠不上能打那虎。我這許多話，只要大家且莫看輕前一時代之學人，不妨平心靜氣將近五十年來學術界人物，與前一時代作一比較，自知誰高誰下。我們一開口便說要開風氣，其實此種只要開風氣，不問真成就的風氣，卻值得我們再檢討。

我並不反對開風氣。我們為要使下一時代之學術界真能創闢新路，創造新學術，興起新時代，故乃回溯到上一代，來對我們自身這一代作比較，好讓我們得一些反省。或許我們此一時代之缺憾，正在於我們的學術風氣上。或許諸位會說：此時代之學術凋喪，乃受時代動亂之影響。此實不盡然。如南宋末與明末兩時代，動亂已極，較之鴉片戰爭、太平天國所給與社會之動亂，有過之而無不及。其時動亂之劇烈與深廣，還遠在我們此一時代之上。然宋末有如王應麟、吳澄、馬端臨、胡三省，明末有如顧亭林、黃梨洲、王船山、陸桴亭，人才輩出，學術堅久。我們實不能把時代動亂作藉口，有時時代動亂反可促進學術開創。

今再將清末乃及我們此一時代與宋、明之末的學術界作一比較。當知元初、清初，許多學者都能在中國自己學術傳統裏找尋新出路。在他們手裏，舊傳統並未放失。只因時代刺激，內心苦悶，以及當時各種問題，在在促使他們要作深細的研求，切實的解答。又因他們自知生路已絕，更難向外活動。故皆閉戶蟄居，畢生腐心於學問。此所謂閉戶，也不如字面上或想像中那般清閑自在。如顧亭林下半生即周行四方，在騾車上，在旅店中，隨地治學。王船山之著述文稿，皆書於草紙上。此種顛沛艱苦，我們這一時代的人似乎並未遇到。我們此一時代之學者，處心積慮所要做的，一是反傳統，舊的全不要。因此學問失去本原，只有向外國去拾取。此一層，我也不反對。但無論如何，種子應栽在自己園地上，要使其能在中國社會生長成熟。二是我們的學者們，僅一味講國家，講民族，講革命，講新文化等等大問題，似乎一心想要經世致用，現吃現賣，而並無一種沉潛埋頭的治學精神。在思想理論上，在政治社會事功上，只想立刻有表現，有進取。在其內心深處，實似並不看得起學問。至少是自己民族的文化傳統，一切都遭吐棄。因此我們此一時代，提起學人，總要提到康有為、章炳麟、梁啓超。實則此三人也非埋頭沉潛治學的人，但他們在前一時代中，至少已接受了些中國自己傳統，在學問上總還有一本原。但繼起的卻更不成。與康、梁同時有張之洞，他是一官僚。但他也還有《書目答問》一書。一時學人，案頭幾乎無不有此書。雖有人說此書由他人代撰，但此五十年來從事政治的達官貴人中，更無像此類代撰學術上有價值書之事出現了。而且張氏在當時曾提出：「中學為體，西學為用」八字。此一口號，至今仍為人引論。在此一時代之官僚中，可知要覓一張之洞，亦復不易。至如柯鳳蓀、王國維諸人，他們上承乾嘉學風，關門埋頭做學問，不理會外面事。但實際並不為我們此一時代人所重。我們此一時代所傾心想望者，其實不在此輩學術中人。一切學術評價，亦都依附於他們的向外活動作衡量。

如康有為、章炳麟、梁啓超，正因他們在政治界有活動，故猶能引起時代之仰慕。至於他們是否有真實學問，則很少人理會。但他們究還能講及一些中國學術傳統，而即此已為「五四」以下人不滿，認為他們已陳舊落伍了。其實如康氏所著《大同書》，較之今日共產黨主張，尤遠為偏激。此等意見，可以引起革命，雖似仍守舊傳統，並非真革命，亦不能憑此救時。章炳麟早年著《訄言》，有〈訂孔〉篇，首開此一時代人批孔之先聲。章氏晚年，始將該文刪去。然在其《檢論》一書中，仍未變舊意態，仍然保留許多批孔排孔的意見。他還講劉歆賢於孔子，又說東漢出一王充，可為中國學術界雪恥。由此可見章氏排斥孔子鄙棄中國學術舊傳統之一斑。儻謂章氏在學術上有貢獻，其所影響於社會者，則轉在其早年之批孔處，與康氏尊孔正相反。康氏猶得為中國文化正統之末流，而章氏則已自居化外。但自袁世凱執政，章氏自日本返國，有意參加本國政治，乃又一返故態，不再崇佛，轉以講究中國儒學自居，儼然如一經學家。世人遂以康氏為今文學家，章氏為古文學家，以為章氏講論經學，與康氏持相反之意見。實則康氏為要尊孔，講出他一套今文學之新考據。如《孔子改制考》《新學偽經考》等，在考據學上可稱極端謬誤。並首先破壞此一時代之學術風氣，援《春秋》責備賢者之義，康氏不得辭其咎。但康氏地位，始終應猶在自民族之文化傳統中。而章氏則轉向印度佛學，早已存心違反中華文化之傳統。而國人乃猶以康、章並舉，認為在清末時代同為國學大師，斯則誠不學荒謬之尤。

（四）

自清末至最近此五十年來之最大問題，厥為如何救國。政治上之救國運動，分成康、梁之維新派，與孫中山先生之革命派。不幸革命黨人中，頗少學者。當國民革命軍北伐成功，奠都南京，當時立法院院長胡漢民召開立法會議，吳稚暉、蔡子民諸人皆預。會中首先討論婚姻法，夫婦結合是否應定一期限，應否以三年為期，到第四年或離或否，再訂新約。此項會議紀錄，載在當時上海各大報紙。此後潘光旦曾將此資料收入其所著某書中，至今尚可檢出。此諸人皆當時黨國元老，在定都之初，首先急切討論者，乃為此類問題，誠可謂反傳統之至。舉此一端，可見當時黨內之無人。

若說學術可以影響政治，則當時之政治前途，自可想像。在革命時期，本不覺得有學術需要。但革命完成，要在政治上求建設，便不能無學術。而當時國民黨內部，正苦無此準備。胡、蔡、吳諸人，所以會提起此項婚姻法之討論，無疑是受了康氏《大同書》影響。康、梁保皇黨，在政治上失敗了，但他們的學術影響卻仍大。不僅如上舉，即「五四」以下之疑古運動，實亦不得不謂其同受康氏《新學偽經考》影響。至於影響之好壞，則是另一事。

我們讀歷史，每逢改朝換代，當政者必然會盡力羅致一輩老儒宿學，使其參預政治。當時北洋軍閥如袁世凱也懂得此，他曾延致王闓運、柯鳳蓀、梁啓超，乃至洪憲六君子等。但僅求利用，反成摧殘。而國民政府高唱革命，忽視學術界，則亦是一事實。

政府高唱革命與學術界脫節。而在學術界中則追隨政府，另起了兩種革命呼號。一是文化革命，一是社會革命。皆由「五四」運動開其端。由於「五四」運動而驚醒了當時的國民黨，他們亦注意到爭取青年，爭取社會大眾。於是政治界與學術界遂混成一流，而大家都以革命為號召。革命必有對象。國民革命之對象，為滿洲政權乃及君主政體。文化革命之對象，則轉移到中國五千年來之文化傳統。社會革命之對象，則為整個中國社會，當時則稱之為封建社會。革命又須有徒眾，又必有組織。社會革命陣線不久即組成共產黨，與國民黨對立。文化革命陣線雖未組成政黨，但亦同樣有類似於黨的運用，有人稱之為學閥。他們的口號是廢止漢學，打倒孔家店，乃及全盤西化等。他們的地盤則在幾所大學，漸次推擴到當時的所謂研究院。他們的宣傳機關，則為各種期刊與報章。此三方面所求爭取之共同對象，則同為青年與群眾。於是學術政客化、學術大眾化，黨同伐異與譁眾取寵，成為這一時代學術界之新風氣。

討論文學，有所謂「選學妖孽」與「桐城謬種」。討論哲學，有所謂「打倒玄學鬼」與「哲學關門」。宣揚學術之能事，只在推翻與打倒。學術界中人相互談論，只講某一人之思想該如何打倒，不問某一人之學問是如何成立。並只論思想，不論學問。縱使有學問，若思想內容不同，不僅不被重視，而且也必在打倒推翻之列。因此當時的學術界，至少並不看重為學功夫。即如讀書，乃有「讀死書」、「死讀書」，與「讀書死」之嘲諷。冢中枯骨之喻，較之莊周之言糟粕，尤為激昂。黨國元老如吳稚暉，有「線裝書當扔毛廁」之名言，一時傳誦，群目為思想界之前進。其實當時人不僅不讀中國書，即外國書亦然。因此只叫「全盤西化」，卻沒有人肯埋頭從事翻譯介紹。當時學術界所重在自我表現，在從頭創造。報章雜誌，以及種種小冊子，乃是表現此種新思想與激蕩此種新風氣之惟一新園地。報紙一日一刊行，雜誌或是雙日刊，或是週刊，或是月報與季刊。小冊子亦指日可成。一切都是速成與短命。只求向社會作暫時傳布，並不要積年累月在圖書館中使讀者化真功夫。亦不作傳世久遠之想。可說大家認為學術則必是短命的，只聽人說某人思想已過時，已落伍，死老虎不再打，冢中枯骨不值再留戀。至於新思想之價值，則以能獲得一時多數人擁護為衡量的標準。所謂一時多數，則只在青年與群眾，盡是暫時的。引致學術通俗化、速成化、淺薄化、輕狂化。只求能爭取到一時人之擁護，其人即成為一代之大師。大師之下必須有徒黨，常為之揄揚，常加以擁護，以求達到爭取青年與大眾之目標。此種學風，用來革命，確可有推翻與打倒的一時之效。所惜是不能憑此來建立一個真的新的學術界。

（五）

上面說過，近代學術界，最先激於心切救時，因此早不免趨向於世俗功利化。由於救時而要求革命，由於革命而要求向內有組織，向外有宣傳。但此等究不是學術界的事。真是心切救時，有志實際從事革命活動的青年與群眾，到底不免於菲薄學問，另有趨嚮。

今再綜此三方面言之，國民黨最先提出革命口號，但最後則最右傾、最保守。文化革命派言論意態激烈得多，而活動能力最薄弱。他們的活動表現，只限在學術圈子中排除異己，說不上能真救時、真革命。因此凡受文化革命思想薰陶的人，都會轉入社會革命的一面去。留下的只是些有氣無力，專一於疑古、考古，乃及以科學方法整理國故，模效西方所謂的漢學家，困守於大學及研究院之殘壘中。其實他們之立身，早已脫離群眾，甚至脫離了青年。他們的最後殘壘，所以猶能固守，則仍賴於有黨的結合及其向政治實力之投靠與依附。但他們之號召，則仍然為文化革命。他們以一種挾恐見破之私心，排除異己，高自位置，下結徒黨，上推領袖，仍從青年及群眾之團聚結合一面著意活動。而學問著作，僅成為門面之裝點。於是學術另有一正統，他們封閉於門戶私見之內，蔑視舊傳統，尊崇新正統。而新正統之保持，則惟賴隱謀傾軋，以排除異己為能事。

若我們真求學術界在社會上能起領導作用，在傳統上起革命作用，首要急務，則該先振起學風，在學問以外之種種活動須求有節限，心境須求能純靜，須求在學術上有真深入。如是，則暫時不能不從社會實際活動中抽身遠離，然後才能返身來領導此社會。暫時不能不在傳統中潛心，始能回頭來改進此傳統。學術界必該真成一學術界，而此學術界也該是千門萬戶，不能只此一家。儘可群趨爭秀，卻不能存心定由誰來打倒了誰。此種打倒之風，極淺薄也極可怕。就我所接觸，在此五十年中，並非沒有埋頭潛心在學術上有成就及可望有成就的。但全受派系排斥打倒。此等人在學術界似乎可有可無，若存若亡。今天的學術界，則只有門戶，別無標準。排擠鬥爭，厥為今天學術界惟一風氣。打倒了別人，而終於建立不起他自己來。

即言西方，遠的如康德、黑格爾，他們一生，豈不僅在大學講堂中講學，退則著書立說。此是西方型的學者。直到近代，也如此。學術傳統，究與政治傳統有不同。學問事業，究與社會事業有不同。我們學術界若真要刻意西化，至少該學到這一點。又該懂得分工合作。在學術圈子外，儘有活動、有事業，不能由學術界一手包辦。在學術圈子內，也可各有研尋，各有成就，不能由一個人作唯一的領導，也不能由一個派系作惟一的霸佔。

（六）

此五十年來，由於政治社會不斷變動，把學術風氣衝散了。但也因學術界變動，而增添了不少社會政治上之變動。若我們真要為學術界開新風氣，此事談何容易！讓我們且退一步來矯風氣，且使學術界能在學術圈子裏安下心來。能深知從事學術不比從事政治，更不比從事革命。能開放門戶，解淡鬥爭。莫太看重地盤與聲勢，莫太認真交結與排擠。讓學術界真成一學術界，讓從事學問的，可以埋頭潛心，可以平流競進，可以孤芳自賞，亦可以抱殘守缺。在各求猛進中，對別人抱寬容，務使學術界空氣稍寧靜，天地較寬闊。這是今天最低限度一要求。

在我們學術界，若能自我安定，至少可以不增添政治社會上之不安。至於如何使學術影響政治，影響社會，此須有真功實力，亦須有外面機緣，種種條件配合，始可有此期望。否則空言學術救時，學術革命，究不能如開銀行支票般立時兌現。讓我們且把那些救時革命的大擔子卸下，大呼號停止，真跑進學術界。等待學術界新風氣出現，才可有新人才、新學術。到那時，不愁它對社會國家不發生新作用。

我此番演講，不在存心攻擊人，我實無攻擊任何一人之存心。我也非對當前學術界抱消極意態，我實無絲毫消極意態之存在。此刻諸位進入大學，立刻即有數十位教授環繞。當知古人為學，獲從一師尚難。諸位即此一節，已佔了便宜。其次，過去學者欲得一本書，亦復艱難之極。今日每一學校必有一頗具規模之圖書館，諸位可以恣意翻尋。而且今日世界大通，空間縮小了，諸位大可放開心胸與國際學術界接觸比較。又沒有像過去一般的科舉考試束縛人。至於國運艱難，社會困窮，那些正可激發諸位遠大的志趣。諸位應是下一時代的人物了。我們此一時代已過去，我望諸位莫再追隨此一時代之習尚與風氣。孟子說：「待文王而後興者，庶民也。豪傑之士，雖無文王猶興。」諸位應為下一時代學術界中之豪傑。當知依草附木要不得，不甘寂寞同樣要不得。諸位至少應懂得「守先待後」。學術自有傳統，舊的且莫丟棄，假以時日，將來自有新成就。諸位要能「信道篤」而「自知明」。各用數十年精力工夫，埋頭潛心，使舊傳統能與新時代相配合。諸位固不可關門自守，但亦不能開著門儘在十字街頭去徘徊。我只盼此下六十年能有一番新風氣出來，此責任則在今天諸位身上。

我在上次演講中，曾勸諸位不要看輕清代的學人。今天又勸諸位不要輕視清末同、光以下，似乎調子愈唱愈低。但諸位應知：「行遠自邇，登高自卑。」「退可以守，而後進可以戰。」若短視只看當前此五十年代，作為自己的標準，怕前途未可樂觀。當然，連我自身在內，都是此五十年代中人物，實無足為諸位取法之處。我在此也沒有什麼大提倡、大創見。高視闊步，放言高論，到頭一無真實成就，這是此五十年來一大病痛，亦是此五十年來一壞風氣。我此舉出，盼諸君各自警惕！這是我此番講演之宗旨。

（已收入《中國學術通義》）

第三期新校舍落成典禮講演辭

民國五十二年四月二十七日

唐露曉先生，各位來賓，各位先生及各位同學：

今天我們慶祝第三期校舍建築禮堂落成，我特地要代表全校同人向香港政府和教育司唐露曉先生敬致謝意。因為這一期的建築經費，完全由政府透過教育司撥助。今天，又蒙唐露曉先生在百忙中撥冗前來為此典禮致辭，我們實在衷心感謝。

在中國孔子的《論語》裏有一段話：

子路問成人。子曰：「若臧武仲之知，公綽之不欲，卞莊子之勇，冉求之藝，文之以禮樂，亦可以為成人矣。」

我今天要乘此機會，對這一段話稍加闡釋。

首先是這「成人」二字。依照中國人向來看法，人應可分兩類，一是天生的自然人，亦即是動物人。從生物學上講，人是與其他動物同類的。二是經過教育的文化人。人類有了教育，創造出文化，這才與自然人、動物人不同。所以中國古人說：「人為萬物之靈」。人必經過教育與文化之陶冶，始能發展其靈性，完成其人格，此即子路所問之「成人」。人若不經過教育文化陶冶，則僅是一自然人，無人格可言，亦可謂是不成人。

中國人一向有一套崇高的教育理想，並有深厚的文化傳統，因此極重視人格之陶冶與完成。縱使是一不識字人，而具有完美人格的，在中國現社會上仍是到處可見。

教育的功效，在最粗處說是傳授技能，此即如冉求之「藝」。進則培養智慧，此則如臧武仲之「知」。更要再修鍊品德，此則如孟公綽之「不欲」，卞莊子之「勇」。但有技能、有智慧、有品德，仍不是孔子理想中之完人。孔子理想中之完人，則須於技能、智慧、德行之上，更有禮樂一項。惟有禮樂人生，始是經過教育文化陶冶的人生中之最高境界。禮樂，非技能，非智慧，亦非品德。乃在三者之上，而亦在三者之內。若使人類日常生活沒有了禮樂，縱使各人都能具備才藝、智慧與品德，仍不理想。未經禮樂陶冶的個人，不得為成人。無禮樂的社會，將是一個不安的社會。無禮樂的天下，將是一個不安的天下。

技能、智慧、品德具體可見，又復實際有用。禮樂則好像是人生中一裝飾品，所以孔子稱之曰：「文」。但人生不能有實無文。在人類社會中，一項最有價值、最理想的裝飾品，便是禮樂了。

我們學校的三期建築，最後一期始輪到禮堂的建築。建築校舍，不能一開始便先建築一禮堂。但沒有禮堂，這學校的體制終是不完備。好像一個人，不能文之以禮樂，便不得為成人，是同一道理。我盼望我學校同人深體此意，我們莫要忽略了禮樂陶冶這一層。而且技能、智慧、品德之傳授與培養，可以在各個人身上分別指導。只有禮樂陶冶屬於群體，隔離了群體，禮樂便不存在。若我們要發揚新亞教育理想，乃及新亞教育精神，今天的禮堂落成，是最值得我們深切體會，鄭重紀念的。所以我特別趁著今天的機會，提出此義，盼我們新亞師生同人，能在這一方面大家努力。

新亞藝術第二集序

新亞藝術系自創始以來，每學期必作展覽一次。除學生平日成績外，亦偶有教師作品參加。所以促進修，便觀摩，並求外界之批評與指導。去歲，始擇優攝影，取名《新亞藝術》。此為第二集，陳子士文重促予為序弁其首。嘗竊論之：中國人之於藝術，必貴其技而進乎道。故於繪畫，亦不專尚形似，而特重意境。若以文學為喻，形似者畫之賦，意境則其所比興。故中畫以山水為主，蓋因山水之用於比興，其道多方，可以任其意之所寄而一於畫出之。而畫家又貴作題。畫之有題，亦以補申其所比興而已。又必以畫道通諸書法。書法專仗線條，最為抽象。惟其屬於抽象，故能盡比興之能事。書家之意境，乃可於其運筆與結體之種種變化中，曲折精微，無所不到。中國人作畫，則又以書家運筆與結體之妙寓其間。故其人苟無意境，即不足以作畫。其人苟不通詩之比興與夫書家運筆結體之妙，亦不足以善用其意境以入畫。要而言之：畫之背後有人，畫之高下，則一以其人之高下為衡準。畫之意境在其人，而人之意境則初不在於畫，而別有其所在，此中大有修養。有此修養，又必習技能。技能又不專在畫，又必兼通之於詩詞與書法。由此論之，欲成一中國畫家之理想條件，亦可謂甚難能而大可貴矣。今諸生以青年來學校，短者僅一兩年，達四年，即畢業以去，何能即企此境。然即從學畫中，亦可默體此意，知有此一境，而潛心果力以赴之。則作畫即所以學作人，此亦由技而進乎道之一術矣。予不能畫，姑以此應陳子，不知陳子亦以其言為有當於畫道之一二乎否耶？

壬寅端午序

禮樂人生

——為《新亞雙周刊》六卷首期作

《新亞生活雙周刊》轉瞬已是六卷開始了。在每一卷的首期前頁，雙周刊的編者，照例要我寫幾句話作引端。這一刊物，本意要反映我們新亞群體生活的。我適在最近禮堂落成提出了在群體生活中禮樂之重要性，但語焉不詳，正好趁此機會作一番補充。

孔子《論語》說：「禮云禮云，玉帛云乎哉？樂云樂云，鐘鼓云乎哉？」可見禮樂之重要性，並不在其外面所用以表現的某些器物，乃至行事上。主要還在人之內心，在一切群體生活中，感於要用器物和行事來表現禮樂之本原的心情上。

我將稱此種心情為禮樂心情。中國儒家對此不斷有闡釋，舉其最淺顯易明者言：禮是一種節制心，樂是一種和順心。由於有此節制與和順的心情之內蘊，而始引生出禮樂。鐘鼓玉帛，則只是表現此類心情之工具，而非其本真。

此種心情，即節制與和順的心情，主要必在群體生活中始有。亦必在群體生活中，乃見此類心情之意義與價值。《論語》中又說：「人而不仁如禮何，人而不仁如樂何。」這是說，人若沒有群體生活的心情，便不能有禮樂的心情。也可說，人若沒有群體生活，便不能有禮樂生活。中國道家如莊老，非不知人之心情應有節制及和順之重要。但道家思想之最大缺點，在輕忽群體生活。他們想能遠避或脫離此群體生活，而來保持吾心之節制與和順。如讀莊子、老子書，他們也常在教人有節制能和順。但他們似乎認為，人類的群體生活，乃是導致人心無節制與不和順的主因。因此，他們想望追求一種隱避的、孤獨的、乃至山林的生活，甚至是一種遠古的、原始的、自然的生活。明言之，他們似乎害怕有群體生活，希望此群體範圍愈縮小愈好。但人類生活，必然趨向於此群體之日擴而日大，此乃一種自然趨勢。而莊老，則想違逆自然來崇重自然，此是道家思想內在一矛盾。

人在群體生活中，必然須對己有節制，對外能和順，然後己安而群亦安。若在此群中，各無節制，互不和順，則群不安而己亦不安。憑法律與權勢來束縛人、管轄人，如中國有法家，他們心中亦知有群，而不知群中仍當有人，即個人之存在。豈能使人生僅有群性，而無個性。人不能安，終於群亦不安。此之反動，則高呼自由。不自由，毋寧死，亦人情所有。重自由，則重各自之表現與發洩。但如此，依然是無節制，不相和順。群體不安，己亦難安。在中國，法家思想迄未得勢，因此自由呼聲亦不激烈。但今天的中國人，則只在個人自由與極權統治之兩極端上相對抗，相爭持。其實雙方，距中國儒家的人生理想都很遠。因此，在今天要來提倡儒家，終是困難。

但亦有人似乎主張禮樂生活只須在人的內心上求，只求自己心有節制能和順，便即是禮樂。此等意見，亦落在一偏。他們雖不如道家正式反對禮樂，但他們亦似過重個人內心生活，而忽視了外面群體生活。此一點，實涵有道家情味。宋儒有時即不免於此。如程明道說：「己立後，自能了當得天下萬物。」但己之立，則必然得立在群體生活中。離卻群體生活，如何來辨別己之立與不立。此一層，宋儒少發揮。

上面一番話，再扼要簡單說之。人應該從群體生活中，來尋覓各自的個別人生，來完成其各自的個人人生，這是主要第一義。幼年期的主要群體生活在家庭，青年期的主要群體生活在學校。人能從家庭學校的群體生活中，培養學成各人的個人人生，然後進入社會大群，始為一成人，而對社會有貢獻。這略近於孔子所謂三十而立的階段。

「不學禮，無以立」，立便立在禮樂上，立在自己心有節制能和順上。但此必從群體生活中來。諸位且莫從字義上來解釋此節制與和順，諸位應從群體生活中來體認各自之內心，如何是節制，如何是和順。若各自心上無節制，不和順，便在其個人生活中，不可能有此群體之存在。此層當深深體會。

「出必告，反必面」，即是禮，而微帶有樂。和氣、愉色、婉容，即是樂，而亦帶有禮。中國古代禮樂，一切規定，有些是年久失傳了，有些是時隔境遷，不再適用了。但中國古人所言禮樂精義，及中國社會一向所遵行的禮樂人生之實踐，則迄今仍存，所謂「禮失而求諸野」。我們固不易在鄉野見到鐘鼓玉帛，但我們在鄉野卻易遇到節制和順。有了節制和順，便是禮樂人生尚存在。只要禮樂人生存在，則鐘鼓玉帛自會隨時而起，不愁沒有。

我們學校，一向提倡中國傳統文化，一向重視人生最高哲理之探究與實踐，一向鼓勵同學們自主自發的團體活動。綜合此三者，而求揭示出一項統一原則，我想首舉此「禮樂」二字。

我現在再連帶說及我們新亞的校訓「誠明」二字。此二字見於《中庸》，中庸也是中國古代一篇講究禮的文章。「中庸」二字亦當在群體生活中去體會，去尋求。若遠避了群體，便無所謂誠與偽。人沒有了群，根本不成其為人，只在天地間為自然萬物之一物。「明」字、「誠」字，乃是人分上的字，非物分上的字。因此在物分上，說不到明與誠。

死生利害，則是人與物的分上所都有。人有生死，物亦有生死。人有利害，物亦有利害。當然有些物，連利害生死都輪不到它分上，那就是物之尤下者。人既在萬物之上，則應有一些在人分上有，而他物所不同有的，如禮樂與明誠皆是。

若論知，則禽獸也有知。但「明」與「知」不同，明誠同屬德。知屬性，屬能，不兼屬德。西方人重能不重德，中國人則重能更重德。現代西方發明電腦，此亦屬能，不屬德。故西方人僅言能力，而中國人則必言德行。此一德行觀念，乃為西方人所無。物有性，但不能說有德。德亦必顯於人類之群體生活中。道家離了群體生活而言德，遂有所謂之「至德」。其實，至德便等於無德，所以老子也只有說：「至德不德」了。

要修明誠之德也不難，只要在群體生活中，明誠之德便可修而致。如莊子只想遠避群體來完成他理想的人生，又如老子更想隱然高居人群之上而來完成他理想的人生，那只可說此等人有「大知」，卻不能說他們有「明德」。《大學》言：「明明德」，必然是親民的。能親民，始是明德，始能止於至善。試問：無明德、不親民，又那裏是人生中的至善呢？《大學》也是中國古代一篇講禮樂的文章，和《中庸》同收在《小戴禮記》中。

諸位進學校，若一意尋求知識，知識儘專門、儘精、儘高深，諸位雖不學莊老，卻想躲藏在此群體中，只為謀求個人自私自利作打算。此如木中有蠹，糞中有蛆，蠹與蛆皆是蟲，賴此木與糞而生，但不與木與糞同體。今有人賴此群而生，他本身內心卻不屬此群。這是說，在他內心，不認此群和他是一體。若在如此情況下，此人若果誠是人，則只得稱為一個人，終不得與群為一體。而今亦稱為群，則此群與那群終非一群。因此專講功利思想，便會轉向唯物哲學，正是此道理。

在唯物哲學中，必然會發明出鬥爭哲學來。我們也可說，在此世上有大眾的個人，各為本身功利起見，來在此群中鬥爭奪取，那此群亦自然只是一堆物。此群既是一堆物，在此群中之那些大眾個人豈不也盡是一堆物。物與物相爭，縱使有組織，相互間也只是各為工具，也終難於和平共存。

我們也可說，發明此一套唯物哲學乃及鬥爭哲學的，當然有「大知」，但並不有「大德」。彼之所知，卻是既不誠又不明。因此，推極其知之所至，也決見不到有至善。

西方人生亦有禮，亦有樂，但禮與樂必互相分別。中國人生貴和合，禮樂亦相和合。禮中必有樂，樂中亦必有禮。和合凝成，融為一體。一分一合，便成為一和一爭，此亦中西文化一大分別所在。

我認為，禮樂人生可以救此世，亦只有禮樂人生可以救此世。在禮樂中生活的人，自具有明誠之德。具有明誠之德，自可進入禮樂人生。此道不難，主要只在能從群體生活中去尋求，去體認。

孔子說：「我非斯人之徒與而誰與？」《中庸》也說：「道不遠人。」禮樂則只是不遠人，能與人為徒。諸位若能從此向前，中國文化傳統的大道理，自能在各自心上逐步呈現。我們《新亞雙周刊》所欲反映的生活，應該以此種生活為目標而嚮往。我此所說，或許包括太大，義蘊亦許嫌太深，但盼諸位各自好好去認取。

（民國五十二年五月）

對十二屆畢業同學之臨別贈言

每逢學校畢業同學離去，我必作贈言一篇。常苦所欲言者多，言之不能盡。然細思，此事主要在受者，不在贈者。若善受，雖贈少，亦可貴。若不善受，多贈何益！

人生常在受教育之途程中，實無畢業可言。要言之，當分三期。幼稚、童年期，主要在家庭教育。少年、青年期，主要在學校教育。壯年、中年、老年期，主要在社會教育。

家庭教育之主要在於愛。人生呱呱墮地，赤身外，無一物，無知無能，但以自成一生命，惟賴家庭之有愛。環顧莫非愛我之人，父母兄姊諸長上皆是。人人愛我，我愛人人，我之生命，乃在此愛中獲成長。

學校教育主要在於知。師長所授，同學所習，莫非人生所需之一切知識與技能。進而及於學得此知識技能之方法與途徑，更進而及於創成此知識技能之理論與規律。故受學校教育，所貴者，不僅能承襲其所舊有，更貴在益進而能創闢其所未有。此為學校教育之主旨。

青年畢業離校，投身社會，首先所感，社會與家庭不同。社會未必人人對彼有愛，彼亦不必感到社會人人之可愛。既是人不愛己，亦復己不愛人，而長年集居群處，乃若處身社會成為一大苦事。又次將感到社會與學校不同，學校意在培養人，社會則意在使用人。知能大得大用，知能小得小用，不知不能則不用。社會乃若極冷酷，惟求使用人，對人無同情。抑且不僅於此，有大知大能而反遺棄不用者，無知無能而轉高踞大位，以妨人之用。社會不僅冷酷，抑且無知。人之投身社會，豈不將更見為苦事。

於是一人投身入社會，乃需另受一番新教育。社會教育之主要在於磨練人之意志。人孰無志，然必經社會之磨練，使其志能堅定不退轉，曲折求完成，乃可謂之有志。人自家庭中來，必先知有此愛。人自學校中來，必先獲有此知與能。人果本此愛心與其知能以投身入社會，則必有其一己之所志與所願。己之所志所願，概而言之，亦在於盡己之所知所能以愛人立人，能以此己貢獻於社會。若一人能如此，此一人即為社會中一好人。若人人能如此，此一社會即成為一好社會。

若其人進入社會中，初無所志，亦無所願，僅求社會之收容，僅從社會乞溫飽。社會既形形色色，複雜散亂。社會本身，既無愛，亦無知，並無所謂志與願。人之進身社會，將僅見為社會之某一部門某一方面所支配，所奴役，所壓迫，及所遺忘。一處如此，在處處亦無不然。藐然一己，將無力以與此複雜散亂之大社會相抗，則惟有俯首聽命，一任其支配、奴役、壓迫、遺忘而止。循至於怨天尤人，認此社會為冷酷，愚昧，無人道，不可一日安。而終亦無法脫逃，畢生在此社會中，此為人生一最大苦事。而深求之，則並不然。一切所見其為此一大苦事之一大因緣，主要實在於己之無志願。

人在家庭為子弟為嬰孩，其時則惟求家庭對彼之愛。在學校為學生，其時則惟求學校對彼之教。但入社會，則成為組織此社會之一份子，雖若惟求社會之用，同時亦為此社會之主。社會所用者乃一人，人則必有一己，此一己之求用於社會，亦必先有此一己之所志與所願。若在己無志無願，惟求社會之用，則先已無己，亦惟有一任社會之隨意使用，而乃絕無所謂自主與自由。

人求自主，則必自主在其志與願。人求自由，亦必自由在其志與願。惟其社會之複雜與散亂，惟其自己亦為社會之一主，故其志有願者，終必能獲得與其志願相符合之事業與職位。然而此則有待於其志願之堅定不退轉，始能曲折求完成。故曰社會教育主要在於磨練其人之意志。

西方心理學家舊有知、情、意三分法。家庭教育為愛的教育，即情感教育。學校教育為知識技能的教育，即知的教育。社會教育則為人格訓練，為意志的教育。人之一生，亦在此知、情、意三方之能不斷受教育以完成其一理想之人格。

孔子設教，有知、仁、勇三達德。家庭所以教仁，學校所以教知，社會則重在教勇。惟有大志大願，始能有大勇。惟有大勇，乃能表達其仁與知，以貢獻於社會。達乎其極，則為聖人。

今諸君方離學校以投身入社會，特舉此義，以為今年對畢業諸君臨別之贈言。

（民國五十二年七月八日）

月會講詞

民國五十二年六月十九日第六十一次月會

各位先生，各位同學：

今天我要藉這月會向諸位報告一項消息，便是中文大學將會在下學期正式成立。自從去年富爾敦調查團的正式報告書最近發表以後，根據這報告書所要進行的：一、是組織一選聘委員會來為這大學選聘一位副校長。二、是在副校長未聘定前，組織一臨時校務會議，為新大學的一切推動進行。依據政府最近所表示的情形看來，本年九月三十日以前，正式宣佈大學成立，大致是一件可能的事。

以前我常告訴諸位，不必對此事太重視。因大學成立後，新亞仍是新亞，諸位也仍是諸位。我常告訴諸位，不要太看重在名義與招牌上，主要應在自己心意上實質上不斷求進步。但從學校方面講，卻不能不說這是一個極大的變化。從前我們學校是私立的，雖然外面在經費上對我們有幫助，但我們是自己在辦這一間學校。大學成立後，新亞成為大學之一份子，這就變成為一間官立的學校了。這是一大變。從前我們是獨立的，將來卻要與其他兩間學院聯合，而成為大學之一份子。這又是一大變。如此說來，諸位也許要問：我們豈不是把這間學校交給政府了嗎？從某一種角度講，這話也不算錯。我們學校獨立奮鬥了十三個年頭，也實在應該把她交出。正如兒女們成長了，總要離開家庭。學校栽培學生，總要有一畢業年限，不能長期留校。一個私人、一個團體，乃及一項事業，都得逐步成長。我們該顧慮到她的成長，不能把它老封閉在舊的格局中。

遠在嘉林邊道時，我們便已與崇基、聯合兩校共同要求政府承認我們三校畢業生的資格。此後一路發展，從舉行統一招生、統一文憑試，乃至即將成為大學的一個成員。在這一段過程中，我們首先時常考慮到的，便是同學們畢業後在香港的資格問題。其次，我們想要在同學中栽培出好人才，一定要多方延聘教授，同時充實儀器圖書等設備。這一切都要靠經費。以前我們常為學校經費擔憂，此後經費問題可不必時常擔憂了。我們在此幾年來，請到了很多好教授，增加了很多設備，這便是學校必得接納政府津貼的一個原由。再深說一層，一個團體，一項事業，總希望它能持久延續下去。一間學校，不是一兩年甚至十年二十年，可能完其使命，而讓它歸於結束的。我們每個人年歲精力總有限，單靠幾個人苦撐，學校永無一穩定的基礎，這是不行的。而且學校規模日擴，事務日煩，經濟負擔日重，而這幾個人的精力卻愈見其有限。向外籌募經費，當知門路有限，不會隨著年歲而遞增。甚至往往今年不知明年是否有把握，是否仍能繼續不斷地向前。這樣的事業，試問能持久嗎？接受了公家津貼，一切便不同。

或者諸位要問：我們不是有我們自己的理想嗎？現在為了經費問題，把學校交出，豈不和我們創辦時原意相違嗎？

我告訴諸位，我剛才說，一個人總是要成長的。小孩子到了一定年齡便要進學校，但也不是一進學校便會忘棄家庭的。到他在學校畢業，又得進入社會去工作，但他也不會定要忘了學校和以前在學校所受的一切教訓。縱使他也曾戀戀不捨自己的家庭或學校，但無論如何，他仍得進入社會去。從大處講，一個人生下來，本是為社會而生，不是為他個人而生。正如父母生子女，原是為家庭添新份子，把此家庭綿延持續。至於生下來的是男是女，是長是短，父母並管不得。換言之，私的只為了公的而存在。所以每一人都要長大，都要進入社會，化私為公，把自己獻身社會，作為社會之一份子。團體事業、教育事業何嘗不然。教育事業之尊嚴與偉大，其意義正在此。我們製造一張桌子，一架機器，固是有用，但絕不能和學校造就一個人相比。每一位教師從事教育事業，都有他一個獨立的人格，而且都有他小小的一個獨立王國，那即是他的講堂了。教師在講堂，是最尊嚴而偉大的，也是最自由而獨立的。因此，教師也儘有高下好壞之分，好學校裏可能有壞教師，壞學校裏也可能有好教師，學校是並不能限制教師的。教師在學校中，有其獨立與自由，誰也剝奪不了他教育青年之自由志願與獨立精神，他有一分奮鬥的可能。

拿我們學校來說，從三個學系發展到此刻有十二系，那一系比較好些，那一系比較差些，其間也總有個分別比較。在每系中各位教師之努力與貢獻，也總有個分別比較。正為教育事業是自由的，每一教師是有其獨立人格的，學校不能限制某一系的發展，不能限制某一位教師在教育事業上之自由精神，及其在學術上的獨特成就。每一個教師，都是把他們的整個人格來教育下一代，以活的人來教活的人。他在品德上，學術上，總有他自己的一分。這不僅是理想，同時也是事實。如此說來，一個學系不能限制一位教授，一間學院不能限制一個學系。何以說中文大學成立，便會限制到我們新亞？依我想，在將來的發展中，此三間學院儘可各有各的風貌，各有各的成就。只看各自的努力，誰也不容擔憂的。

總而言之，我認為外面力量將不能限制著我們。

或許諸位又要問：我們不是要提倡中國文化嗎？加入了大學怕會損害及我們的理想。

這也不然。如我們辦商學院、理學院，也有人懷疑，說這與提倡中國文化無關。其實大不然，難道中國人經商做科學家便違背了中國文化嗎？我們此刻正要創造推進中國文化走向一新境界，既需新的科學家，也需新的商人與企業家。難道只是一些人文學方面，只讀幾本中國書，纔始是代表了中國文化嗎？我請諸位把眼光放大，我們學校的主要目的，在栽培中國青年，在中國社會中生活，對中國社會有貢獻。這並不是關著門講此話便算，該實事求是，在實際生活中求表現。而且提倡中國文化也並非某一群、某一團體所能包辦或擁為私有，崇基和聯合不同樣也要講中國文化嗎？諸位當知，提倡中國文化決不能由新亞一家獨占。我們盼望將來的中文大學，將會大家走這條路。而且這也不僅是希望，應該是一種自然的趨勢，誰也阻擋不得。

諸位在新亞求學，將來畢業到社會上，該把此力量放開，放射到社會各部門、各階層中間去。若認為只在新亞這環境內，才能講中國文化，離開新亞到外邊去，或如三校聯合來辦一大學便不能講中國文化了，如此般的來講中國文化，試問又有何用？正如我們在溫室中栽花，儘管水份、陽光都充足，但仍要遷植到空曠的大自然中去，牠的生命才能真旺盛、真壯健。又如諸位一定要從家庭跑到學校，又從學校跑進社會，然後諸位的生命才能開展。學校也是如此。

從今以後，新亞的責任將會更重大。若說外面有力量要來改造我們，這只應促進我們之更努力，不應便能約束我們之更前進。學校猶如一私人般，總要開了門，跑向較大的場合中去。這一轉變，可說其意義為私也為公。儘為公，也不可把私抹殺了。抹殺了那私，又是誰來為那公呢？但儘為私，也只能在公裏去發揮。公私相成，而非相滅相銷。若我們必要躲開公來完成私，其實無公也就無私可成。

今天的我們，正不必擔憂到外面，我們要擔憂的還是在我們內部之不夠健全與不夠理想。諸位在學校，只要能注意自己品德、學業、身體方面之鍛鍊，將來進入社會自可無往不利。個人如此，團體亦然。我們亦許會碰到困難，但我們不是常說嗎？生命愈奮鬥，將愈見有價值。無奮鬥的生命，終將萎枯而死。生命必然要奮鬥，個人、團體皆然。縱使一個人死了，或如說我們學校關門了，難道就算一切完了嗎？人死還得留給別人來批評。不是我們今日尚還批評到許多歷史人物、歷史事件嗎？人物愈大，所遇困難也愈大。如孔子、釋迦死了，他們當身及時的問題，至今仍未獲解決。他們死了，自然無法再奮鬥，但不斷繼起有人來接續他們的奮鬥，爭著為他們求問題之解決。我們由大推小，若我們能自信新亞這十三、四年來確有其意義與價值之存在，我們縱遇困難，縱說有些不能由我們自己及時解決，在後面，也會有人來繼續我們之奮鬥，代我們求解決。

也有人曾問我，是否新亞以前的畢業同學比現在的成績更好些？我否認這一說。我們在桂林街、嘉林邊道時，確也有些成績。在畢業校友中，現在在美國大學任教的已有兩位。在這裏，港大一位，本校一位。暑假後，將有一位從耶魯回來在我們外文系任教，一位赴馬來亞大學，另一位去南洋大學。可見我們以前的新亞，雖沒有掛上大學招牌，並沒有現在的新校舍，也沒有現在這麼多教授，但的確栽培了一些好人才。現在，我們環境轉好，教授陣容加強，我們應該可有更多的表現。譬如今天在此要頒發的獎品中，有一項作詩優勝獎，得獎同學的作品，今天在報上也發表了。詩的好壞留給外人批評，但這也是我們新亞的一種表現。大學生能在講堂上即席賦詩，而且不是偶爾一兩人如此，乃是一班一級都能如此，此在以往國內大學亦極難有。可見青年人本來應該什麼事都能做，他們每一人正如一大寶藏，而負責教導他們的教師，便是指導開發那寶藏的人。因此使我只想到我們當教師的責任之重大，以及教育事業之有意義與價值。只要我們真能自盡職責，我不感覺有甚麼其他可悲觀處。

我今天報告諸位，說我們到此刻已有七位畢業同學在各地大學中任教，這並不意存誇張，無非要勉勵今天在座諸位將來對社會對學術有貢獻，繼續為新亞爭光榮。我盼望在十年、二十年後，或許我們會說某某一文學家、史學家、或科學家、或某某一大人物是我們新亞栽培的。這些全在我們學校裏面人自己努力，卻不會有外面力量來禁止我們這樣做。

或許諸位要說：現在學科主要變成應文憑試，那有時間再來研究學問呀！這一層我也將告訴諸位，有辦法的總是有辦法。加上我們一番困難，應加強我們一番努力。難道不考文憑試，我們人人都可成學者，考了文憑試，便會一切絕望嗎？諸位且莫把一切責任都放在從外面來的影響上，我們該懂得反求諸己，盡其在我。這也是孔子教訓，也是中國文化傳統精神一大要目。新亞將來之希望，仍會在新亞內部之自身。此層仍盼諸位深切體認之。

漫談《論語新解》

民國五十二年九月為慶祝孔誕校慶與教師節而作

去年的孔誕校慶與教師節我正忙校讀《論語新解》，抽空寫了一篇〈校慶日勸同學讀論語並及論語之讀法〉，刊於《雙周刊》五卷七期。轉瞬一年，《雙周刊》編輯人又來催我為孔誕校慶教師節寫文章。我去年預期我的《論語新解》，應可在今年的孔誕前出版，但此刻又正忙為《新解》排樣校字，出版是誤期了。我再抽空寫此篇，上半敘述我撰寫《新解》之經過，下半講一些讀我《新解》所應注意處。

（上）

我開始寫《新解》，是在民國四十一年之春末。那時學校在桂林街，我開講《論語》一課，講堂上有許多旁聽的，此刻我們圖書館館長沈燕謀老先生，也是其中之一。沈先生攜有一本美國新出版某氏的《論語》譯本作參考。他說：他將逐條筆記下我所講與此譯本不同處，將來彙齊寄與原譯人資其改正。但聽過幾月，沈先生的筆記停了。他說：相異處太多，除非從頭另譯。我為此，打動了我作《新解》的念頭。

普通讀《論語》，總是讀朱注。但《朱子集注》成書，距今已七百餘年，有些我們應該用現時代的語言和觀念來為《論語》作新解，好使人讀了親切有味，易於體會，此其一。清代漢學盛興，校勘、訓詁、考據各方面，超越前代甚遠，朱注誤處經改正的不少，我們不應仍墨守朱注，此其二。各家改訂朱注，亦復異說紛歧，我們應折衷和調以歸一是，此其三。我立意作新解，主要用心，不外此三點。

我刻意想寫一通俗本，用最淺近的白話來寫，好使初中以上學生，人人能讀。為求簡要，把漢學家繁稱博引的舊格套擺脫了。雖亦博綜諸家，兼采群說，但只把結論寫出，沒有枝葉煩瑣。我又模仿西方人繙譯《新舊約》，把《論語》各章全用白話繙出，好使讀者看了一目瞭然，再無疑義。這是我寫《新解》的體例。先列《論語》原文，其次逐字逐句分釋，又其次總述一章大義，最後是《論語》本文的白話繙譯。

王貫之先生知道我草創《新解》，每兩週便來把我寫出的幾章要去，分期刊載在他主編的《人生雜誌》上。但我寫了些時便停止了，一則沒有整段的閒暇時間供我撰寫，時作時輟，精力浪費，亦甚苦痛。二則我開始感到著書力求通俗，也有弊病。遇義理精微處，定要用通俗白話來寫，勢難簡潔，而且亦勢難恰當。文字冗長，反不能開人思路，引人入勝。又不能把精微處扼要確切表達。我想不如改用平易淺近的文言，收效會更好些。好在能讀《論語》，其人瞭解文字之水準，亦必有相當基礎，我不應在力求通俗上著意。因此我想待把捉得一段假期清閒，竟體改寫。然而這一擱卻擱下幾年，我的冗雜有增無減，始終沒有一段清閒的假期。

直到民國四十九年，我有機會去美國，在耶魯講學半年。我事先計劃，這半年，或許能使我繼續撰寫《論語新解》，但事前沒有把握。我想若不能繼續此一工作，我正好乘此機會學習說英語和看英文書。

我在一月廿六日抵達新港，隔一日，廿八日，正是陰曆除夕，但在國外，全沒有過年氣氛。我和內人當天上街去逛書舖，選到一本《現代歷史哲學》的論文選集，我匆匆看其序文和目錄，深感興趣，便買了。在二月六日上午開始閱讀，八日開始授課，在十分冗忙不安定的生活中，到二月二十日，把那本《現代歷史哲學》讀完了。我又想看西方哲學書，從頭順著次序擇要閱覽。又到書舖買了《蘇格拉底》和《柏拉圖》兩集，絡續翻看。但我感到生活已逐漸上軌道，與其當小學生學讀西書，還不如改變計劃完成我的《論語新解》，對己對人，或許較有意義，較有貢獻。

如此心中往返打算，終於把這一問題決定下來。從三月一日起，把閱讀西書的計劃全放棄了，來繼續《論語新解》的撰述。

《論語》全書二十篇，共四百九十八章。我先計算：儻每天能最低限度寫出新解六章，每週以五天計；因週末和星期日，一則多應酬，二則我要撥出時間出門到處遊覽。如是每一月作四星期算，每星期作五天算，每天寫新解六章，一月當可寫出新解一百二十章。我預計在新港尚有四個月停留，到六月底，豈不把全部工作可告一結束了！但我又怕事先預定，並不能如此般樂觀。因把在四十一年所成舊稿，共一百零二章，儘快先校讀一過，略事修改，即直從第一百零三章開始。如是一面可以逐漸集中精神，把我的興趣和注意力引起一頭緒，一面又可減輕我工作份量四分之一，那就準不致有失敗。

我在三月一號和二號兩天，打開舊稿，一面讀，一面改，儘兩日夜之力，把此一百零二章約略改過。三月三日起，正式繼續寫新稿。那天正逢大雪，竟日徹夜沒有停。我已整整十二個年頭沒有見過下雪了。只有民國四十三年，在日本東京，臨走前的一下午，寒雨中夾著下過些微薄雪片。今天見此大雪，心情十分愉快。窗外隔一馬路，是一大停車場，到薄暮時分，近百輛汽車全沒入大雪堆裏去。近窗有兩枝矮樹，到深夜也全給大雪淹沒了。自晨至夜，門外冷清清沒見人過。我夜間，學校本有兩堂課，也藉此告了假。那是我開始寫此新稿，最值得紀念的第一天。

那天，我上午寫成《新解》六章，下午續成四章，夜後又續成一章，一整天共得十一章。已超出我預定計劃幾乎一倍。此後我在日記裏，把每天所寫《新解》，上午幾章，下午幾章，夜幾章，必詳細記下。每週一結算，本週共寫《新解》幾章，來督促我自己莫把此工作懈怠了。自然也有一天寫不到六章的，也有整整一天或連續幾天不寫的。但我越往後，精神越集中，時間安排越能活潑有條理。有因當天有事，趕一清晨，在早餐前寫出一兩章。有因有應酬，或出門遊覽，而歸後尚有餘力熬一深夜，補寫上一兩章的。最多的一週，寫過六十二章。最少的一週，祗寫九章。到五月二十八日起程去哈佛，我已只賸〈堯曰〉一篇，但無論如何是趕不完了。待哈佛歸來，在六月十三那天，算把〈堯曰〉篇也補完了。但我把上論〈鄉黨〉一篇跳過沒有解。十四日起，再補解〈鄉黨〉篇，到十八日竟體完畢。合計新舊稿共得一千四十三頁。以篇幅計，當得二十五萬字。在新港所成，當合二十萬字。實算字數，全部應該不超出二十萬字。新港所成，約合十五萬字上下。幸而我的全稿到此完成，此下在離新港前，又是一大段忙亂，實也再無從下筆了。

我在七月一號離新港，漫遊美國東西部，又去加拿大，再赴歐洲，於十月上旬，改變了全部遊程，逕返香港。我知道一返香港，生活又會冗雜。因此只有將《新解》的全部初稿，在美國一氣趕成，留待返港後再零碎絡續修訂。

我在是年十一月，卜居沙田，地僻較易得閒，到寒假，又把《新解》全稿拿出再整理。我寫

《新解》，雖說是義理、考據、辭章三方兼顧，主要自以解釋義理為重。雖說不墨守朱注，主要還是以朱注為重。我此次補訂，先把《朱子語類》關於《論語》的幾卷，通體細讀一過。因《語類》在朱子注《論語》以後，有些處和他初注《論語》時見解有不同。有些見解不斷有改變，但可惜有許多重要異同，不能放進我的《新解》裏面去，這是為著書體例所限。我為《論語》作新解，只重在解釋《論語》原文之本義。其引伸義、發揮義、相通義，乃及其他問題，並非不重要，但不能闌入我《新解》書中。我逢初稿應修改處逐條修改以外，其餘意見，曾寫了一篇〈從論語朱注論孔孟程朱思想異同〉一篇，刊載在美出版的《清華學報》上。

我讀完《朱子語類》〈論語〉之部，將我《新解》有關各章，再有所修改外，又將我《新解》全稿，逐篇逐章細讀一過。覺得我全稿前後文體尚有不純，尤其是最先完成的一百零二章，在美國只匆匆修改了兩天，顯與此下文體有不類。而一百零二章以下之最先幾十章，其文體也和前一百零二章較近。較後則文體較為簡淨，因此又把全稿的前半部在文字上多加了一番刪潤。

據我經驗，著作草創固不易，而成稿後要自己修改則更難。因人有成見，總認為自己寫的又對又好，要發見自己的不對不好處，豈是容易之事！只有一法，且把自己成稿暫擱下，待時久淡忘，再取來，如看別人著作般平心細讀，庶可發現出自己一些毛病。我自將《新解》全稿通體閱讀一過之後，又把來擱在一旁，約摸過了半年多，我想再讀一過。此次再讀，我把王船山的《四書大全說》中〈論語〉的一部分先讀，因船山闡說義理，頗有能超出宋明儒之外的，而又為此下清儒所未見。但可惜我讀船山《四書大全說》也如讀《朱子語類》般，所獲許多意見無法插進我《新解》中，我只逢可修改處修改一些。我又乘興讀了船山《四書大全說》中〈孟子〉〈大學〉〈中庸〉之部，寫了一篇〈王船山的孟子性善義〉，刊載在香港大學金禧典禮東方文化研究所之論文集。

如是我又把《新解》全稿擱置。適逢楊聯陞先生自美國哈佛來，我在新港時，他早知道我在寫此稿，我到哈佛也曾和他暢談過。因此把全稿請他在旅館中為我看一遍，遇有意見，我囑他批注在眉端。我們學校潘重規先生也知我寫此稿，他說能先覩為快。楊先生離港，我即將此稿交潘先生，也囑其把意見批注在眉端，那是去年四月五月間事。

楊先生自香港去日本，我開一書單，託他在日本代買幾部日本學者的《論語》注作參考。楊先生把書寄來了，正值暑假忙過了一陣，我又想再把我的《新解》全稿細細再讀一過。其時已值八月下旬，我把家中書房和客廳對調了一下，書房擴大了，我好靜下做工夫。那知九月一日的大颶風來了，沙田受災最重，我家大門吹開了，大門旁的新客廳，風雨縱橫，受打擊最重。新書房的屋頂也掀破了，大雨直注，我冒著險，從走廊衝進書房，把我的《新解》全稿搶救了。幸而我事前把客廳和書房對調布置過，否則若我把此稿放在原先舊書房，可能風吹漫天飛，全散失了。

可能雨打成爛紙，鋼筆原稿和原子筆的改稿，全模糊不易辨認了。

經此颶風為災，我家搬下樓去，在別院住，我放一大書桌在樓上原來臥室中，桌上只放我《新解》全稿，及從日本買來的幾部新的參考書。我只要不到學校辦公，便一人踱上樓，靜心做我對此稿最後一次的校閱。這是我三年前離開新港後，又一次意外獲得了一個好環境。至今回想，四十九年三月三日在新港的大雪，五十一年九月一日在沙田的大颶風，和我從事撰著此書先後結不解緣，正好遙相映照，留作我私人的一番回想和紀念。

我從日本買回來的三部書，第一部是伊籐仁齋的《論語古義》，第二部是物茂卿的《論語徵》，第三部是安井息軒的《論語集說》。這三部書，正好代表著日本學者治《論語》學的三階段。東瀛學風，本和我大陸息息相通。伊籐仁齋的書，篤守程朱理學家言。物茂卿的書，則相當於我們自王船山下至毛奇齡與戴東原，有意批駁宋儒，力創新義。到安井息軒則受清代乾嘉以下漢學家影響，實事求是，在訓詁考據上用力，而重返到漢唐注疏古學上去。我按著三書先後次序，逐章分看，正如把朱注《論語》下到近代此數百年來，中國學術界漢宋之爭的舊公案，重新在心頭溫一遍。我如此般讀過一章之後，在我心中對此一章自然會浮現出一番見解來。然後我再把自己原稿翻出再讀，有的是我此刻心上所浮現出的新見解，和原稿見解還是相同，那就算把我原稿通過了。也有的是新舊見解大體相近，只要在字句上稍加增刪便可過去的。也有時發現我原稿見解，或許因當時參考材料出此三書之外，或許我當時思索較之當前更細密，更周詳，而認為原稿意見實是勝過了我此刻的意見的，那真是一番喜悅，而且是喜出意外似的叫我高興。但也有時，我發覺原稿舊見解和我此刻的新見解正處在相反之兩端，那就為難了，不得不為此一章從頭再作深思。本來《論語》儘多異解，我以前是主從甲說的，現在又想從乙說，其間取捨抉擇，煞是不易。有的經過內心私下再三思辨，終於捨棄了舊見解改從新見解了。亦有的經過再三思辨，終於決定仍從舊見解，而放棄了新見解。但也有已從新解，再經幾天思考，又改從舊說的。也有已留舊說，再經幾天思考，又改從新見的。也有幾章，在自己新舊見解衝突，異說分歧，十分難解之際，而忽然悟出一番新義，自謂能超出以往舊見，更有新得的，那又是一番喜出意外的喜悅。直從九月十月到十一月，那三個月中，我常一人，或半天，或全天，獨坐空樓，已涼天氣未寒時，下簾寂寂，至今回味，仍感到樂趣無窮。

到十二月，破樓修理完竣，我們把家再遷回樓居，但那時我的《新解》全稿，早已校讀完畢了。照理，我該可把全稿付排了。但我想，此稿付排，我仍有最後一次的校字工作可做，或許到那時又可能發現幾許錯誤應改正處。若此刻即去付排，我正滿懷歡喜，怕不易發現自己錯處來。因此決定將此稿再壓幾個月，待我對此稿的心情冷一些。在今年暑假前開始發排，果然，仍發覺有許多文字義理未妥須修改。中間我去臺北一個半月，此稿的排樣亦郵寄臺北去。這一個半月，臺北天氣極熱，我在旅居生活中，又極忙亂。但校此稿，又有兩章，徹頭徹尾改動了。直至此刻，全稿已校過十分之八，尚餘十分之二未校。但因前面改動，牽涉到後面，至少後面有一章未校的，臨校時，我將添進兩句，而此兩句則是頗關重要的。默計全稿，我在此次最後校字時，又已改動了十章左右。可見過些時，說不定，又會發現需改動處。但對此稿，我總算已盡我心力。一待正式出版，我想再要由我自己來發現錯誤，其事當更不易，則只有希望讀我書的多了，自會有好意見絡續來告訴我，我且留待此稿再版三版時，再有所訂正吧！

（下）

以上敘述《論語新解》完成之經過，以下略告讀者所應注意之一點。去年我寫《論語》讀法，已將讀《論語》應注意處約略提及。此下則專就一點言。

王貫之先生知道我《新解》已付排，他來要一份清樣，他說將擇要分期刊載於《人生雜誌》，為吾書作介紹。我想書已付排，出版在即，何必再浪費《人生》寶貴之篇幅。但貫之意極誠，來索再三，不得不應。待《人生》各期把《新解》擇錄刊出，我也按期翻閱，一面心佩貫之作事不苟，所摘錄的確也化了一番心。但另一方面，我卻別有感想，便是此下所欲申述者。

一般人總愛說儒家思想或孔子哲學，當然《論語》是關於此方面一部最重要的書。但我常感到中國思想，其從入之途及其表達方法，總與西方的有不同。西方一位大哲學家的思想，總見其有線索，有條理，有系統，有組織。他們提出一問題，關於其所用之名辭與觀念，必先有一番明確的界說。他們討論此問題，千迴百折，必有一項明確的結論。讀中國書便不然。即如《論語》，頗不見孔子有提出問題，反復思辨，而獲得結論的痕跡。若我們依著研究西方哲學的心習來向《論語》中尋求，往往會失望。

讀《論語》的，都認為孔子思想主要在講「仁」與「禮」。但孔子對此兩名辭根本不見有何明確的界說。直要待朱子作注，才為此兩名辭定下界說來。朱子說：「仁者，愛之理，心之德。」又說：「禮者，天理之節文，人事之儀則。」朱子是經千鍾百鍊而始定下此兩個界說的，雖非無當於《論語》原文之本義，然而朱注所下界說，實比《論語》本文使讀者有更難體會之苦痛。若我們真要把此「愛之理，心之德，天理之節文，人事之儀則」十六字，細細咀嚼，便會發覺其中比《論語》本文所論遠為深廣。由此十六字，可以引生出更多問題。而此等問題，在我們讀《論語》時，實暫可不必理會。而且若非細讀朱子書，對此十六字之內涵意義，亦實難確切瞭解。我們為一書作注，其用意本為使讀者對我所注書之本文增加其簡易明白之感。而朱注則有時卻似為《論語》增添出許多晦澀艱深反而難理解處。要之，在宋代理學盛行時，不能無朱注。在我們此時，時代變了，則不能不在朱注外來另作一新注。

我們若要問：《論語》中對「仁」字「禮」字，究竟提出了何項問題，獲得了何項結論？那就更模糊了。似乎孔子平日講仁講禮，根本上沒有提出什麼問題，因而也不見有什麼結論之獲得。我們讀《論語》，似乎其每章每句，都像是一種結論。試問在西方一個思想家，那有如此輕易獲得結論的？如此般的思想，又那得成為一套哲學的思想？

但上面這許多話，其實對《論語》是無傷的。我們把研究西方人哲學思想的頭腦來研究《論語》，則每易於《論語》中提出許多不是問題的問題來。主要在於中西雙方思想其從入之途不同，因而其表達方法也不同。讀《論語》，應該依照孔子的思路來讀，才能於孔子有瞭解。今試問，孔子思想究從何路入？這一問題，其實在《論語》裏是表現得明白可見的。只因思想從入之路不同，因此其表達方法也不同。孔子思想之表達方法，自然也即在《論語》裏明白可見了。因此我們只該從《論語》本書來瞭解孔子思想，不該先自束縛在西方哲學之格套中來尋求。

讓我們從最淺顯處看，則《論語》中孔子論仁，有許多話只是就人論，就事論。孔子只就人事來論仁，並不見有超越人與事而另提出一套近似於哲學玄思的仁的問題來。如云：「殷有三仁，微子、箕子、比干。」又說伯夷叔齊，「求仁而得仁」。又說：桓公九合諸侯，不以兵車，即是管仲之仁。管仲相桓公，一匡天下，民到于今受其賜，也即是管仲之仁。又有人問管仲，孔子曰：「人也，奪伯氏駢邑三百，飯疏食，沒齒無怨言。」本章「人」字，解者亦有說即是「仁」字的。

又如說令尹子文是忠不是仁，陳文子是清不是仁，子路、冉求、公西赤皆不得為仁。宰我欲短喪，是不仁。凡此之類，皆專指某一人而分辨其仁與不仁。今若問：何以微子、箕子、比干、伯夷、叔齊、管仲都是仁？何以令尹子文、陳文子、子路、冉求、公西赤、宰我都不得謂是仁？我們要在此等處研究，便知對此諸人，至少該略有所知，不能說此等處只是孔子在批評人物，與其哲學思想無關，可以擱置不理。

又如孔子答弟子問仁，告顏淵則曰：「克己復禮為仁」，告仲弓則曰：「出門如見大賓，使民如臨大祭，己所不欲，勿施於人，在邦無怨，在家無怨」為仁。告司馬牛則曰：「仁者其言也訒。」告樊遲，則曰：「仁者，先難而後獲。」又曰：「仁者居處恭，執事敬，與人忠。」告子張則曰：「能行恭、寬、信、敏、惠五者為仁」；告子貢，則曰：「居是邦，事其大夫之賢者，友其士之仁者」為仁。這些處，都是說如此行事乃為仁。不如此行事，則為非仁，或不是仁。其實就事而論，也如就人而論，義實相通，無大分別。因在行事之背後必然有一人，孔子批評人，也只就其行事而批評。在此處，可見我們要瞭解孔子「仁」字的真義，應該從那許多行事上去體會。如我亦能居處恭，執事敬，那我也可依稀彷彿想像到孔子教人以此仁字的一番體段一番境界了。

又如孔子平日論仁，說：「唯仁者，能好人，能惡人」，「仁者樂山」，「仁者靜」，「仁者壽」，

「仁者，己欲立而立人，己欲達而達人」，「仁者不憂」。又說：「剛毅木訥近仁」，「克、伐、怨、欲、不行焉，可以為仁矣。」又說：「仁能守之。」又曰：「巧言令色鮮矣仁。」此等亦都是就事而論，只不是具體專指一事而已。但我們總不能捨卻人生實際行事來求瞭解孔子這許多話。

以上專舉仁字言，若禮字則更不用多舉。如何行事始是禮，如何行事即非禮。何人算能知禮守禮，何人便是不知禮不守禮。凡屬《論語》中講禮處，全從具體的實人實事來講，更是顯而易知了。

我們今再從此推說，便知全部《論語》，最多是在講具體的實人和實事。若忽略了《論語》中所討論到的具體的實人和實事，則全部《論語》所剩無幾。我們儘可說，全部《論語》則都為討論這些具體的實人和實事所包括了。因此我們可以說，中國儒家思想主要是在具體的人和事，而孔子《論語》則為此下儒家思想之大本大源所在。即如宋明儒言義理，其實也只緊扣於具體的人和事上而來討論其義理所在。若抽離了具體的人和事，超越了具體的人和事，憑空來討論思索，那便近於西方哲學思想的格套。

因此，我們可以說：中國思想，尤其是儒家思想，主要是從具體的實人和實事上思入的。及其表達出來，亦仍大體不脫離於具體的實人和實事。先秦儒家如是，漢唐諸儒亦如是。後來宋明理學家言，大體還是如此。而大本大原則在孔子之《論語》。

我們若明白得此意，來讀《論語》，自應更多注意到《論語》中所提到的許多具體的實人和實事，卻不應憑空思索去求瞭解。因此講求孔子思想，不宜脫離人事。我們自己思想，若要遵從孔子道路，也該從具體人事作為出發點。近人都已說中國思想是一種人文思想，也便是此意了。

正因為如此，所以我們讀《論語》，若在解說其義理或思想上有爭辨，勢必牽涉到考據。考據工夫，正為要確切明白得《論語》中那些實際的人事。此乃孔子思想及其所指示的義理之具體背境與主要對象。清儒反對朱子的《論語》注，最先也是在義理上爭辨，但精而求之，便不得不轉入於考據。此亦是一種大勢，自然會走上這條路。其實朱注《論語》也何嘗不經一種考據。如今硬要把義理分作兩項，認為考據便無當於義理，那就又是一條差路，不可不辨。

現在再進一步說：既然是孔子的思想和義理，都扣緊在人事上，因此讀《論語》，也並不能專注意仁字禮字等許多字眼便夠。換言之：《論語》中凡牽涉到具體人和事的，都有義理寓乎其間，都是孔子思想之著精神處。要懂得如此平鋪用心，逐章逐句去讀《論語》之全部，才見孔子思想也有線索，有條理，有系統，有組織。只是其線索、條理、系統、組織與西方哲學有不同。

因此我的《論語新解》，逐章、逐句、逐字都要解，任何一字、一句、一章，都不敢輕易放鬆過。我作《新解》的用意，只在求能幫助讀者去瞭解《論語》本文獲得些方便，並不是要自創一說，或自成一家言。若能離開了《論語》原文，我的《新解》便更無少許剩餘的獨立價值可言了，那便是我的成功，那便是我作《新解》時所要到達的一個理想境界。當然我知道我還未能到達此境界。尤其在一章後綜述大意，總難免有浮辭刪削未盡之感，但我總算是向此理想而努力的。

其實我此一種解《論語》的方法，乃完全遵依朱子成法。從來注《論語》，善言義理，莫過於朱子。但朱注中的剩餘獨立價值則嫌太豐富了。此亦不得怪朱子，因朱子時代，乃是一個理學盛行的時代。朱子之學，近承二程，乃由二程而遠溯到孔孟。因此遇二程有與孔孟分歧處，好像朱子總不肯拋開二程來直解孔孟。其注《論語》，如「獲罪於天」，如「性相近」，如「孝弟為仁之本」諸語，本是極平易，而解成極艱深。又如「吾與點也」一語，本可不煩多解，而朱注化去了近四百字，發揮出一番大理論。後儒從此等處來批駁朱注是應該的。但朱注終不失為善言義理。朱子之善言義理，並不在乎此等憑空獨標新義處，也不在我上舉如其解仁字禮字十六字之千鍾百鍊處。朱注之所以為善言義理者，則在其遇《論語》所及實人實事，其中所涵義理，朱子最能闡發得細膩而熨貼。但朱子終是帶有宋代理學一番極濃的氣息。我不是說宋代理學無當於孔孟原意，我之作《新解》，乃是要沖淡宋代理學氣息來直白作解，好讓不研究宋代理學的人，也能直白瞭解《論語》，由此再研究到宋代理學，便可以迎刃而解，更易契悟。

朱注對《論語》所牽涉到的實人實事，也有些處考據不及清儒之細密，因此其所闡發的內涵義理也便不免有差失了。但清儒說《論語》，又太求在考據上見長，而忽略了《論語》本文中所涵之義理。因此讀清儒說《論語》，乃只見有考據，不見有義理。既近買櫝還珠之誚，亦陷於歧途亡羊之失。

《論語》中最難讀者，有些處，雖亦是實人實事，而考據工夫則用不上。因此其內涵義理，亦更難把捉。臆測無準，異解歧說，多由此而起。我上半篇自述作《新解》，有改了再改，終難決奪的，亦以在此等處者為多。

今試舉數例略說之。如「射不主皮」章，此顯屬一實事，古注及清儒，都注意在考據上。惟朱子獨側重在義理上，再從義理來另作考據，遂使朱注對此一章獨為卓越。又如「魯人為長府」章，此又屬一實事。孔子盛讚閔子騫言必有中，可見此章中，必涵有一番義理。但朱子未曾將魯人為長府一事細考，則注文所闡發，近是望文生義，有類臆測。而清儒所以勝過朱注，有不可不加意採納者，則多在此等處。又如「闕黨童子將命」章，究竟是孔子使此童子將命，抑是闕黨之他人使此童子將命？此屬一瑣事，無從考據。但孔子使此童子將命，與闕黨之他人使此童子將命，究有別。因其事不同，故事中所蘊義理亦不同。故要闡述本章義理，勢必先肯定本章之事實。朱注說此章，乃肯定其為孔子使此童子將命，朱子本此而闡說，其所說義理自佳。後儒遵朱注再加發揮的亦有。然亦有異說，認為乃闕黨他人使此童子將命。所以持此異說，自亦有其一番理由。於是為求解說此章之真義，乃不得不由作注者胸中自有一番義理作抉擇。此章雖屬小節，然他章有不是小節而與此章類似的，那就更費斟酌了。

又如「子路問成人」章，孔子意究是須兼有臧武仲、孟公綽、卞莊子、冉求，此四人之長，而再加以禮樂之文，而始可以謂之成人否？朱注是如此說。然或說則謂下文亦可以為成人，從「亦可以」三字，謂可見只具一人之長已足，不必要兼四人之長。然朱注亦未嘗不注意到此「亦可以」三字，故曰：「亦之為言，非其至者。若論其至，則非聖人不足以語此。」此章實極關大義，非「童子將命」章可比。然欲定此章之真義，考據訓詁之為用皆有限，非作注者自有一番義理作抉擇不可。朱注之所以獨出古今者正在此。由此可知我們固是要讀《論語》來通義理，但亦要通了義理再來讀《論語》。讀了《論語》再來讀群書，此是初學者的門路如此。但又要讀了群書再來讀《論語》，此則是成學者之所當務。此層尤不可不知。

故知讀《論語》，每章各有一番義理可尋，不得謂遇孔子論仁論禮諸章始有義理，其他各章可以擱置不問。而每章儘多異說，多見一異說，即多觸發自己一番義理見解，切不當暖暖姝姝於一先生之言。但異說亦當定於一是，此所謂一是，則指《論語》原文之本義言。然求《論語》本義，則主要須用考據訓詁工夫。否則儘說得義理高明，卻可與《論語》本義有背。然亦有時，考據訓詁無可用，非用讀者自己識見不可。否則終無以通《論語》之本義。故讀《論語》，有易讀處，有難讀處，學者貴能由易及難。但今為《論語》作解，則難處易處全解了，此則貴學者之善自研尋。

我作此《新解》，每多存異說，而於異說中必抉擇一是。我之識見果足以勝此任否，惟有更待讀吾書者之再作辨認。我所謂讀《論語》必義理、考據、辭章三者兼顧，而義理則更其要者，其用意亦在此。決非謂不顧考據辭章而可以憑空求得其義理之所在。更不謂求義理者，只挑讀《論語》某幾章已足。此意極關緊要，不得不在此鄭重提出。

今貫之先生為我選載於《人生雜誌》之諸章，似乎都選載些近似於憑空發論者，又多載我在此一章之後綜述其大義者。擇要誦讀，亦是讀書之一法。專心先求大義，且置考據辭章之瑣末，此皆未可謂非。但若專一從此路進，則又近於只要討究孔子所抱之一番哲學思想，而非研尋孔子所提示之人生義理。如是則似乎也把孔子看成一西方哲學家般，此處差之毫釐，是會謬以千里的。讀《論語》者不可不戒。程子說：「如讀《論語》，未讀時是此等人，讀了後又只是此等人，便是不曾讀。」又說：「讀《論語》，有讀了後全然無事者，有讀了後其中得一兩句喜者，有讀了後知好之者，有讀了後直有不知手之舞之足之蹈之者。」程子此兩番話，只有從人生義理上去讀《論語》，始可瞭解得。若真瞭解得須從人生義理上去讀《論語》，則自然會遵從朱子所說，平鋪讀，循序一章一句讀。且莫認為《論語》說到仁字處在講仁，不說到仁字處即與仁無關。更莫認為訓詁考據工夫，便就與義理無關。至於我之《新解》，則只求為讀《論語》者開一方便，那些全只是筌蹄而已，實不足重。我怕讀者把我的《新解》太重視了，那就罪過之極。因此特鄭重在此提及。

（已收入《孔子與論語》）

秋季開學典禮講詞

民國五十二年九月九日

各位先生、各位同學：

今天我要趁這開學典禮的機會向諸位報告幾件事。

第一件要報告的，就是我們新的中文大學快要正式成立了。香港是英國的殖民地，但卻是中國社會，四百萬居民，絕大多數是中國人。五十年來，這裏只有一間香港大學，她所造就的人才和學問，都有限。而且中國青年，學問事業，也該貢獻給中國社會。因此，不論從那一角度看，香港辦一間中文大學，實在應該。

第二件要報告的，是關於新大學的組織。

香港中文大學，並不是新創的，而是將原有的崇基、新亞、聯合三間私立學校合併而成。但是，這間大學成立後，我們要注意到新亞的地位。從前我們是一間獨立學校，今後將變成中文大學的一部份，變成為中文大學的新亞書院了。從前是私立，將來是公立，其間有很大的分別。

新亞既與其他二校組織成中文大學，慢慢地，隨著一年年時間的過去，大家的想法會與從前不同。現在諸位想的是三校聯合成一中文大學，將來則變成中文大學中有這三間學校，此是一定的事。譬如今年我們新同學，參加的入學試，是由三校聯合招生的。明年將是中文大學的入學試，取錄後再分配到三校。今夏剛畢業的同學，參加了三校統一文憑試，明年畢業的，將要參加中文大學的學位試。考試合格後，將具有兩項資格，一是新亞的畢業生，一是中文大學的畢業生。較重要的，自然是中文大學的資格，只是他在中文大學中的新亞書院畢業。從這一點，可知將來我們在學校之上，有了一個與其他二校共同的組織。譬如現在中文大學要請一位副校長，一如香港大學般。自然，他日也會有大學本部、校務會、教務會等行政部門，此乃在新亞之上，這是一點。

另外一點，將來三校的教授，慢慢地會變成中文大學的教授了，只是分別在崇基、新亞、聯合任教而已。

從前我常告訴諸位說，成立中文大學與諸位沒有多大關係。今天我要告訴諸位新舊同學，要了解將來學校的性質，以及諸位的雙重身份，即是中文大學的學生和中文大學新亞書院的學生。學校從前是新亞，將來則是中文大學的一份子。換一句話說，今天以後的新亞，將走上一條新的道路，亦將是另外的一個新亞了。關於這件事，我們可分兩部份來說：

第一，是關於同學的。

諸位來學校求學，固然不是在一紙文憑，而在學業和事業。新亞不掛上中文大學的招牌，亦可以講學業求事業，這是我再三講過的。然若努力學業，同時可以獲得大學文憑，使將來進社會較方便，則我們何樂而不為？為考慮同學的出路，是新亞不得不參加大學組織的一原因。

第二，是關於學校的。

從前學校是私立的，今後將成公立的。所謂公私立之分，全繫乎經濟的來源上。新亞初開辦時，只有四個人，每人拿出二百元，合八百元來創辦此學校。按月經濟來源，好許時只有三千元。這數目還不及今天一位教師一個月的薪金，試問學校如何能老如此般支持下去？學校惟一出路，只在外邊找人幫忙，從桂林街到嘉林邊道，再到此地，由第一期、第二期、第三期的校舍建築，圖書館、實驗室種種設備，一直到今天都是在毫無把握中碰機會。今後若無機會可碰，無新的經濟力量支持，學校豈不是要關門？私立學校一定要有充足的經費，而我們卻是兩手空空。幸得美國雅禮協會幫助我們整整七年了。然他們的錢亦是每年捐來，今天有錢，明天可以無錢。我們的經費始終沒有一穩定的基礎。今後通過香港政府的法律，全港的居民支持這間大學，新亞的基礎比較穩定，不要我們再用大部份精力來向外籌經費。為學校長久打算，我們只好把此學校送給公家辦。

或許諸位因此會問，我們既變成為中文大學之一部份，地位與其他二校相同，上面又有大學本部統制著，則我們常說的新亞精神仍能存在嗎？剛才諸位唱校歌，其中有所謂「新亞精神」。精神不比物質，可以長期擁有，經過十年、二十年、三十年，可以不朽不壞，日新創造。但今天精神好，明天可能不好。諸位若能懷念以前的新亞精神，要延續它，就不能不時時努力來創造新新亞精神。從前我們的精神，表現在拿八百塊錢來辦一間學校，用三千塊錢來支持它。外邊人說：「他們用這麼少的錢來辦學，真夠精神。」現在我們的物質條件增強了，經濟來源充裕了，是否我們就會沒有精神表現呢？我來說一個譬喻：隆冬的天氣，風雪交加，一個人能在這樣的天氣下穿很少衣服，吃很少東西，一樣做事，別人說他有精神。一旦把他放進一間暖氣間裏，穿上溫暖的華服，給他吃豐美的大餐，他會說：「啊！我現在沒有精神了。」這豈不是怪事，只是自欺欺人。把沒精神的罪過，諉之於外面的環境。在我想，此人若真有精神，饑寒交迫中，固可有精神，溫飽了一樣可有精神。而且他的精神，只該更好，不該轉壞。

諸位或許又會問，然則新亞的理想會受影響嗎？「栽培中國青年，來貢獻給中國社會」，這是我以上所說中文大學的目標。我們的學規中也說：「愛家庭，愛師友，愛國家，愛民族，愛人類，為求學做人的中心基礎。對人類文化有了解，對社會事業有貢獻，為求學做人之嚮往目標。」這是我們的理想，這中間並沒有衝突。我們講理想，更要講理想之實現。以前我們用八百元租兩層樓作課室，來創辦一學校，正因我們有理想。但理想必求實現。在未實現前，不得不向人把自己理想表現。如一青年，中學畢業，其家人要他找一份職業。但他說，我的理想是要進大學，或大學畢業後要去外國留學。或其父母希望他進理科，他說他的理想是進文科。或其父母希望他進港大，他說他的理想是在進中文大學。我們向人講理想，是要別人原諒我。到我有機會真走上實現理想的路了，則貴踐行，不貴口說。今天我們新亞，若真有一番理想，應正在逐步實現途中。從前只是我們一間學校在提倡，今天以後卻要在一間大學中求實現，說不上理想會受影響被毀滅。

諸位今天以後所要注意的，精神要天天創造，理想要步步實現。果能如此，並不妨礙今後的新亞。

要創造我們的精神，實現我們的理想，我仍要重覆我常說的三句話：

第一、一切行政制度化。

從前我們只是一間小規模學校，可以不講制度。現在規模一天天擴大，必要有制度，一切學校行政都要制度化。對同學來說，必要修滿學校規定所有應修的課程，通過考試，才可畢業，一點也不得含糊。制度是自律的，律人的。此後學校進展，必是在制度中進展。現有制度當然可以隨時修改，但不該加以蔑視。這是我首先要提出的第一點。

第二、課程學術化。

學校的課程，固然要應付考試，諸位唸完四年，考試合格，便可獲得文憑學位。然我們進學校，並非只為文憑學位，更要的是為真正的學問。若無真學問，只是應付考試，一切也是徒然。今後的新亞，既已走上一條新路程，不須再為經費擔憂，每位先生對他所授課程都會更用力，每位同學也應一心向學，務使新亞要在學術上有成就。若無學術成就，那即是新亞之失敗。從前我們學校既無錢又無學生，不免多用心要錢要學生。今天的學校，不煩再在此等處用心，一切學術的追求和成就，便要寄托在我們先生與同學間的研究和切磋。

新亞有一位畢業同學，我們認為他是一位好學生，他到一間中學裏教國文。那中學的校長，有一天碰見我們的一位先生，說：「我原先以為新亞的畢業生一定很好，怎知是不成啊！」原來這位同學跑上課室講壇，對一班初中學生大講其中國文化和道德觀念，卻不注意課本和作業。他本是一好學生，但他教書卻失敗了。在此我要提醒諸位，所謂學校的理想和精神，不是常懸在口上作話柄的。我們總不能擔著一面大旗，四出宣傳說：「我們新亞是講中國文化的。」中國文化一樣脫離不了學問的真成績。

我說課程學術化，是諸位在課堂上，課堂外，都能培養獨立研究的精神，自己尋向上去。先生在課室講二十分鐘，我們便要在課外研究一小時到兩小時。師生之間，不但在課室內應合作，課室外也要有談論切磋，以求培養出學術風氣。這纔真是此下新亞的精神和理想。

第三、生活藝術化。

所謂藝術化的人生，就是要有禮樂的人生。上次新禮堂落成，我曾說過，希望我們在學術研究外，能有禮樂生活。惟有這樣，人生才能美滿。

我們要在這三件事上，實現我們的理想，所謂「手空空，無一物；路遙遙，無止境。」我們學校從此仍在一條「路遙遙，無止境」的新路上，仍是「手空空，無一物」。但正在這裏，可以表現我們的理想，創造我們的精神，讓我們在此三方面繼續努力吧。

慶祝中文大學成立

民國五十二年十月十七日

港九社會三百幾十萬民眾所共同熱切盼望的一所中文大學，經過好幾年的曲折醞釀，終於在今天正式宣告成立了。

中國人有句古話說：「作始也簡，將畢也鉅。」這一所大學，在今天，只如一嬰孩，呱呱墮地。他的生命正在開始，我們對他不該有什麼批評，什麼責備。我們只有善頌善禱，慶祝他的將來。

尤其是我們新亞，是此大學之一部分。此大學是一所聯合性的，新亞是此大學基本三學院中之一學院。若使新亞能辦得好，至少此大學之三分一的部分是辦好了。若使新亞辦不好，至少此大學之三分一的部分沒有能辦好。因此，我們在今天來慶祝中文大學的成立，不得不對我們自己有一分責任之警惕。

回想我們新亞，從桂林街開始，到今十四年。此十四年中，不能說我們沒有變化，沒有進步，沒有成就。若我們能照以往般繼續努力，繼續進步，再過十四年，那時新亞之成就，較之目前，應該又是一番景象，又是一番規模。到那時，新亞之進步與成就，便都是中文大學之進步與成就之一部分。

歲月悠長，十年二十年，對一事業說來，真如一剎那。所以只要此事業開始，只要此事業能維持永久，只要參加此一事業的能大家為此事業而努力，此事業必會帶給我們社會以無限之希望與無限之貢獻的。我謹以此來慶祝中文大學之成立，並以此來策勵我們新亞的同仁與同學。

孔誕暨校慶紀念會講詞

民國五十二年九月二十八日

各位先生，各位同學：

今天是孔子誕辰，我們中國社會定這天為教師節，我們學校同時定這天為校慶日。我們希望學校能具有孔子的教育理想和精神，拿孔子之道來做我們做人最大的目標和方向。

去年今日，我寫了一篇文章登載在雙周刊上，勸我們同學讀《論語》。那時我的《論語新解》還未付印。當時我滿以為今年今日我的《論語新解》準可出版，但由於印刷延期，出版也延期了。今天我又寫了一篇文章登載在雙周刊第六卷第八期，略記我寫《論語新解》的經過，及關於此書之讀法。我希望此書出版，諸位能人手一冊，大家好好去讀它，這是我們慶祝孔子聖誕一件最有意義的工作。

今天我再講一些別的話。前幾天，有幾位德國青年學人來香港，是特地來研究中國文化和中國學術的。他們在此見過好些人，離開香港還要去臺灣。他們也來學校見我，向我提出幾個問題。我認為這些問題或者諸位也會想要問，因此我今天把我給他們的答覆，再約略重述給諸位。

首先他們問：「我們此次來香港，知道此間有很多人在提倡孔子，但不知此項提倡的態度，是要復古呢？還是要另外創一個新的孔子思想來和此時代相配合？」我回答說：我們提倡孔子，既非要復古，亦不是要創造一個新的孔子思想來配合此時代。孔子到現在已經過了二千五百多年，中國社會實經過了幾度很大的變化。孔子是春秋時代人，從春秋到戰國，中國社會已有一大變遷。從戰國到秦漢，又是一大變遷。以下從兩漢到魏晉南北朝，到隋唐，到今天，中國社會都在不斷的變遷中，但孔子一直被尊敬。從來講孔子之道的人，既不是一意要復古，亦無創造一新孔子與新孔學之想念。今天中國社會雖亦臨到一大變遷的局面，但此項變遷實不比春秋到戰國、戰國到現代的變遷更大些。所以我們認為提倡孔子，既不在復古，亦不是創新。孔子是「聖之時者」，在孔子思想裏有它的主要原則，仍可運用來適應我們的今天。

接著他們提出第二個問題說：「你們講孔子有些什麼內容？希望能扼要舉出。」

我回答說：孔子所講的道理很簡單，若要用一兩句話來概括，孔子所講只是關於我們做人的道理。一是我們各個人如何般做人。二是大家如何般做人。這是一而二、二而一的，在孔子思想裏，並沒有個人與集體之嚴格區分。

孔子所講做人的道理，約略說來，可分四項：一家庭，二社會，三政治，四教育。生下即在家庭裏。到長大後，便進入社會，有鄉里，有朋友，有職業團體，此等皆可包括在社會一項目內。每一社會也必有政府。又必有先一輩的如何來教導年青的後一輩。此四項，是孔子所講做人道理中比較最重要的。

他們繼續問第三個問題說：「孔子所講的道理，什麼是今天可適用的，什麼是不適用的？」其實此一問題，還和第一問題差不多。我的回答，也和回答他們的第一問題差不多。我舉例說：孔子講家庭，在當時，尚是封建社會的貴族家庭。但到東漢以後，出現門第家庭。唐以後，直到清末，中國是一科舉社會發展成小家庭。雖然歷代家庭不同，但主要還是一家庭。孔子所講關於如何處家庭的道理，今天我們仍還遵行著。孔子所講的家庭，其中心不在夫婦，而更要在父母與子女。如看重了夫婦關係，而忽視了父母和子女的關係，這便要變成為今天西方的家庭了。在中國，夫婦關係並非不重要，但夫婦比較近似於朋友一倫。其在家庭中，則父母的意義勝過了夫婦意義，那就不同了。在中國社會裏，有一夫一妻，一夫多妻之分別。古代多離婚，直到宋代尚多寡婦再嫁，如宋代最有名的大人物范文正公，他母親便是再嫁的。我家鄉蘇州，盡知范文正有兩父，本生父姓范，後父姓朱，並不認為是異事，而且認為是佳話。因此知道在中國，夫婦一倫雖有變化，其間變化也不可謂不大，但實際上並不影響到家庭。直到今天，中國社會婚姻制度又有了更大的變化，但只要夫婦關係的變化不致使家庭組織破壞，便夠了。換言之，即是新的婚姻，並不破壞了舊的家庭。只要家庭存在，其次的一些變化是可以的。若把中國家庭和西方家庭相比，西方人似乎看夫婦關係重要過於東方的父子關係，此即雙方之不同點。

又如今天，中國社會有很多新的工廠組織，一工廠裏的工人可多至數千人，似是以前所無。孔子自然不曾講到這些上面去。但孔子講的政府與社會的道理，仍可把來移用於工廠上面去。一個工廠中的資本家，像是上層政府，勞工便是下層民眾。孔子的政治理想，是極富人道主義的。所以中國的工廠，也絕不會發生像一百幾十年前，馬克斯在倫敦所見的工廠般。可能今天西方的勞工薪酬高，工作時間短，又有種種保障，勝過今天中國社會之現狀。但這些都是小節目，隨著環境與條件而改善，是極為容易的。因在中國，工廠裏的資本家，知有孔子所講的做人道理，工廠裏的勞工，也知有孔子所講的做人道理，勞資糾紛不易滋長。若真照孔子的道理，中國將永不會走上西方資本主義的路線，更不會有共產主義與階級鬥爭的演進。

再講到師生關係，從前一人一輩子只有一兩位老師。宋明時代的書院制度，亦只是一人講學。如朱子在白鹿洞，陸九淵在象山，都是如此。今天一間學校裏有幾十百位教師，一人從小學到大學，也追隨過幾十百位老師。可說是朱子、象山在同一校教授，甚至是孔子、墨子在同一校教授。

師生關係已大變，但中國青年多少還有以往尊師傳統觀念之存在。就教師來講，其生活雖極清苦，也還有從前為人師表的一套自尊自覺。在中國社會上的教育精神，多少還抱有些孔子所講的師道。

舉此家庭、社會、學校三方面為例，可說孔子之道，縱是時代變了而仍可用。此因孔子思想，不像西方一宗教主，也不像西方一哲學家。孔子思想是極富常識性，又是極富實踐性的。孔子只就實際人生中推縮出一番人生道理來，還是此人生大體。所以雖是時代變，而孔子之道，還可提倡，還可遵行。

接著，他們提出第四個問題，專關政治方面。他們說：「中國從孔子以來，永遠有一個皇帝高高在上。現在是沒有皇帝，要推行民主政治了，則孔子之道是否仍能配上？」

我答道：這問題該從兩方面來說。西方民主政治乃從西方歷史中演變來，歷史因素不同，故美國與英國的民主不同，也復與法國、德國不同。中國將來理想的民主政治，也決然不會和美、英、法、德任何一國相同。中國將來的民主政治，則必然仍是中國的。

不僅是歷史演變不同，更重要的，則在中國有一個孔子。孔子的政治理想，本來是極重人道主義和民本精神的，所以中國歷史上雖永遠有一個皇帝，也和西方傳統中的帝王專制不同。將來中國人運用孔子之道來配合現代民主政治，必然會另創一種新民主。這一層，只有孫中山先生早已見到。他所講的三民主義和五權憲法，便是要創造一個以中國歷史和孔子思想來配合現代西方民主政治而成立一新民主的理想與制度的。將來中國的新民主制度，是否即是孫先生所講的一套，我此刻不敢斷言。但必不會遠離孔子的思想，則是顯然的。若遠離了孔子思想，即與整個中國歷史、中國社會脫節，仍然是不行。

至此，他們提出第五個問題來，他們說：「你們將如何來培養此下社會上的領導人才呢？」這問題，其實仍是承接上面的政治問題而來的。

我答他們說：今天西方的學術界，正是盛行專家學者的風氣。科學方面注重專家不必說，即人文學方面亦重專家，如哲學家、文學家、史學家、藝術家等，於是從事政治活動來領導社會的人，便成為另外一派人，並須另外培養。如是，則那一派人豈不也就等於是另一項的專家嗎？但在孔子的思想和教訓裏，沒有講到社會上應有一些專門在上層領導別人，和專門在下層服事別人的領袖與群眾之嚴格分別。只要他是一君子，他便可有領導別人的資格。而君子又不一定要在上層領導人，也可在下層服事人。所以孔子所講，只注重如何做人，能做人便能處人群，不論是領導或服從都一樣。若把此配合近代學風，不論是那一項專家，或是科學家，或是藝術家，或是經濟家，只要他是一君子，便有資格做社會人群中之領袖來領導人。但孔子所要教導的君子，卻和近代西方人所說的公民或教徒各類專家都不同。

於是他們又問：「若如你所說，你們將來會另有一套民主政治，這和現代西方的不同究在那裏呢？」我說：這層很難說，因為現在我們尚未表現出一套真的理想的新的民主政治來，這須待以後才可有表現。但有一點是可知的，便是西方較重「法」，而中國較重「人」，或說較重「禮」。這應該是雙方的不同點。

於是他們又問：「在中國歷史上，似乎太看重學問。必有很好的學問修養，才能登上政治舞臺。但如西方社會，則多平地拔起而做政治領袖與政治人物的。這層又會發生何種影響呢？」我回答說：這也對中國歷史真相有誤會。在中國政府裏，只有君主是世襲的，其他自宰相以下，儘多平地拔起。從前如此，將來自必更如此，不能說政治人物與社會下層有隔離。

於是他們又提出最後一個問題說：「今天的社會已漸趨於世界性，將來中國的孔子能對世界有什麼貢獻呢？」

我說：這問題也可分別言之。孔子思想本講大同太平，本具世界性，如今天的政治只要從聯合國組織逐步向前，國際界限可以逐步解決，而成為一世界性的國際而走近孔子的大同思想的。其他如交通與工商業，又如學校與各項學術研究，都可逐步走向世界性，這都不成問題。但有一件事，怕甚難表現世界性的，那便是宗教。西方人信耶穌，信天主，但亦有新舊教之分。其他尚有回教，印度教，佛教等。彼此皆各有壁壘，極難融化為一。只有在中國，孔子之教本具有世界性，他向人說道，近似一宗教。但孔子之教，沒有像其他宗教之排他性。很多中國人尊重孔子，但同時亦信耶穌或信佛教，不相衝突。因此任何宗教來中國，都可和平相處。若是在外國，一個人要同時信耶穌，又信佛教，就很難。一個社會要佛教、回教、耶教同時流行也很難。將來世界走向大同，只有宗教壁壘打不破，那是一大問題。我想惟有我們的孔子，他的教訓自可普遍教訓全世界人類，像一大教主，但同時又可以融和各教使互相不致發生大衝突，那應是中國孔子對此後世界一大貢獻。

任何學問可以有專門，如學歷史的可以不研究物理、化學。如學物理、化學的，同樣可以不過問歷史。任何一項宗教，也可各別信仰。如信了耶穌，可以不信釋迦與謨哈默德，信了謨合默德，也可不信釋迦與耶穌。但孔子教的是我們做人的道理，只要你在做人，便同樣該接受孔子的教訓。如孔子說：「言忠信，行篤敬。」這兩句話六個字，不管你是什麼人，信那一宗教，學那一門學科，都得照著行。你是耶穌教徒，你能言不忠信行不篤敬嗎？你是佛教徒，你能言不忠信行不篤敬嗎？你是學科學物理的，你能言不忠信行不篤敬嗎？你是學文學史學的，你能言不忠信行不篤敬嗎？孔子只教你應該怎樣做人，怎樣去履行做人的道理。所以無論是耶穌或釋迦的信徒，無論是自然學或人文學的專家，孔子道理，他們同樣可接受。也只有孔子道理，一方面可以為人人所接受，另方面可和每一人的宗教信仰與其學問修養無衝突。那將是孔子之道對將來世界的一項大貢獻。

以上這些問題，可能是他們早已預備好，不是隨便臨時提出的。在我雖是臨時隨他們提出問題而答，但我所回答的，也非臨時信口而說，也是我平時所抱有的意見。我想諸位，也許會有這許多問題在心中，所以我不嫌重覆，借此機會，向諸位再重複報告一遍，來作為我們今天慶祝孔誕的講話。

最後，我希望過了一月之後，人人能讀我的《論語新解》，更希望今天諸位聽我這一席話，即莫忘了「言忠信，行篤敬」這兩句話六個字。當知講孔子並不要只在大處講，卻更貴能從小處照他話躬行實踐，自可悟出甚深甚大的道理來。諸位學做人，不要忘了先學做一個小的人，然後再去學做大的人。如我們生下，不是一個小的人嗎？諸位能在家做一孝子，到學校做一好學生，這才是將來做大人物的階梯。讀《論語》也如是，不要儘去討究大理論，且先從小節可以日常切實踐履處，如「言忠信，行篤敬」之類的教訓去注意便好。這是我今天所要貢獻諸位的一點，諸位也莫認為其言小而忽了。

中國文化與中國人

一

今天我的講題定為「中國文化與中國人」。我只能從某一方面對此題講些話。本來是由中國人創造了中國文化，但也可說中國文化創造了中國人。總之，中國文化就在中國人身上。因此我們要研究中國文化，應該從歷史上來看中國的人，亦就是說看中國史上歷來的人生與人物，即中國人怎樣地生活？中國人怎樣地做人？

人生應可分兩方面看：一外在的，即人生之表現在外者。一內在的，即人生之蘊藏在內者。表現在外的人生又可分兩大項目：一是人所創造的物，一是人所經營的事。《易經》上謂之「開物成務」。無此物、創此物，是為「開物」。幹此事、成此事，是為「成務」。《易經》把「開物」「成務」兩項都歸屬於聖人之功績，可見中國古人對此兩項之看重。但此兩項則都是人生之表現在外的。

現在人講文化，主要都從這方面講，如：舊石器時代、新石器時代、銅器時代、鐵器時代等分法，是從開物觀念上來講的。又如：漁獵社會、畜牧社會、耕稼社會、工商社會等分法，是從成務觀念上來講的。

但這些多是人類怎樣生存在社會乃至在天地間的一些手段，實不能認為即是人生之理想與目的。人生該有理想，有目的。既已生存在此天地間，究應怎樣生、怎樣做一人？這始屬於理想目的方面，此之謂「文化人生」。自然人生只求生存，文化人生則在生存之上有嚮往、有標準，這就講到了人生的內在面。這一面，中國人向稱之為「道」。中國人用這道字，就如現在人講文化。不過現在人講文化，多從外面開物成務方面講。而中國人的傳統觀念，則定要在文化本身內部討論其意義與價值。亦可謂文化中之有意義價值者始稱「道」，而此項意義與價值，則往往不表現在外面，而只蘊藏在人生之內部。

如我們講古代文化，一定會提到埃及的金字塔。埃及人創造金字塔，亦是所謂開物。金字塔之偉大，誠然無可否認。由於此項建築，我們可以連帶想到古代埃及人的智慧聰明，和當時運用物質的能力。若非這些都有一甚高水準，試問怎會創出那些金字塔？但我們也該進一步問：那些金字塔對於埃及的社會人生，究竟價值何在？意義又何在？

古的不提，且論現代。如我們提及太空人，提及把人類送上月球，不是當前一項驚天動地的壯舉嗎？這也十足可以說明近代人之智慧聰明及其運用物質的能力，到達了那樣高的水準。但我們不免又要問：這樣一項偉大工作，究竟對於現世界、現人生，實際貢獻在那裏？其價值何在？意義又何在？

像古代埃及的金字塔，乃及近代西方的太空人，都屬於開物成務方面，都只表現在人生的外部。中國古人講「正德」、「利用」、「厚生」。開物、成務，是有關利用、厚生的。但在此兩項之上，還有正德一目標。而且利用、厚生也不是為著爭奇鬥勝。不論你我在太空軌跡中能繞多少圈，誰能先送一人上月球，但人生理想，究不為要送人上月球。送人上了月球，依然解決不了當前世界有關人生的種種問題。換言之，此仍非人生理想以及人生的意義價值所在。照中國人講法，智力及財力表現並不即是道。中國人講道，重在修身、齊家、治國、平天下。修、齊、治、平始是人生理想、人生大道，決不在乎送人上月球，當然也更不是要造幾座更大的金字塔。從這一層，可以來闡說中國的傳統文化觀。

二

我此刻，暫把人類文化分作兩類型來講：一是向外的，我稱之為外傾性的文化。一是向內的，我稱之為內傾性的文化。中國文化較之西方似是偏重在內傾方面。如講文學，西方人常說，在某一文學作品中創造了某一個性，或說創造了某一人物。但此等人物與個性，只存在於他的小說或戲劇中，並不是在此世界真有那一人與此一個性之存在，而且也並不是他作者之自己。如莎士比亞劇本裏創造了多少特殊個性，乃及特殊人物。然而此等皆屬子虛烏有。至於莎士比亞究是那樣一個人，到現在仍不為人所知。我們可以說，只因有了莎士比亞的戲劇，他才成為一個莎士比亞。也是說，他乃以他的文學作品而完成為一文學家。因此說，莎士比亞文學作品之意義價值都即表現在其文學裏，亦可說即是表現在外。這猶如有了金字塔，才表現出埃及的古文化來。也猶如有了太空人，才表現出近代人的新文化來。

但我們中國則不然。中國文學裏，如《水滸傳》有宋江、武松、李逵等人物，《紅樓夢》有林黛玉、賈寶玉、王鳳姐等人物。這些人物，全都由作家創造出來，並非世間真有此人。但這些作品實不為中國人所重視，至少不認為是文學中最上乘的作品。在中國所謂文學最上乘的作品，不在作品中創造了人物和個性，乃是由作者本人之人物和個性而創造出他的文學作品來。如：〈離騷〉由屈原所創造，表現在〈離騷〉中的人物和個性，主要的便是屈原他自己。陶淵明創造了陶詩，陶詩中所表現的，也是陶淵明自己；杜工部創造了杜詩，杜詩中所表現的，也是杜甫他自己。由此說來，並不是為屈原創造了一部文學，遂成其為屈原。正因為他是屈原，所以才創造出這一部文學來。陶淵明、杜甫也如此。在中國是先有了此作者，而後有此作品的。作品的價值，即緊繫在作者之本人。中國詩人很多，而屈原、陶淵明、杜甫最受後人崇拜。這不僅是崇拜其作品，尤所崇拜的，則在作家自身的人格和個性。若如莎士比亞生在中國，則猶如施耐菴、曹雪芹，除其文學所表現在外的以外，其自身更無成就，應亦不為中國人重視，不能和屈原、陶淵明、杜甫相比。這正因中國文學精神是內傾的。要成一文學家，其精神先向內，不向外。中國人常說：「文以載道」，這句話的意義也應從此去闡發。中國文學之最高理想，須此作者本身就是一個「道」。文以載道，即是文以傳人，即是作品與作者之合一。這始是中國第一等理想的文學與文學家。

再講到藝術，中國藝術也同樣富於內傾性。如繪畫，西方人主要在求這幅畫能和他所欲畫的對象近似而逼真，其精神仍是向外，外傾的。中國人繪畫則不然。畫山不一定要像這座山，畫樹不一定要像這棵樹。乃是要在他畫中，這座山、這棵樹，能表現出他畫家自己的意境和胸襟。或者作畫送人，卻要這幅畫能像他所欲送的人之意境和胸襟。所以在作畫之前，儘管對一山，今天這樣看，明天那樣看，但總感這山不能完全像我自己的意境。待慢慢看熟了，把我自己對此山所發生的各種意象併合起來，才是我心裏所希望所欲畫出的這座山。在山裏又添上一棵樹，這樹也並不是真由山中寫生得來，仍是他意境中一棵樹，而把來加在這山中，使此畫更近我意境。所以中國畫所要求的，重在近似於畫家之本人，更甚於近似於所畫的對象。學西洋畫，精神必然一路向外，但要做一中國畫家，卻要把精神先向內。

把文學與藝術結合，就是中國的戲劇。西方人演劇，必有時間、空間的特殊規定，因而有一番特殊的佈景，劇中人亦必有他一套特殊的個性。總言之，表現在這一幕劇中的，則只有在這一時間、這一空間、這一種特殊的條件下，又因有這樣一個或兩個特殊的人，而始有這樣一件特殊的事。此事在此世界則可一而不可二。只碰到這一次，不能碰到第二次。他們編劇的意象結構，慘澹經營的，都著重在外面。中國戲劇裏，便沒有時間、空間限制，也沒有特殊佈景，所要表現的，不是在外面某些特殊條件之下，某一人或某幾人的特性上。中國戲劇所要表現的，毋寧可說是重在人的共性方面，這又即是中國人所謂之「道」。單獨一人之特殊性格特殊行徑，可一不可二者，不就成為道。人有共性，大家如此，所謂易地則皆然者始是道。道是超時空而獨立存在的。如演「蘇三起解」，近人把來放進電影裏演，裝上佈景，劇中意味便受拘束而變了。中國戲臺是空蕩蕩的，臺下觀眾所集中注意的只是臺上蘇三那一個人。若配上佈景，則情味全別。如見蘇三一人在路上跑，愈逼真，便愈走失了中國戲劇所涵有的真情味。試問一人在路上跑，那有中國舞臺上那種亦歌亦舞的情景？當知中國戲劇用意，只要描寫出蘇三這個人，而蘇三也可不必有她特殊的個性，只要表演出一項人的共性，為每個觀眾所欣賞。

深一層言之，中國戲劇也不重在描寫人，而只重於描寫其人內在之一番心情，這番心情表現在劇裏的，也可說其即是「道」。因此中國戲劇裏所表現的多是些忠、孝、節、義，可歌可泣的情節。這些人物，雖說是小說人物，或戲劇人物，實際上則全是教育人物，都從人類心情之共同要求與人生理想之共同標準裏表現出來。這正如中國的詩和散文，也都同樣注重在人生要求之共同點。中國人畫座山，只是畫家心裏藏的山，而一畫出來，則成為人人心所共想看的山。戲劇裏演出一人，也只是作劇家理想中的人，而一演出來，則成為人心所共同欣賞的人。西方的文學藝術，注重向外，都要逼真，好叫你看了像在甚麼地方真有這麼一個人、一座山。而中國文學藝術中那個人那座山，則由我們的理想要求而有。這其間一向外，一向內，雙方不同之處顯然可見。所以說中國文化是內傾的，西方文化是外傾的。

三

外傾文化，只是中國《易經》上所謂「開物成務」的文化。在我們東方人看來，這種文化，偏重在物質功利，不脫自然性。中國文化之內傾，主要在從理想上創造人、完成人，要使人生符於理想，有意義、有價值、有道。這樣的人，則必然要具有一人格，中國人謂之「德性」。中國傳統文化最看重這些有理想與德性的人。

從字面講「文化」二字，也見在中國《易經》裏，有曰：「人文化成。」現在我們以「人文」與「自然」對稱，今且問「人文」二字怎講？從中國文字之原義說之，「文」是一些花樣，像紅的綠的，併起來就成了花樣，這叫文。又如男的女的，結為夫婦，這也是一番花樣，這叫做人文。又如老人小孩，前代後代，結合在一起，成為父母子女，這也叫做人文。在這些人文裏面，就會化出許多其他花樣來。像化學上兩元素溶合，便化出另外一些東西般。在中國人則認為，從人文裏面化出來的應是「道」。故有「夫婦之道」，「父子之道」，「修身」、「齊家」、「治國」、「平天下」之道。道都由「人文化成」，此即中國人傳統觀念中所看重的文化。

中國《小戴禮》中又見有「文明」二字，說：「情深文明。」上面說過，文只是一些色彩或一些花樣。花樣色彩配合得鮮明，使人看著易生刺激，生感動，這就是文明。如夫婦情深，在他們生活中所支配合出的花樣，叫別人看了覺得很鮮明，很感動。父子情深，在他們生活中所配合出的花樣，也叫人看了覺得很鮮明。很感動。若使父子、夫婦，相互間無真摯情感，無深切關係，那就花樣模糊，色彩黯澹，情不深就文不明。這是中國古書裏講到的「文化」、「文明」這兩項字眼的原義。此刻用來翻譯近代西方人所講的「文化」、「文明」，也一樣可以看出中國人所講偏重其內在，而西方人則偏重於外在，雙方顯然有不同。

人與人間的花樣，本極複雜，有種種不同。如大舜，他父親母親都這樣地壞，他一弟又是這樣壞，可說是一個最不理想的家庭。然在這最不理想的環境與條件之下，卻化出舜的一番大孝之道來。夫婦也一樣，中國古詩有「上山採蘼蕪，下山逢故夫」一首。那故夫自是不夠理想，但那位上山採蘼蕪的女子，卻化成為永遠值得人同情欣賞與懷念的人。可見社會儘複雜，人與人配合的花樣儘多，儘無準，但由此化合而成的人文，在理想中卻可永遠有一「道」。因此中國傳統文化理想，必以每一個人之內心情感作核心。有此核心，始有人文化成與情深文明之可能。然而這亦並非如西方人所謂的「個人主義」。在個人與個人間相平等，各有各的自由與權利，此乃西方人想法。中國社會裏的個人，乃與其家庭、社會、國家、天下重重結合相配，而始成為此人者。人必在群中始有道，必與人相配成倫始見理。離開對方與大群，亦就不見有個人。因此個人必配合進對方與大群，而一切道與理，則表顯在個人各自的身分上。

因此中國傳統文化理想中之每一人，可不問其外在環境，與其一切所遭遇之社會條件，而可以無往而不自得。換言之，只要他跑進人群中，則必有一個道，而這道則就在他自身。己立而後立人，己達而後達人，盡己之性而後可以盡人之性，盡物之性。自己先求合道，始可望人人各合於道。這一理想，照理應該是人人能達，但實際則能達此境界理想者終不多，此即中國人所謂之聖人。但照理論，又還是人皆可以為堯舜，人人皆可為聖人的。

中國傳統文化理想，既以個人為核心，又以聖人為核心之核心。孟子說：「聖人名世」，這是說這一時代出了一聖人，這聖人就代表了這時代。等如我們講埃及文化，就拿金字塔作代表。講中國古代文化，並不見有金字塔，卻有許多傳說中的聖人像堯舜。中國之有堯舜，也如埃及之有金字塔，各可為其文化之象徵與代表。

在孟子書中，又曾舉出三個聖人來說：「伊尹聖之任者也，伯夷聖之清者也，柳下惠聖之和者也。」人處社會，總不外此三態度。一是積極向前，負責任，領導奮鬥，這就如伊尹。一是甚麼都不管，躲在一旁，與人不相聞問，只求一身乾淨，這就如伯夷。還有一種態度，在人群中既不像伯夷般避在一旁，也不像伊尹般積極儘向前，只是一味隨和，但在隨和中也不失卻他自己，這就如柳下惠。以上所舉「任」「清」「和」三項，乃是每一人處世處群所離不開的三態度。在此三種態度中，能達到一理想境界的，則都得稱聖人。只有孔子，他一人可以兼做伊尹、伯夷、柳下惠，所以孟子稱孔子為「聖之時」。因孔子能合此三德，隨時隨宜而活用，故孔子獨被尊為「大聖」，為「百世師」。

現在再說伊尹。他所處時代並不理想，那時正是夏、商交替的時代。傳說伊尹曾五就桀，五就湯，他一心要堯舜其君，使天下人民共享治平之樂，而他也終於成功了。伯夷當周武王得了天下，天下正慶重得太平之際，但他卻不贊成周武王之所為，餓死首陽山，一塵不染，獨成其清。柳下惠則在魯國當一小官，還曾三度受黜，但他滿不在乎。他雖隨和處群，但也完成了他獨特的人格。

在《論語》裏，孔子也曾舉了三個人。孔子說：「殷有三仁焉，箕子去之，比干諫而死，微子為之奴。」孟子云：「仁者，人也。」此所謂三仁，也即是處群得其道之人，也可說其是三完人，即三個人格完整之人。當商、周之際，商紂亡國了，但在朝卻有三個完人，也可說他們都是理想的人，也可說他們都是聖人。此三人性格不同，遭遇也不同。

我以為比干較近伊尹，大約他是一個負責向前的，不管怎樣也要諫，乃至諫而死。箕子則有些像伯夷，看來沒辦法，自己脫身跑了，跑得很遠，直跑到韓國去。微子則有些像柳下惠，他還是留在那裏，忍受屈辱，近於像當一奴隸，後來周武王得天下，封他在宋國，他也就在宋國安住了。

此刻我們以《論語》《孟子》合闡，可說人之處世，大體有三條路。此三條路則都是大道，而走此三條路的，也都可為聖人，為仁者。我剛才提到的三位大文學家，屈原就有些近伊尹，忠君愛國，肯擔責任，結果沉湘而死，卻與比干相似。陶淵明就如伯夷，又如箕子去之，歸去來兮，田園將蕪胡不歸？他就潔身而去了。杜甫就如微子，也如柳下惠，給他一小官他也做，逢甚麼人可靠他都靠，流離奔亡，甚麼環境都處。他不像陶淵明這般清高，也不像屈原那般忠憤積極，然而他同樣也是一完人。數唐代人物，決不會不數到杜甫。

但如上所舉這些人，尤其是清的和的，往往可以說他們多不是一個歷史舞臺上人物。他們在歷史舞臺上，似乎並不表現出甚麼來。只有「任」一路的人必求有表現，但亦有成功、有失敗。失敗的，有些也不成為歷史人物了。但無論如何，這些人都是文化傳統中的大人物。他們承先啟後，從文化傳統來講，各有他們不可磨滅的意義和價值。

四

我往年曾在耶魯講歷史，主張歷史必以人來作中心。有一位史學教授，和我討論，他說我的說法固不錯，歷史誠然應拿人來作中心，但人也得有事業表現，才夠資格上歷史，倘使沒有事業表現，則仍不是歷史上的人。他這番話，其實仍是主張歷史中心在事不在人。我和他意見不同，卻也表示出雙方文化觀念之不同。在西方人看來：一個哲學家，必因其在哲學上有表現。一位宗教家，必因其在宗教上有表現。一位藝術家，則必在藝術上有表現。一位科學家，則必在科學上有表現。在事業表現上有他一份，才在歷史記載上也有他一份。若無事業表現，這人如何能參加進歷史？然而在中國人觀念中，往往有並無事業表現，而其人實是十分重要的。即如孔子門下：冉有、子路的軍政、財政，宰我、子貢的言語、外交，子游、子夏的文學著作，都在外面有表現。

但孔門弟子中，更高的是顏淵、閔子騫、冉伯牛、仲弓，稱為德行，列孔門四科之首，而實際卻反像無表現。

今且問：無表現的人物其意義在那裏？價值又在那裏呢？此一問題深值探討。儒家思想正側重在這一邊。試讀中國歷史，無表現的人物所佔篇幅極多。即如司馬遷《史記》七十列傳第一篇便是〈伯夷叔齊〉，這兩人並無事業表現。太史公獨挑此兩人列為列傳之第一篇，正因他認為這類人在歷史上有大意義大價值與大貢獻。又如讀陳壽《三國志》，曹操、諸葛亮、孫權、周瑜、魯肅、司馬懿人物甚多，後人卻說三國人物必以管寧為首。管寧獨無事業表現，他從中國遠避去遼東，曹操特地請他回來。他回來了，也沒幹甚麼事，何以獨被認為三國時代的第一人物呢？中國歷史上所載人物，像伯夷、管寧般無所表現的列代都有，而且都極為後人所重視。正因認為他們在歷史上各有他們的莫大意義價值與貢獻。我不是說人不應有表現，人是應該有所表現的。但人的意義和價值，卻不盡在外面表現上。倘使他沒有表現，也仍會不失其意義與價值之所在。那些無表現的人，若說他們有表現，則也只表現在他們內在的心情與德性上。中國古人說三不朽，立德為上，立功立言次之。功與言必表現在外，立德則儘可無表現，儘可只表現在其內在之心情與德性上。

歷史事變，如水流之波浪，此起彼伏，但僅浮現在水流之上層。文化大傳統自有一定趨向，這是大流之本身。文化大流之本身就是我們人，人是大流本身而沉在下層。人事如波浪浮在上面。風一吹，波浪作了。風一停，波浪息了。而大流本身則依然是此大流。正因中國文化傳統看重此本身，所以到今天，中國歷史傳統也還沒有斷。商亡有周，周亡有秦、漢，秦、漢亡了有唐、宋，有元、明、清以至現在。歷史命脈顯然只靠人。政治可以腐敗，財富可以困竭，軍隊武力可以崩潰，最後靠甚麼來維持此國家與民族？就因為有人。從中國歷史上看，不論治亂興亡，不斷地有一批批人永遠在維持著這道，這便是中國歷史精神。西方人只看重人在外面的表現，沒有注重到它內在的意義與價值。如看埃及，看巴比倫，看希臘，看羅馬，乃至看近代歐洲，他們所表現在外的，儘輝煌，儘壯闊，但似乎都未免看重了外面而忽略了人本身的內在意義與價值，因此不免太偏重講物質，講事業。但物質備人運用，事業由人幹濟，而人則自有人的內容和定義。

即就語言文字論，西方人在此方面亦重外面分別，而沒有把握其內在之共同點。他們有少數人 (Man)、多數人 (Men)，男人 (Man)、女人 (Woman)，卻沒有一大同的「人」字。又把人分成國別，如中國人 (Chinese)，日本人 (Japanese)，英國人 (English)，美國人 (American)；如此脫口而出，卻忽略了他們同樣是個人。用中國語言文字說來，如男人、女人，大人、小人，黃人、白人、黑人、紅人，中國人、日本人、英國人、美國人，亞洲人、歐洲人，總之一視同仁，都是人。這是中國文化中最偉大的第一點。可惜是被人忽略了。

話雖如此，中國人卻又在人裏面分類分等級。由西方人講來，人在法律之下是平等的。但在中國傳統文化觀念之下，雖同樣是人，卻儘有其不平等。因此有好人、有壞人，有善人、有惡人，有大人、有小人，有賢人、有聖人。又罵人不是人，說你這樣算不得是個人。今且試問，人又怎樣不算人？從生物學上講，五官四肢齊全便是人。從西方法律上講，人同等有其權利和地位，誰也取消不了誰。從西方宗教上講，人又都是上帝的兒子。但中國人對這個「人」字，卻另有一套特別定義。人家儘加分別，中國人不加以分別。人家儘不加以分別，中國人獨加以分別。此處實寓有甚深意義，值得我們注意和研究。

五

現在我將講到中國文化中一最偉大的所在。再從歷史講起，如上面講到商朝末年，以及三國時代，或者像我們今天，這都算是十分衰亂之世。但無論如何，人則總可以成一人。不問任何環境、任何條件，人則都可各自完成為一人，即完成其為一個有意義、有價值、合理想、合標準的人。換言之，人各可為一君子，不論在任何環境條件之下，都可以為君子。有人砍了我頭，我死了，但我仍可不失為一君子。或有人囚我為奴，但我也仍得為一君子。我或見機而作，脫身遠颺，逃避到外國去。自然，逃避到外國，也仍得成為一君子。今天的中國人，一心都想去美國。若我們能懂得中國文化傳統，像箕子去韓國，管寗去遼東，朱舜水去日本，則多有幾個中國人去美國豈不好？所惜的，只是目前的中國人一到美國，便不想再做中國人。或者他沒有去美國，也早已存心不想做中國人了。好像做一中國人，無價值意義可言。這種想法，也無非從外面環境條件作衡量。我並不想提倡狹義的國家民族觀念，如說生在中國土，死為中國鬼，我定該做一中國人。

上面講過，中國人講到人字，本來另有意義，在中國傳統文化之下，任何人在任何環境、任何條件下，都可堂堂地做個人，本無中國、美國之分別。而且做人，可以每天有進步。若一個人能生活得每天有進步，豈不是一個最快樂的人生嗎？而且縱說每天有進步，進步無止境，又是當下即是，即此刻便可是一完人。在當下，可以完成我最高的理想、最完美的人格，而不必等待到以後，自然也不必等待死後升到上帝的天國，才算是究竟。就在這世間、這家庭、這社會裏，我當下便可成一完人。而又可苟日新，日日新，又日新，日新其德，作新民，在其內心自覺上，有日進無已之快樂。一步一步地向前，同時即是一步一步地完成，這樣的人生豈不是最標準、最理想、最有意義、最有價值嗎？孔子說：「賢哉回也，吾見其進，未見其止。」顏淵正是一天天在那裏往前進，沒有見他停下來。顏子同門冉有，他是那時一位大財政家，多藝多能，很了不起。然他內在人格方面，卻沒有能像顏淵般一步步地向前。若僅就表現在外的看，似乎顏淵不如冉有。但從蘊藏在內處的看，則冉有遠遜於顏子。這一意見，在中國一向早成定論，更無可疑的。

因此今天我們要來提倡中國文化，莫如各自努力先學做人，做一中國人，一理想的中國人。若真要如此，必然得研究中國歷史，看歷史上的古人是如何樣生活。這一番研究，仍該把我們各人自己的當前做人作中心。旋乾轉坤，也只在我內心當下這一念。君子無入而不自得，可以苟日新，日日新，又日新，有進無止。而且匹夫匹婦之愚，也同樣可以如此修行而獲得其完成。中國這一套人生哲學，可以不需任何宗教信仰，而當下有其無上的鼓勵和滿足。只可惜我在這裏，只能提示此大綱，不及深闡其義蘊。但這是中國文化傳統精義所在，其實是人人易知，不煩詳說的。

今試問，如此一套的哲學，若我們真要屢行實踐，在我們今天這社會上，和我們所要努力的事業上，有甚麼妨礙呢？我想這顯然沒絲毫的妨礙。不論我們要做的是大事或小事，乃至處任何社會，在任何環境與條件之下，上面一套哲學，總之不會給與我們以妨礙，而只給與我們以成功。我們縱使信仰了任何宗教，亦不會與此有衝突。它是一個最真實最積極的人生哲理，而又簡單明白，人人可以了解，可以踐行。

我們今天總喜歡講西洋觀念，像說進步，試問如我上述中國儒家那一套日新其德的理論，不也是進步嗎？又如說創造，那麼在我們傳統文化裏，也曾創造出如我上舉之伊尹、伯夷、柳下惠、屈原、陶潛、杜甫等數不清的人物了。在今天我也可以日新其德，自求進步，終於創造出一個理想的我來。說自由，這又是最自由的，在此世上作任何事，試問有比我自己要做一個「理想我」

這一事那樣的自由嗎？說平等，這又是最平等的，人人在此一套理論下，誰也可以自由，誰也可以各自做一個人，而做到最理想的境地。若說博愛，這道理可說是最博愛的，人人有分，不好嗎？此所謂苟日新，日日新，又日新，作新民，從各自的修身作起點，而終極境界則達於天下平，使人人各得其所，還不算是博愛之至嗎？

可惜是我們這一套哲學，西洋人不講，所以我們也不自信，不肯講。但西方人的貢獻，究竟在向外方面多了些，開物成務是向外的，他們的宗教、法律、文藝、哲學等成就，主要精神都向外。正因其向外，一旦在外面遭逢阻礙挫折，便會感到無法。而中國傳統文化則重向內，中國社會可以不要宗教、法律而維持其和平與安定。中國人生哲理可以不論治亂興衰，而仍然各有以自全。在歷史上，不斷有走上衰運的時期，像是天下黑暗，光明不見了，但還是一樣有人，一樣有完人。就憑這一點，中國文化能維持到今天，中國民族及其國家亦能維持到今天。我們在今天要來認識中國文化，要來提倡中國文化，則莫如各人都從這方面下工夫。困難嗎？實在是絲毫也不困難。

我這十幾年來，到臺灣，始知有一吳鳳。到美國，始知有一丁龍。吳鳳也如伊尹，而丁龍則如柳下惠。吳鳳、丁龍都是中國人，是在中國傳統文化陶鑄出來的人。縱使他們在歷史上似乎沒有地位，沒有表現，但使我們今天又出一個太史公來寫新《史記》，像吳鳳、丁龍，定會有一段篇幅留與他們的。諸位當知：中國社會、中國文化，乃至中國民族與中國歷史，就在像吳鳳、丁龍那樣做人的精神上建立而維持。我們只深信得這一層，可以救自己，可以救別人，可以救國家與民族，中國的文化傳統可以長輝永耀在天地間。這是我今天講這題目主要的大義。

（民國五十二年，講已收入《歷史與文化論叢》）

關於我的辭職

我此次向董事會提出辭職申請，學校同仁同學，有些感得很突然。其實此事我存心已久，理由也極簡單。我性近講堂教課和私人研究，不喜行政工作及人事處理。回憶十四年前，流亡來港，當時在不尋常的心理狀態下，經幾位朋友迫促，答應擔任校長名義來創辦此學校，也只是暫時事，認為過些時，便可交卸讓別人擔當。不料此學校一開始，艱難萬狀，不好中途卸肩。我常說，只要新亞能不關門，我必然奮鬥下去。待新亞略有基礎，那時才有我其他想法。這些我們學校最早幾位老同事是知道的。後來新亞獲得了雅禮的合作，我想我擺脫行政職務的機會快來了。有一次，學校舉行畢業典禮，借協恩中學的禮堂，我在講演中說過一段話，大意說：以前學校用著我長處，以後學校將用我的短處。所謂長處，在我年輕時，即服膺前清曾文正公「紮硬寨、打死仗」這兩句話。我幼年做學問，即用曾文正此六字訣。我在新亞，也用此六字打熬。此下情形漸漸不同，而行政職務日增，人事問題也日趨複雜，我不善處理，此是我之所短。我曾和一位代表雅禮來香港訪問的，剴切議到雅禮協助新亞，不要以我個人進退為條件，他同意我說法。隔一年，我又和另一位雅禮代表來訪問的，正式提起我辭職的打算，他也同意了。這兩次談話，代我翻譯的，一位尚在學校，一位離開學校，但仍在香港。但我未能調排妥貼，終於沒有正式提出辭職的事。後來學校決定接受教育司津貼，我那時便心下內定，一俟中文大學成立，這是我辭去校長職務一最適當的階段了。我這一番打算，也向此刻學校同仁中某幾位乃及校外朋友中某幾位提過。不料中文大學正式成立，又經歷了漫長一段時期。直到今年春，富爾頓報告書已來香港，內定中文大學必於秋季開始，我即和校內幾位同仁商洽我辭職的手續。又直到中文大學正式成立後一個月又十天，我才提出我的辭職書。因此，此事在我說來，並不是突然。

我常想：一個人求對社會有貢獻，應該善用自己的長處，善藏自己的短處。由我個人來說，講課教學和私人研究，比較是我之所長。處理行政事務和應付人事問題，比較是我之所短。直從民國二十六年抗戰軍興，奔波流離，我在學術研究方面，久已荒疏。在西南聯大時，我一人獨居宜良山上一僧寺中，一禮拜只去昆明上兩晚的課，窮一年之力，算寫下了一部《國史大綱》。離開昆明，我在蘇州杜門隱居一年，又寫了一部《史記地名考》。勝利後，在無錫太湖邊江南大學，比較清閒，又寫了一部《莊子纂箋》。自來香港，再沒有閒時間、閒精神。在桂林街時曾開始寫《論語新解》，終於半途停下，一擱七八年，直到去美國，有了一整段有把握的空閒，才再動筆，竭半年之力寫了一初稿。但回來後，再自校閱，卻又過了三年，始完成。此下我精力日退，想要研究的方面還多。最想的，是要寫一部有關朱子學術思想的綜合研究，不僅牽涉的方面廣，而且有了材料，還得長時間審慎思考，不能輕易下筆。至少我想有三年到五年時間，讓我靜靜地下工夫，始能完成此工作。我並不想偷懶，只想對學術上更有些貢獻。在我講來，或許比坐辦公室出席開會，應付人事，意義更大些。這是我渴想辭去現職惟一的心情。外面人不瞭解，種種猜測，全和我自己打算不相干。我想我此次辭職，累得學校內同仁同學心情不安，我總該詳細說出我所以要辭職的原由來，也可稍減我對學校內部同仁同學一番歉疚。

現蒙各方挽留，要辭又急切辭不掉，如何在我現狀下，還能分出精力探索我所想要探索的問題，我實在無把握。而且一路用我所短，使學校無形中受損害，更使我心不安。從前有人說孔子，「知其不可而為之」。我今天，乃是知其不能而為之呀！那真要不得。不得已，借《雙周刊》篇幅來瀝述我那一分不安的心情，也盼大家同情我，使我此後對自己終於有一更好的安排。

（民國五十三年一月）

校風與學風

民國五十三年一月十日第六十四次月會講詞

諸位先生、同學：

每逢學期將結束時，我總要講一些有關這學期的反省，和下學期的期望。今天，我又借此機會來和各位講幾句話。本學期最大的事情，是我們參加了中文大學。至今已有十四年的新亞，從此進入了一個新的環境。讓我們從頭來回想一下以前的十四年，再來看我們參加了中文大學以後的新亞吧！

十四年來，我們新亞是否僅有的是一塊招牌、一座建築、或一群人？或者除此以外，我們還有這學校某種特殊的性格和特殊的精神呢？這件事最重要，最值得我們作一番嚴格的反省。好幾年前我曾說過：新亞的良好校風是我們引以為榮的，但希望我們也能有良好的學風。一個學校的價值，主要即在其校風與學風上。但風是一種流動的，其來無蹤，其去無影，不可捉摸。而風又是一種無微不入的，只要有了風，其所感染，既深且廣，又是不可揣測、不可衡量的。惟其如此，所以在中國人常用的字眼裏，有所謂「風度」和「風格」。度是一種尺度，格是一種格式，風而有了格度，纔成為一種固定的、不變的。雖屬看不見，但它吹來時，我們會感受到，而且會受它影響，相與融凝為同一的格度，又可繼續推廣，影響到各方面。

現在我們試問，此十四年來，我們新亞是不是形成了有那麼一種風了呢？若使有，每一同學甚至每一教師，只要他跑進新亞，他自能在無形中，在不自覺中，都受了此種風的影響，而成其為新亞的一員。這便又是所謂的「風化」。就一個國家言，應有所謂國風。就一個家庭言，也有所謂家風。一代代地保留下去，使生在此國中，此家中的每一人，都無形中受其影響，而同時又來影響別的人。不然，便將不成其為一個國與一個家。一所學校，也應如此，所以說校風之重要。一個人，應有他獨特的風度與風格。一所學校亦然，有了校風，才算真成了一所學校了。

從前我說我們新亞的校風好，大率是指兩點言。一、是新亞的學生都懂得愛護學校，因為他們了解學校創造的艱難和支持之不易，而願意和學校共同奮鬥，共同向前。二、是敬重師長，因為愛護學校而牽連到對學校的先生有發自內心的尊敬，師生之間有如家人父子，所以當時有一句口頭禪，說新亞像是一個大家庭。但我平心說，那時此種校風，到今天若說還沒有消失，至少已經打了一大大的折扣。此後能否繼續維持此一種校風，實屬疑問。這就是說，我們的校風至少尚未養成。

有些先生說：只要讓同學們把全部精神都集中放在書本上，對其他方面便容易管制。這一層，在我本人並不很同意。我一向總勸諸位，不要太看重學科的分數，和畢業後的那一張文憑。若僅懂得重視分數和文憑，縱使全校同學無日無夜都埋頭在書本裏，也不得稱之為好學風。我所要提倡的學風，其意義與精神，決不是要大家爭分數搶文憑。當知我們來學校，尚有遠超乎分數文憑之上的當追求。我所想像的好學風，也應包括有好校風。我所想像中之好學，應包括在做人之內。只要他是一好人，自知好學。若其人本身不好，儘向學，也徒然。

從前我們沒有校舍，沒有圖書館，現在我們都有了。從前我們文、商兩院，沒有藝術系，沒有工管系，更沒有理學院，沒有理學院各系的實驗室，現在都有了。可見沒有的，我們可以叫他有。在我們參加了中文大學之後，逐年一切的進展，此刻尚未可知。然而這些縱屬重要，我認為更重要的，則是要有一種良好的校風與學風。有了這一種良好校風和學風，我們才算有了精神，有了理想。我們又要能永遠保持此一種特殊的風俗。舊同學走了，新同學來了，內部人員雖變，仍然是這一個新亞。已畢業的校友跑進社會上，要使社會上人能說，「這是新亞的學生」，這才是新亞之正式成立。否則新亞豈不僅是一塊招牌、一所建築和一群人之集合。那是徒具軀殼，沒有靈魂的。那是徒屬物質，不見精神的。

此刻中文大學成立了，大家都很熱烈地慶祝。但是在此大學中，要有我們新亞這一份，要有我自己，要不失我自己。此刻我們究竟好不好說已有了一個新亞呢？縱說有，恐怕亦只在孩童時期，尚未能形成一種新亞的特殊風格。如是則看見人家做甚麼，我亦做甚麼，有一新亞和沒有一新亞豈不差不多。我不是說，新亞一定要比別人強。但我們應該自立，自成為一新亞。這需要我們創造我們一個特色，使新亞能確有其所以為新亞者。這是我們遠在十四年前，創造新亞時所本具的理想，所本有的精神。此刻還是我對新亞所抱持的期望，讓我們在參加進中文大學後，再從頭做起吧！我因此希望大家不要太看重外面的物質，而忽略了內在精神。大家振奮團結起來，愛護學校，敬重師長，共同向此一目標而邁進。

事業與職業

民國五十三年二月廿一日下學期開學典禮講詞

諸位先生、同學：

今天是我們本學年第二學期的開學典禮，也是我們參加了中文大學後，第二學期的開始。此後校中定有許多變動，然而有些事是可變的，有些事卻希望其不變。新亞應有一些特殊的地方，即新亞之所以為新亞，此事乃我們之所希望其不變者。現在大學李校長已抵達，我們於最近將來，將可看出中文大學此下所要走的方向，此刻則無法先作預測。但有一事，我在此先要提出，因與諸位有密切關係，這就是有關考試的問題。諸如三院聯合入學試、文憑考試以及學位考試，都已經三院聯合會議有過詳細的審察及討論，以後諸位將會得到具體的報導。我也並不說是注重考試和文憑頒給會與培植人才之大目標有何衝突，但若僅僅在注重考試和文憑上，至少決不能即謂已盡了培植人才之責任。我所以要特別提出此問題，因有一層我必須連帶聲明，我認為一所大學，其主要的理想，決不在頒發文憑，而是要培植社會後起人才，為來學青年創造一個理想將來。

什麼叫做人才呢？人才的標準應該是純客觀的。其人對社會有貢獻、有作用，才可被稱為人才。若對社會無貢獻、無作用，斷不能由他自己或少數私人私自捧他當人才。或許諸位說，使我在社會謀一職業，此一職業即是我對社會之貢獻。此語也有理，並不錯。但諸位須知，人生在職業外，又該有事業。職業與事業，又從何處作區別？諸位當知，職業往往是社會所要求於我的，而事業則是我在此職業上善盡責任外，又能自我貢獻於社會。一是職業為主，而另一則是我為主。譬如：一間工廠招聘一位工程師，這工廠所要求於此工程師者，其實只是些當前一般工程師所應盡的責任，如何指導使用各項機器，或保護各項機器等。此是工廠所要求於此工程師的，也可說是工程師在其職業本份上所應盡的責任。但他可能於各項機器中有新發現，有新理想，能設法去改良或創造。工廠雖是對他沒有此要求，他卻自動自發地作此貢獻。當知此非他的職業本份上所要求於他的，而是他對此工廠乃至對整個社會與工業上有此貢獻，這便是他的一項事業了。

又譬如學校請一位先生擔任某一課程，他所教的學生對此課程能考試及格，似乎此先生的責任已盡了。然而這位先生除卻督促學生在本課程之進修外，他還能使青年在理想上、精神上、人格上，有所感召、有所啟示、有所扶掖、有所獎成。這樣的一位先生，他不僅是經師，更成為人師。不僅是一位教授，同時更成為一教育家。教育則決不僅是一職業，而顯然是一種事業了。

在社會上，每個人都可以在職業外有事業，並可即在他所擔任之職業內有事業。諸位能在新亞畢業，當然我們首先希望諸位各能得到一份相當的職業。其次，便該希望諸位能有一番事業，對社會有貢獻。但在學校的考察上，則只能憑他的考試分數定等級，給文憑，卻不能定要在有關事業貢獻的一面督促他。諸位當知，諸位在學校畢業，拿到一張文憑，要在社會上謀一份職業，實也不是一大難事。到此學校責任已盡，而社會對諸位要求的，也止於此了。諸位似乎儘可在本分職業上盡了責任，便於心無愧，不再多管。然而論到社會本身，則決不能就此作罷。社會需要能不停的改革，不停的進步。因此社會上不能專有職業人而無事業人。若此社會人人只知有職業不知有事業，此社會自會不斷墮落，不斷破壞，到後來，連各人職業也發生問題了。但社會是盲目的，只要人當職業，不要人幹事業。因此事業必待人自發自動，有志願，有理想，有抱負，自主地向社會有貢獻。此等人和此等志願之培養，則最好應在青年期。因那時，其人尚未進入社會，對於社會之種種人事未有瞭解，易於從純理想方面激發他，使他抱有遠大的理想。若他已進了社會，懂得社會一切，他將認為社會所要求於我的，也只是一張文憑。有一張文憑，便可向社會換一份職業，那就一切完了。青年之可愛可貴，正因他不懂，不知天多高，地多厚，壯志凌雲，勇往直前。待他年紀一大，經驗多了，私人的經濟負擔重了，青年時期所能有的遠大理想與宏闊抱負，也就消逝不見了。

如此說來，學校教育，豈不是要利用青年天真純潔，世故未深，來誘導他當傻瓜嗎？這又不然。關於此一層，我還要告訴諸位：專知有職業，其實是人生一痛苦。必待有事業，才是快樂的人生。這並非說，職業只得收入一百元，而事業可有五百元。其間差別，乃在內心上，精神上。譬如在學校當把教書當作職業，上課多少鐘點，辦公又多少鐘點，計算起來已經頭痛，還要使學生一一能好好通過考試，那負擔就更重。一位先生也僅等於一零件，學校是整個一部機器，學校要你作什麼，你便作什麼。擴大言之，社會如一機器，人人都等於一零件，機器轉動，要仗零件。但零件實無自由，亦無意義。只是社會要用你，你得聽社會用。現在是要人來用社會，這就大大不同了。譬如一位先生對學生有期望，他一心要學生盡成才，他自會覺得學校裏派他擔任的幾個鐘點還不夠，他一天到晚精神全化在那輩學生身上，而他也樂此而不疲。在他看，在學校上堂任課，不是把鐘點換薪水，他是在參加社會的教育事業。他的精神生命，盡用來貢獻於此社會、此事業，這豈能把金錢來衡量其價值？所以教育事業，是崇高的。但社會不知，社會對此職業，報酬永遠低，社會對於一切文化事業，是永遠欠賬的。真要回此債負，也永遠回不清。所以在社會上，學校的地位是最高的，教師的尊嚴，也是最高的。無法論報酬，反使此項職業報酬永遠是最低。論金錢，一位先生總是所得不多。但若有一位學生將來有了成就，在他心上，卻是無上愉快。

他在精神上的那份快樂，也就是他無比的報酬了。當然社會事業決不止教育一項，我此刻是以大家易於瞭解的來舉例。其實深一層言之，社會各項職業，其報酬也多是刻薄的、虧待於人的，把一些金錢來換取你一段生命，不是嗎？因此我說諸位能有理想，有抱負，能知於職業之上有事業，那才會使諸位的前途光明、愉快。我希望諸位選擇在你們面前的道路，不要僅為社會用，而要能用社會。不要認職業為主，而要認你自己為主。這雙方距離相差太遠，諸位宜細辨。

說到事業，也不是要諸位都能驚天動地的幹一番，或者賺取大量的金錢，百萬與千萬，或爬上政治上最高地位，高踞人上。若我當一位小學先生，拿一百元月薪，生活儘艱苦，而我心中覺得我在此幹教育事業，我要教導此一批窮苦孩童，使他們懂得做人道理，將來對社會有用，這就是我的事業了。事業決不能把一應外面的物質條件來衡量。

我們新亞決意參加中文大學，其中一理由，也是為諸位畢業後的出路著想。拿到了政府認許的文憑，便可換得社會上一份較好的職業。這也是學校的苦心。但政府往往另有計算，目前社會需要多少人，空有多少職位，政府常想照此來發多少文憑。文憑發多了，拿著文憑找不到職業，會對政府增麻煩。文憑只如一張飯票，拿此飯票去換飯吃。有了飯票，不給你飯吃，那還了得！所以文憑愈多，有時會社會愈亂。

講到歐洲大學，最初本就是職業的，如傳教徒與律師及醫生，都是一項職業。後來工商業逐步發展，各式各樣的學生越來越多，大學課程也愈來愈繁。如今天美國，由於社會繁榮各種需要，連旅館業、廣告業也都成為大學中一門專科。拿了文憑，便可當此職業，這是大家知道的。在東方的國家，羨慕西方，也拼命求發展教育。然而社會的工商業處處落後，於是學生出路成了大問題。但又不能學校關門，禁止青年受教育，這豈不成了一嚴重的問題嗎？但我想，文憑多，可能成問題。人才多，卻不會有問題。我從未聽過社會上人才多，會發生問題的。社會正需要大量的人才。最理想的社會，希望全社會人人是人才。我們只要培養出來的真是人才，可不計較職業，而求完成事業。若他真是一人才，也不會對社會增麻煩。但我們若僅知有職業教育，不知有人生教育，那問題就麻煩了。

西方大學教育，職業意義超過人生意義。大學重傳授知識，講做人道理的則在教堂。其先西方大學本從教堂分出，在傳授知識中，本帶有宗教意味。現在西方社會的教堂，也還可以彌補他們學校教育之偏缺。但在中國，一向是教學合一的，學校教育中兼帶有宗教情味。今天東方的教育，在知識傳授上趕不上西方，而又沒有崇高的理想與信仰，多開學校，多發文憑，便多增加失業與失望。但若我們的教育，能直接上中國文化傳統，先生不只是經師，而又是人師。不以謀職求生為教，而以立德、立功、立言為教。教育發揮，自可適合中國社會，也能趕上西方境界。多發文憑也儘無礙。因來受教育的，其志向本在事業上，能幹事業，那愁沒有職業？只不要專在職業的物質報酬上相爭便好了。我們一向說要提倡中國文化，這裏也是一大關節，諸位宜細細體會。

我曾再三向諸位講，莫要太重視了那張文憑。我們新亞各位教授，在其任課方面之學識外，都還有其他值得諸位學習處。諸位在學科外，務須懂得精神、志向方面的培養。這是我今天所要特別提出的。諸位當知，事業應是平平實實的，別人看不見，而對社會有真貢獻。而且事業又是人人能做，又可以無入而不自得。或許諸位的經驗少，聽我今天這番話，仍有不易瞭解處。但諸位可從自己接觸到的學校先生以至社會上人，去審察，去評論，那些只是職業人，那些才是事業人？諸位就可漸漸知道職業與事業之分別。此一分別，卻對諸位畢生前途，有莫大關係，務請諸位注意。

述樂記大意

——為新亞國樂會作

孔子以禮、樂、射、御、書、數六藝為教，讀《論語》，孔門之重視於樂，可以想見。迄於西漢，六藝以稱古籍，然僅得《詩》、《書》、《禮》、《春秋》、《易》五經，而《樂》經則缺。惟《小戴禮》有〈樂記篇〉，相傳為孝武時河間獻王采周官及諸子言樂事所為。則距今當踰兩千年。或曰：《樂記》乃公孫尼子作。余為《先秦諸子繫年》，考定公孫尼子為荀子弟子，則在戰國晚世。

《樂記》為中國言樂理最古之書，其主要論點，謂音樂起於人心，故曰：「情動於中故形於聲。其哀心感者，其聲噍以殺。其樂心感者，其聲嘽以緩。其喜心感者，其聲發以散。其怒心感者，其聲粗以厲。其敬心感者，其聲直以廉。其愛心感者，其聲和以柔。」惟其音樂原於人心之情感，故音樂亦可以感召人心，有培養性情，移風易俗之效。故曰：「民有血氣心知之性，而無哀樂喜怒之常，應感起物而動，然後心術形焉。是故志微噍殺之音作，而民思憂。嘽諧慢易繁文簡節之音作，而民康樂。粗厲猛起奮末廣賁之音作，而民剛毅。廉直勁正莊誠之音作，而民肅敬。寬裕肉好順成和動之音作，而民慈愛。流辟邪散狄成滌濫之音作，而民淫亂。」於是而言音樂與世道之相通，故曰：「治世之音安以樂，其政和。亂世之音怨以怒，其政乖。亡國之音哀以思，其民困。聲音之道與政通。」故中國古人之言樂，其重要意義，乃在人之德性修養，風俗陶冶，與教育政治相關聯，而並不注重音樂之藝術獨立性。此乃中國傳統文化以人文精神為中心之一種表現。

惟音樂在中國，自漢以下，實不能有合理想之發展。蓋因論樂理者，既以音樂歸屬於德性修養風俗陶冶之意義，士大夫之從事於政治教育事業者，不免失其急與大，後其緩與小，而不視音樂為首要之重務。於是遞降遞衰，音樂僅流為民間之一技，而士大夫之厝心政教大道者，每忽於此，循至音樂不於中國社會占一重要位置，亦固其宜矣。

朱子之論《樂記》曰：「看《樂記》，大段形容得樂之氣象，當時許多名物度數，人人曉得，不須說出，故止說樂之理如此其妙。今許多度數都沒了，只有許多樂之意思是好，只是沒頓放處。」又曰：「今禮樂之書皆亡，學者但言其義，至於器數，則不復曉，蓋失其本矣。」此見後之儒者，僅能言樂之義理，而不復明樂之器數。器數不明，樂即不傳，雖有妙理，無頓放處，故日失其本。至於今日，則學者於本國文化傳統，一切慢棄。慢棄之不足，又繼之以譏訶抨擊，古人所言樂之義理，已無復能言之者，更何論於器數之考索！故中國音樂之在今日，更為人所忽視，勢亦無足怪矣。

新亞同學有國樂會之組織，於課務之暇，各擇所好，習其一器，以此言技尚不足，若曰以是而求保存國樂，最多亦是告朔之犧羊，夫何足言。

然《樂記》有曰：「德者，性之端也。樂者，德之華也。金石絲竹，樂之器也。詩，言其志也；歌，咏其聲也；舞，動其容也。三者本於心，然後樂器從之。是故情深而文明，氣盛而化神，和順積中而英華發外，惟樂不可以為偽。」今諸君子之於國樂，誠使心有深好，又能知德養之為本，和順之氣積於中者日盛，斯其英華之外發，安知不有能明於文而神其化者之出其間。《樂記》又言曰：「知禮樂之情者能作，識禮樂之文者能述。作者之謂聖，述者之謂明。明聖者述作之謂。」今諸君子既已於器漸有所習，誠能繼此不懈而益進，有能知其情而為之作者，有能識其文而為之述者，他日中國音樂界之聖明，安知其必不出在諸君子之中？是在諸君子勉之而已。

國樂會方將有公開之演奏，希余能為文以作鼓勵，因述所感以勗之。

（民國五十三年三月）

中國文化體系中之藝術

民國五十三年四月七日藝術系學術講演

（一）

我很抱歉，藝術系要我作講演，已有好幾次，至今才能答應來作第一次的講演。今天的題目是「中國文化體系中之藝術」。

中國藝術代表了中國文化的一部分。到底在整個中國文化體系中，藝術的地位和意義是如何，它在什麼地方代表著中國文化呢！

中國文化，簡言之，乃以人文為中心。「人文」二字，指的是人群相處的一切現實及理想。中國文化之表現與成就，都圍著這人文精神作中心。故此中國文化體系能融通為一，莫不圍繞此中心，而始見其意義與價值。換言之，中國文化亦可說是以「人生」作本位。人生兼指個人的與大群的，而這兩部分的人生亦自需融通為一，可不詳論。此下我們將根據此講法，來引伸下面所講。同時，亦以下面所講，來證明上面這講法。

西方文化，比較與我們有一點不很相同處。人生本在宇宙自然之內，且為宇宙自然中極微小之一部分。西方人好像偏重於先向外去探究自然，在對自然有認識瞭解後，再回頭來衡量和決定人生之意義與價值。如宗教，如科學，莫非先向外，然後再轉到人生方面來。在中國則先看重「人」，再由人而擴充到外面去。

（二）

古代希臘人，將宇宙分作真、善、美三方面。科學求真，道德求善，藝術則求美。這種三分法，逮至近世如康德，乃至最近，似乎無大改變。中國人看法，與此不同。似乎中國人認為，凡是美的，則同時亦兼真和善。而凡是真的、善的，同時亦兼美。換言之，在此天地間，並無分別獨立的美。亦即是說，沒有離開真和善而分別獨立的美的一世界。所以在西方，美術可與科學、宗教三分鼎立，而各有其專門探討的領域。中國則仍是融通為一，真、善、美應該同屬一體。這一觀念，非常重要。中國人看事物，往往不注重分別觀，而更注重融通觀。凡合乎中國人理想者，都見其相互融通，而圓滿具足。要講中國藝術，亦須由這一點入手。即講文學、哲學、乃及其他，亦無不然。這是我今天所講，要請各位注意的第一點。

在宋代理學家中，有周濂溪作太極圖「☯」，此圖乃是代表宇宙之全體。在一體中包涵絕對相反之兩面，一陰、一陽。而此絕對相反之兩面，卻凝成為一體。既屬如此，則真、善、美並非對立，其在一體中，自可不必強為劃分可知。

宋儒又謂：「萬物一太極，一物一太極。」整個宇宙是一太極，而在此宇宙中之任何一物，亦同為一太極。此謂任一物之在宇宙間，其所表現與完成者，與整個宇宙之所表現與完成，同是完整之一體。在意義與價值上，雖不能相等，卻還是相同。換言之，凡在此宇宙內，不論其是一人、一禽獸、一草木、一水石、一桌椅、一碗碟，乃至一微塵……不論其有生無生，有情無情，同表現在此宇宙之內而達於一完成，即不能相反，而只是相同。倘使此宇宙間之一切表現與完成者，均與太極不相同，則何能集合而成為一整體之太極！故說：個人人生即可代表大群人生，並可代表宇宙大全體。此即是一物一太極，即可代表萬物一太極。宇宙是一大天地，個人是一小天地，大小固不相等，其同屬天地之一體，卻不相異。此乃從人本位講。倘若換以一禽鳥、一虫豸、一草一石，乃至一微塵，各可如此講。現代物理學家言，一原子之組織相似於一整個宇宙之組織，亦可謂是一物一太極。此一層，乃是中國人的宇宙觀及其人生觀，亦即是中國人之哲學。這些哲學觀念亦與前講文化體系一般，都是融通合一，即中國所謂之「天人合一。」

（三）

現在依上述兩點來談中國的藝術。我對藝術是門外漢，但不妨從門外來看門內，也不失為是一種看法。其他暫不講，單來講繪畫。也許會講得過於空洞，或過於高遠，但總可為諸位學中國畫者作參考。

說到繪畫，亦有兩方面：一是畫家其「人」，一是所畫是「物」。誰在作畫？畫的是什麼？我之所畫，不即是我，畫家與其所畫應有分別。但依中國人理想，則此二者仍當融通合一。若說：「因你能畫，故稱為畫家。」此是一說法，但亦可說「因你是一畫家，所以能畫。」這兩句話所說意義不同。前一句話的價值偏重「物」、在外面，指所畫言。後一句話的價值偏重「人」、在內面，指畫家言。諸位學畫之目的，究在求為一畫家乎？抑求能畫一幅畫而已乎？此處所謂能畫，依佛家說法，則是所畫。「能」「所」應是合一，而實是能為主而所為從。應是先有能，始有所。若說學畫，重於所字，則在我們應注意怎樣去學作畫的一切技巧與方法。若說成一畫家，重在能字，則試問我們於怎樣學畫之外，如何又有另一條途徑去修養成就為一畫家呢？

這道理看似很難講，其實卻是簡單易明。猶如說到一政治家，請問是否一定要跑上政治舞臺，從事政治活動，做大官，才能或便能成就一政治家的呢？當知跑上政治舞臺，從事政治活動，做大官的，成大事的，並不即是一政治家。而理想的一位政治家，卻可以不上政治舞臺，不從事政治活動，不做大官，不成大事，而人人想望他應是一政治家。此一人跑上政治舞臺，從事政治活動，做了大官，纔始可以有理想的政治事業之表現與完成，因他已先是一政治家了。至於教育家亦然。我們不能說只要從事教育工作的便都是教育家。此中道理，從深處講，似乎不容易。若從淺處講，卻人人可明白。

無論教育、政治、藝術，都是人的事業。事業必有所表現、有所成就。而表現、成就的，都在外。在那些表現成就之後面，則必有一個主，主則在內不在外，這即是此人。今我試再問，假定此人是一藝術家，他一生畫了千幅名畫，是否把此千幅名畫加在一起，就等於此一人了呢？這裏卻就大見有問題。如說孫中山先生和華盛頓，是否將其一生豐功偉業，擺在人面前的加起，就等於一個孫中山、一個華盛頓了呢？當知此說斷乎不是的。中國傳統文化主要看重人，故謂一位政治家完成絕大政治事業，一位藝術家創造絕大藝術作品，這些只是餘事。所謂餘事，乃是指其完成為一大政治家大藝術家之後，偶然有所表現，而在其人論，則只是些多餘的。因此種表現與成就，是要碰機會的。即是說，須在某種機緣配合之下，才可以有此表現和成就。若無此機緣，無此表現與成就，應該仍不失其為此人。如若諸葛亮不遇劉先主三顧草廬，不出來做事，此一諸葛亮之價值應該並不會比出來做事的諸葛亮低了些。而孫中山、華盛頓投身革命，開創中、美共和，依照中國人人本位的文化傳統觀點來看，這些也都不過是餘事。在孫中山與華盛頓，他們平日志趣之內蘊，與其人格之積養，始是主要的。其碰到機會而有所表現與成就，則只能說是餘事了。一位藝術家亦然，所畫是其餘事，此一位畫家的平日之志趣內蘊與其人格積養，即說其人之本身則是主。事業之表現，成就在其人，而人的圈子比他的事業圈子大得多。

中國文化理想重人，以「人」為本位，人之價值不能即以其事業之表現與成就而定，由此遂講到人的品格上。品格有高低，有時與其事業之表現與成就之大小，並不定相稱。

品格由於天賦，但亦由後天修養而來。今只就繪畫論，中國論畫有所謂畫品，如神品、妙品、能品、逸品等。當知畫品正從人品來。反之，卻不能說人品乃從其畫品來。試問其人只是一個鄙俚俗人，他如何能畫出一幅當得上逸品的畫來。此刻諸位初學作畫，只望能像一幅畫，可不懂得什麼叫畫品。但作畫而進入高境界，則不能不論品。而畫品與人品。最後還是相通合一。這一層，大家應該特別注意。

中國人論畫，又重「氣韻」，南朝謝赫六法，首言「氣韻生動」，此氣韻生動四字，原本指人物畫而言。下及宋明以來，對山水、翎毛、花卉等，亦講究氣韻了。現在我請問諸位，欲求畫中人要有氣韻，而畫家本身其人沒有氣韻，則豈能辦到？故此問題，又要回復到畫家「人」的身上了。人生在大自然間，儻使自然只是一塊然大物，並無氣韻，人生其間又何來有氣韻？故此仁者樂山，智者樂水，一山一水，一花一草，都有其活潑生機，亦即都有氣韻。塊然大物有氣韻，一花一草亦有氣韻，此亦所謂萬物一太極，一物一太極。畫家要能了解到此，自然其一筆一墨都能表現出天地間的氣韻生機，而此畫家之胸襟境界，以及其人本身之氣韻，也就不問可知了。

（四）

以上所論，只說要學藝術，得先要學做人。人的品格是大前提，筆墨巧技乃是餘事。故在超乎講究畫法之外，該是另有一套修養。茲且舉兩個故事來講：

（一）《莊子》載「宋元君將畫圖，眾史皆至，受揖而立，舐筆和墨，在外者半。一史後至，儃儃然不趨，受揖不立。因之舍。公使人視之，則解衣般礴贏。君曰，可矣。是真能畫者也。」

（二）北宋孫知微欲在某寺壁畫水石，構思經年，不肯下筆。一日，忽倉皇入寺，索筆墨甚急，奮袂如風，須臾而就。畫成，水勢洶湧，傳為名作。

此兩故事，初看若不相同，然同可說明在畫家作畫前，必有一番心靈境界，始有所謂神來之筆。用現在心理學名詞簡單粗略地講，前者是放鬆，後者似是緊張。前者是滿不在乎，後者似是精神集中。其實此兩境界相反相成，只可說是同一境界之兩面。在佛家所謂提得起，放得下。當知此等心靈境界，不是無端忽來的。近人好言「靈感」，靈感也不是人人可有，時時可有的。怎樣才能有靈感？怎樣才能下筆如有神？這在講究畫法技巧以外，另是有修養。畫品即是人品。畫的境界，即是人的境界。可知修養成一畫家與畫成一幅畫，其事廣狹深淺大不同。諸位體悟到此，始能深入畫家三昧。

（五）

論作畫又有兩途，一「寫生」，一「寫意」。中國自宋元以後，特別喜歡講寫意。現在我替「寫生」和「寫意」這兩個名詞下一解說。寫生是寫外物之形象，而寫意則是寫內心之情趣。倘若作畫，僅知寫生，不知寫意，照中國人看法，只是達到畫之「技」，而未臻乎畫之「道」。但若僅求寫意，不能寫生，則他可以寫一首詩，或寫一篇散文，但不能成一幅畫。故知一位理想的畫家，要能寓寫意於寫生之中，由寫生來寄意，藉外物形象來表達畫家內心情趣，使寫生與寫意、即人與物融通合一，這也就不容易。

今試約略闡釋此中門徑。諸位當知在作畫寫生之前，必先要有一番「觀」字工夫，不觀又何以能寫。但觀的工夫與寫的工夫卻大有不同。如諸位到郊外去學習寫生，豈不在寫生時即有了觀。此固不錯。但中國人一向對此觀字卻甚為看重。我們須能觀天、觀地、觀人、觀世、觀萬物。宋儒邵康節著〈觀物內外篇〉，大有發揮。這不是件易事。諸位須先能觀生，然後才能寫生，而觀生則是一種大學問。包括觀天、觀地、觀人、觀世、觀萬物都在內。要能觀其大，觀其全，觀其通，觀其變。孟子說：「登東山而小魯，登泰山而小天下。」又說：「觀乎海者難為水。」觀山，不限於一邱一壑。觀水，不限於一波一折。而達觀山不可限於山，觀水不可限於水的境界。如是說下，便有無限修養，無限妙境。

因此中國人寫生，不如西方人般站定在一角度上，又拘束在一個時限內去寫。應求能超越時空限制，詳觀其正、反、前、後，多方面去觀了，又須長時期去觀，又須能觀其大、與全、與通、與變。如此成竹在胸，乃始落筆。所以中國畫沒有陰影，陰影必是在某角度某時限中所有。中國人作畫，主張先得其全神貌，然後在全神貌中描出其一情態。此一情態，纔是活潑如生。此亦是萬物一太極，一物一太極。中國人畫山水，決不是站在某一角度去畫，所以在一幅畫上，可以畫出群山萬壑，可以畫出千曲百折。如此卻是畫的真山水。我們不能只看小天地，應放開眼光懂得看大天地。又必放進歷史時間，從悠久變化處去看，如是才能體會深刻。換言之，外面物象，並不易看，須要從多方面及長時間去看。如是始能「超乎象外，得其環中。」這是說，要跳出事物的囿限圈套之外，而後才能默會深察事物內在的神髓。宋人詩云：「道通天地有無外，思入風雲變態中。」這纔是達到了觀大、觀全、觀通、觀變的最高境界。中國人寫字、作畫、作詩、為文，以至參禪學聖，都是同此一道理。畫家說：「外師造化，內法心源。」這兩句話，要能把內在的心源和外在的造化融通為一，那就是中國畫學理論中之顛峰了。

如是般的由觀而寫，寫生與寫意自可相通合一。正為萬物一太極，一物一太極，所以無論一花一木，一鳥一蟲，鳶飛魚躍，翠竹黃花，道無不在。藝術家筆下一些小天地，小花草，卻能令人欣賞到天地之大，草木之繁。縱使是一門外漢，亦能目擊道存，不言而喻。所以在一畫家之專門筆墨技巧方面，可能不容易獲外人欣賞。但此畫家在其畫上所表現出的局度、氣韻、神態、生意方面，即是他所能獲得的道通天地、思入風雲的更高境界，卻可以不愁人看不懂。近人又常說，不得不降低自身的畫品，來求迎合俗人的口味。其實作品真好，則不愁沒有人欣賞。那些一味迎合俗好的畫家，仍見其觀人觀世之不深。

（六）

再講，中國畫不重距離，不像西洋畫注意比例透視大小等。此亦其不得已，而亦有其所當然。如畫泰山，若要畫出其全景，則決不能站在一限定的角度去畫。須得縱身而觀，須得聳身凌空，從高處來看其全，如是乃可由山腳畫到山頂。否則眼前一拳石，便把全山視線遮掩了。當知泰山本身本沒有此遠近大小之別，這是畫家在限定的角度下之一種主觀。須把此角度移動，須把此主觀融化，須能從泰山本身來表現這泰山。不然的話，則會徒歎「不見廬山真面目，只緣身在此山中」。

我在羅馬聖彼得教堂，曾看過一幅在文藝復興時代的名畫。那是一幅大壁畫，人物攢聚，濟濟一堂，氣魄宏大，局度恢張。置身畫前，使人亦如神遊其境。但若依照遠近大小比例，則決不能畫出此景象。而此景象，乃是一種真景象，須是淩空高視，始能攝取此一景象之真。此一畫之畫法，卻與中國人畫法不謀而合。我又曾在泰安嶽廟，看過一幅宋真宗封禪圖的壁畫，大殿三面壁上，全是此一幅畫。千人萬騎，全行列至少有數里之長。畫中不僅有人物，並有外景山川樹林道路等等，活像是用電影機連續不斷拍攝下來一般。試問又如何能站定在一角度來畫出其遠近大小之比呢？這正所謂徒見其所見之不廣而已。諸位要成一畫家，至少應能懂得縱身而觀，懂得觀其大，觀其全。又能進而觀其通，觀其變。如此般來觀天地、觀人觀世、觀萬物，再落筆作畫，那就知作畫實僅是一餘事了。

我們從此又知，中國人畫小幅，實是從畫大幅脫化而來。宋人畫冊頁，也是由以前的大幅壁畫演變而出，所謂「尺幅有千里之勢。」又說「咫尺之圖，寫百里之景。」若懂得了此層，又知如元四家倪雲林作畫，寥寥幾筆，一土丘、一牛亭、一樹、一石，而自有天地，自有氣象。由大幅可以縮成為小幅，自然可以由繁筆減成為簡筆。落墨不多，而意味無窮。

（七）

最後還有幾句話要說，中國畫家稱梅、蘭、竹、菊為四君子。所謂君子，其中自寓有人格修養之意義存在。何以千卉萬草之中，梅、蘭、竹、菊四者，獨得稱為君子？我們畫梅、蘭、竹、菊，當然不僅要畫得它像梅、蘭、竹、菊，還須畫得它像一君子，或說像一高人雅士。人中何以有君子小人之別，何以有高下雅俗之分？此一見識，也就不容易。非有大修養，無法與他討論到此。此中有胸襟，有氣度，有風韻，有格調。諸君試從此參入，也可漸有所窺見。

或許諸位認我上面所講，不是在講作畫，卻是在講做人。但我們的理想，並不是只要培養出一些囿於一曲，僅能在藝事上依樣畫葫蘆的畫匠，而是要培養出一些大藝術家來。若真是一個大藝術家，則彼之品格，必然是卓然獨立，與眾不同。此必須有大體會，大修養，不是憑空可以獲得成功的。我盼望諸位以後多下工夫，朝著這條大道去開創中國藝術的新天地，使諸位將來成一畫家，也是中國文化體系中理想一畫家。而其所畫，自然也是代表中國文化的理想藝術品了。

（已收入《世界局勢與中國文化》）

新亞生活雙周刊第七卷首期弁言

《新亞生活雙周刊》，轉瞬六卷滿期，第七卷即將開始。主編人告我，以往每卷開始，例有一篇檢討或策勵性的文字。他要我照例為第七卷首期撰寫一篇。

我想這一刊物，本為反映學校生活，並藉以與離校師生常通聲氣，用意不過如此。在開始時，實無任何遠大的計劃、周詳的思慮，乃不意而能繼續不斷，轉瞬已出滿了六個年頭。這是我們值得自慰的第一點。

這一刊物亦並無一位負專責的主編人，亦沒有一個強有力負責的主編團體。自開始以來，主編人與主編團體，已屢有更易。大家只在教職餘暇，各自分出一部份心力來湊合擔負此責任。但六年以來，精神一貫，內容亦能逐年充實、逐年進步。這是我們值得自慰的第二點。

這一刊物的稿源，只由學校各部門、各單位分別隨時自由投送，並無精密之配合，亦沒有嚴格的規定。但通體看來，這一刊物經歷了六年長時期，不僅稿源不缺，而且各部門、各單位，還是能各有表現，大體上並不見有偏榮偏枯之象。這是我們值得自慰的第三點。

並且此一刊物，意外地能獲得學校外部讀者之重視。我們從各方面接觸所顯示，有不少能歷年愛讀本刊之人士，散處遠近各地。因此新亞在此艱苦的環境中不斷掙扎求生存求長進的一番經過，乃能獲得各地社會漠不相接的人士之關切與同情。這尤其是值得我們自慰的第四點。

我常想，由於一個人之精力意氣，來獨自支持經營而幹成一番事業的，其事若難而實不難。由於群策群力，和諧合作，而來幹成一番事業的，其事若易而實不易。此一刊物，已經有了它七年的生命，也可說其曾表現了一些小小的成績。但此一段生命，此一番成績，若要歸功於某一人或某幾人，此一人或幾人，誰也不敢居功自負。這是我們新亞師生在長時期中，所完成的一番共業中之某一鱗爪之表現。實值得我們新亞師生之深切體認與共同鼓舞。我希望我們新亞師生，在此刊物第七年頭之開始，大家能注意到此一點，而共同檢討，共同策勵。我們只要能有此一種群策群力和諧合作之精神，繼續不倦，益進益勵，則新亞前途，自有它的希望，而此一刊物亦必隨之有希望。

我敬告我們新亞的師生們，這一刊物是我們新亞師生們日常生活之一種表現，同時亦即是我們新亞師生們永久生命之一種表現。願大家繼續珍視愛護此一刊物，而讓此一刊物獲得其常久之保持，以及無窮之進展。

（民國五十三年五月）

從中西歷史看盛衰興亡

（一）

今晚的講題是由上次講後張先生提出，要我講從歷史上來看中國的盛衰興亡。我今略事擴大，改為「從中西歷史來看盛衰興亡」。大義承續前講，只是所從言之角度不同而已。

我改從中西雙方歷史來講的原因，因我幼時有一事常記心頭，到今已快六十年。那時我在小學愛看小說，一日，正看三國演義，一位先生見了，對我說：「這書不用看，一開頭就錯，所謂：『天下合久必分，分久必合，一治一亂。』這許多話根本錯誤，在我們中國不合理的歷史演進下，才有這現象。像近代西方英法諸國，治了就不會亂，合了就不會分。」當時那位先生這番話深印我心頭，到今不忘。那時我還不滿十歲，但今天由我看到西方國家像英法也走上衰運。不僅如此，我們讀西方歷史，常見他們的國家和民族，往往衰了即不再盛，亡了就不再興。像巴比倫、埃及、希臘、羅馬都是顯例。所以西方人講歷史，沒有像我們中國人所想的「天運循環」觀念。要說一治一亂，亡了再興，衰了復盛，西方人似乎沒有這信念。但中國歷史明明如此，亡了會再興，衰了會復盛。其間究是甚麼一番道理，值得我們研究。下面所講，或許只是我一時幻想。但也不妨提出，供大家討論。

我上次講東方文化是內傾的，西方文化是外傾的。西方文化精神總傾向於求在外表現，這種表現主要在物質形象上。這可說是文化精神之物質形象化。其長處在具體、凝定、屹立長在，有一種強固性，也有一種感染性。一具體形象矗立在前，使人見了，不由得不受它感染，因此這一種文化力量相當大。但亦有缺點，既成一形象，又表現在物質上，成型便不容易再改。換言之，不是繼續存在，即是趨嚮毀滅。而且物質形象固由人創造，但創造出來以後，卻明明擺在人外邊，它是獨立自存了，它雖由人創造，但卻沒有給人一種親切感。它和人，顯成為兩體的存在，而且近乎是敵體的存在了。而且物質形象化有其極限，發展到某一高度，使人無可再致力，它對我們乃發生一種頑強的意態，使人發生一種被壓迫、被說服的感覺，而那種感覺又是不親切的。因此，物質形象之產出，固是由於人的內心生機與靈性展現，但到後來，它可以壓迫人，使人靈性窒塞、生機停滯。因此文化之物質形象化，到達一限度，衰象便隨之而起，而且也不容易再盛。

埃及的金字塔，便是文化物質形象化之一個具體好例。今天我們去埃及，面對此巨型體製，無不感其偉大。從其偉大可以引生出我們對自身之渺小感。縱使今天人類科學遠邁前古，但面對此成型巨製，也感到無可措力、無可改進。金字塔本也是由小而大，逐步進展的。但最後到達一限度，它定了型，好像超然獨立於人類智慧與力量之外，而自存自在。埃及古文化衰了、亡了，但此金字塔則屹然常在，脫離了它所由生的文化而獨立了。

又如歐洲中古時期的許多教堂，宏麗瑰偉，鬼斧神工，也都到達了定型化，無法再進了。可見任何物質形象之偉大，必有一限度，一方面是人類文化進展而始能到達此限度，人類當時的文化精神就表現在此偉大上。但當時人類文化之無可再進，也表現在此限度上。所以物質形象化到達一限度，即回頭來壓迫人，要人自認渺小，自承無能，而人的靈性也因此窒塞，生機也因此停滯了。在耶教初期，以至在羅馬地下活動時，我們不能不承認耶教有其不可估量的生命力。但到中古時期，各地的偉大教堂興起，不論教徒非教徒，只要一番瞻仰，敬心油然而生。而耶教的新生命新精神，也不能不說在向著下坡路而逐漸萎縮了。

今天跑進歐美各地的大博物館，收藏的盡是些巴比倫、埃及、希臘、羅馬乃至中古時期的各項遺物。要瞻仰研究他們的古代文化，多半要憑藉這些遺物。這說明了他們的文化，正表現寄存在這些遺物上。若捨棄了那些遺物來直接觀察今天的巴比倫、埃及、希臘、羅馬，試問他們的文化在那裏？所以說他們的文化偏向於物質形象化，精神外傾，衰了不復盛，亡了不再興。

（二）

且離開西方的古代和中古，來看他們幾個現代國家吧。我認為現代西方文化，仍然不脫其外傾性，而走了物質形象化之老傳統。姑舉他們幾個大國的首都來講。這些首都建設，正也是他們文化精神外傾及其走向物質形象化的一種具體例證。如去英國倫敦，總要瞻仰西敏寺、白金漢王宮和國會。三建築近在一區，就其歷史演變言，實從一個而演化成三個。中古時期的宗教神權，下及近代國家的專制王權，再進到現代的立憲民權，不到一千年來英國全部歷史上三個階段的演進，都保留在那裏。他們的歷史文化精神，正可一瞻仰倫敦這一區的三大建築而具體獲得一影像。而由一個展演出三個，又是三個共存在一塊。從這裏我們可以進一步來看英國的國民性是最現實的，又是最保守的，所以又最長於適應與調和。因重現實，過去一切現實都捨不得丟。要保守，而當前現實又要適應調和。他們的現實主義，由一面保守、一面適應調和來完成。因此產出他們一種無理想而灰色的所謂「經驗主義」。但這一種灰色經過歷史的長期累積，終於不得不變質，由淡灰色變成了深灰色，再變便慢慢地成為黑色，暗淡無光了。歷史積累，遂成為英國人之一種負擔與束縛。英國人憑藉他們那一套重現實、重保守、重適應調和和經驗哲學而創出他們一段光輝的歷史，但歷史要再向前而保守有限度。從西敏寺到白金漢宮、到國會，極相異的全保留，而且像是調和成為一體了。全部的歷史、文化精神都從物質形象化中，具體客觀地放在那裏。不論是英國人非英國人，來此一瞻仰，無不肅然起敬，覺得它了不得。困難的，是物質形象已定了型，極難追隨此下新歷史之無窮演變而前進。若要剗地改造，則是另一回事。所以物質形象化，終於要使人精神被它困惑住，新生命不易再發展。

再看法國巴黎，從凡爾賽宮過渡到拿破崙的凱旋門，成為巴黎市容的中心。廣大的馬路，會合向此凱旋門而八面開展，體製定了，便苦於無法變。由拿破崙凱旋門推擴到拿破崙墓，不論法國人非法國人，一到巴黎就會聯想到拿破崙。巴黎市的建築就表現出法國的國民性，主要乃是一種個人崇拜的英雄主義。由拿破崙而造成巴黎市，法國歷史的光榮，在巴黎市容上表現。到今天，拿破崙陰魂不散，還控制著法國。如戴高樂，何嘗不是受著拿破崙影響而想恢復法國已往歷史的光榮呢？但這也是一種文化外傾物質形象化到達了某階段，而回頭來壓迫說服人，使人限制在此一形象上，不能再有新生機、新開展。除非革命，把巴黎市容整個破壞，從新做起。然而此破壞，亦為人不易忍受。英國人講保守，法國人講革命，都有他們一段光輝歷史，都物質形象化。在他們的首都建設上，正可使我們來推測他們國運之將來。「個人英雄主義」、「經驗保守主義」，皆不適於新歷史之不斷向前。因此，在今天而談英法兩國之前途展望，皆不免於黯澹，不使人興奮。

再看意大利，它是一新興國家，立國遠在英法之後。然而一到羅馬首先看到許多古代羅馬的遺跡，其次便是梵諦岡教皇宮廷，以及代表文藝復興一段最光輝歷史的最偉大的教堂建築。這些在意大利人精神上心靈上，是會有一種壓迫感的。倫敦巴黎，是英法人的自身表現，羅馬則是一種先在表現，這些先在表現壓迫它，便不易再起來一個新興的羅馬。像墨索里尼法西斯政權，夢想要把古代羅馬的陰魂來放進這個新興國家裏，曇花一現，當然要失敗。所以意大利的新生機不易成長。只看文藝復興那一時期的表現，意大利人的聰明智慧，斷不比英法人差，正因為在其境內的物質形象化已到達了某階段，遂使這一塊疆土內生機衰落，停滯不前了。

英、法、意以外，要講到德國。德國同是一個新興國家。但意大利有歷史擔負，遠古西方文化之物質形象，重重地累積壓迫在它身上了。德國比較是平地拔起，柏林是一新興城市，又在第二次世界大戰後整個毀滅。在德國的物質形象化方面，似乎還沒發展出一定型來，因此他的向前的生命力，似乎也比較旺盛。

現再綜述上面所講，我認為西方文化總會在外面客觀化，在外在的物質上表現出它的精神來。因此一定會具體形象化，看得見、摸得著，既具體、又固定，有目共睹，不由不承認它的偉大有力量。這一種文化，固然值得欣賞，但它會外在於人而獨立。我們遊歷到埃及，埃及古國早已滅亡，但金字塔依然屹立。歐洲中古時期各地的大教堂也如此，似乎在此以前的耶教精神都由它接受過去，而作為惟一真實的代表似的。此後的耶教心靈，卻不免為此等偉大而宏麗的教堂建築所拘束、所範圍。換言之，從前耶教精神多表現在人物及其信仰上，此下耶教精神則物質形象化了，人物和信仰，不能超過那些莊嚴偉大的物質建設。英法各有一段光榮歷史，亦都表現在倫敦巴黎兩都之物質形象裏去了。遊倫敦如讀英國史，遊巴黎如讀法國史，至少其歷史上之精采部分揭然提示在眼前。然而文化精神表現在物質上，定型了，便不能追隨歷史而前進。起先是心靈創出了物質形象，繼之是物質形象窒塞了心靈生機。前代之物質造形，已臻於外在獨立之階段，與後起之新生機有衝突性，舊定型吞滅了新生機，而此國家民族，乃終於要走上衰運，而且一衰就不易復盛。

再論國家體制，它們也多定了型，所以近代歐洲極難有統一之望。我們由此推想古代希臘各城邦，始終不能統一，而卒為馬其頓所併。希臘燦爛文化，亦終告熄滅。此非偶然。若要在定型後更求發展，則如古代羅馬及近代歐洲，走上帝國主義而向外征服，這是惟一可能的路線。但帝國主義違背歷史進程，到後仍只有以悲劇收場。故國家定了型，也是除非革命，從新改造，否則擺脫不了以前的舊傳統。

（三）

現在代表西方文化的應輪到美國。美國又是一個新興國，其年代比較淺。從歷史來看美國，應可分四階段。我們也不必定讀美國史，只到美國各地遊歷一看，也可明白一大概。因美國不脫西方文化範圍，一切也是外在形象化的。如到康橋，到新港，哈佛、耶魯幾個大學所在地，尚可約略想像英國人最先移民來此，他們的社會村落人情生態一個簡單輪廓來。其次看美國首都華盛頓，市區計劃模仿巴黎，可是和巴黎不同。巴黎充滿著個人英雄崇拜，帝國主義的色彩。華盛頓的市區形象，顯然是平民化，是民主的。市區中心是國會，向四面展開，而總統的白宮則並不佔重要地位。當時美國建國那種素樸的民主作風，一遊華盛頓，還可想像到。接著是美國的西部發展，這猶如中國有南向發展一樣，造成中美兩國泱泱大國之風者在此。此下，就發展出一個極端繁榮的自由資本主義的社會，紐約市作為其代表。紐約市容，亦可謂是近代西方文化到達了一個登峰造極的階段，這是人類一奇蹟，乃是現代西方文化物質形象化之一奇蹟。這當然是近代科學工商文明之一項得意傑作。

華盛頓市代表舊美國素樸的、涵帶農村意味的平等民主精神；紐約市代表新美國豪華的、高生活的、沉浸於物質享受的自由資本主義精神。這兩個中心到今天，不見有大衝突，這誠然是美國國運之深厚處。但光看它政治、經濟，不看哈佛、耶魯這許多學校，及其各地鄉村和教堂的情形，單看它東部十三州，不看它西部發展，等於在中國只看黃河流域，不到長江流域去，同樣不易了解美國。因此到今為止，我們還難看出美國的將來。可是我們可以想像，美國實際上大部分由英國移民。雖然兩國國民性有不同，但美國幾百年來的歷史演變，由移民到獨立，而西部發展，而到現今高度的自由資本主義社會。由於基督教與民主政治與自由資本之三位一體，而結成為一新美國。他們能兼容併包在一體之下，而亦仍然是物質形象化了，這一點還是保有很多英國色彩。換言之，美國社會也是一個無理想的、現實經驗主義的。到今天，只有三百多年歷史。再往下，歷史積累慢慢加厚，將仍不免由淺灰色變深灰色。他們亦已在全盛中潛伏衰象。我們很難想像，如紐約仍然繼長增高，更有何種新花樣出現。不僅如此，即現狀也有不可長久維持之可能。今天紐約的飛機場，任何一架飛機不能按照定時起落，天空的沒有降，地上的不能升。任何一輛車不能定時進出，進出的車子排長龍蜿蜒著，亦壯觀、亦麻煩。車子進了市，要找一停車處又極難。本由最科學的發展出紐約，現在的紐約卻變成了最不科學的。最不能遵守時間的是紐約，交通最困難的是紐約。若我們超然於紐約市之外，紐約實在大值欣賞。但進入其內，容身紐約市中，則紐約市實已是外在獨立於人生活之外，而回頭來束縛壓迫人。總而言之，紐約市之出現，亦證明了我所說外傾文化之一切外在客觀化，物質形象化，而已到達了一限度，沒法再進展。

再看全美的公路網，亦是偉大壯觀。有些是八道平行，四往四來，又是上下架疊，終日夜車輛飛馳，但全國也好像被許多繩索緊緊綑紮了。任何人有一輛車，最少一家有一輛，車可以直達各家家門，但你在家想買一包香煙，也得駕車去。一出大門就是公路，最小的也可兩方車子對開。道路交通之發達，剝奪了人在路上之散步自由，週末和星期天有著半天一天閒，除非關門在家困坐，否則開車出門奔馳。若星期五星期一有假期，連得三天閒，那就舉國若狂，披閱明天報紙，準見因車禍死亡的統計數字。平地上的公路網，亦如大都市中的摩天大廈，同可外面欣賞，跑進去，便見困縛壓迫。

在美國，黑人是一大問題，個性伸展與群體緊縮相衝突。如大都市之集中，如公路網之綑縛，都會使個人自由窒息，也是一大問題。現狀的美國，顯然有種種隱憂，而其一往直前，走向定型化。愈定型，將使各種隱憂愈曝著，愈難得圓通的解決。

以上講西方文化都帶有一種外傾性，物質形象化之逐步進展，一定會到達一限度，前面便苦無路，人的精神到時就衰下，一衰下就沒有辦法。這些都從最簡單處來講，既不是講哲學，也不是講歷史，只是些親眼目覩的情形，也說不上是我創見。西方學者從經濟發展來討論文化盛衰的，如斯賓格勒《西方的沒落》一書，也認為大都市集中到某一限度，就轉向衰運。古代的羅馬，近代的美國紐約，就有其相似處。

進一步乃有馬克斯的唯物哲學與其歷史必然論。馬克斯同是西方人，他對西方歷史進展不能謂無所見，固然西方全部歷史不能如馬克斯那樣簡單武斷，但其有所見處，也不該全抹殺。至於我們中國人說歷史，如「天運循環」，「寒暑往來」，這一理論，在西方是不易接受的。但即拿人的生命來講，生命走入物質中，從生物學講，每一種生物發展，都有一最高限度，到人類形體，幾乎是再難演進了。人又是不能不死，起初是生命依賴物質而表現，生機在物質中。但物質限制著生機，物質變化，生機壞了，生命亦跟著壞。在生物學上，任何生命不得不依賴物質。有物質，就有死亡，生命只有轉向新物質體中去求再生。這是一個很粗淺的譬喻。但在這譬喻中，實可把中西文化歷史聯挽在一起來作說明。下面我將轉說到東方。

（四）

講到中國歷史的發展，似乎沒有一定型，至少是不傾向某一定型而發展。亦可說，它沒有一個客觀外在具體而固定的物質形象，可作為其歷史文化的象徵。因此，中國文化轉像是新陳代謝生機活潑。

姑舉歷代首都為例，遠從商朝有沬邑，這一代首都也有幾百年歷史，並相當富庶與繁榮。接著是西周鎬京，也是幾百年。秦代咸陽，體制更大。西漢長安，東漢洛陽，南朝金陵，北朝新洛陽，隋唐兩朝的兩京，北宋的汴，南宋臨安，遼金元明清的燕京與北京，各時代、各首都的物質建設都極偉大壯麗。讀《洛陽伽藍記》《長安巷坊志》等書，可見一斑。西方學人對此等甚感興趣，只要有物質具體證據，如殷墟地下發掘，如最近長安古城遺跡發掘，以及其他古器物，都認為是那時文化水準的無上證明。但在我們，歷代首都，一個接一個地毀滅，在今天去遊洛陽長安，真有銅駝荊棘，黍離麥秀之感。俯仰之間，高天厚地，一片蒼涼，文物建設蕩焉無存。但國脈不傷，整個文化傳統，依然存在。雅典毀滅了便沒有希臘，羅馬城毀滅了便沒有羅馬。今天的倫敦巴黎不存在了，英法又如何？這就很難想像。這是中西雙方歷史文化一相異點，值得我們注意。

再講整個的國家體制，在中國亦可謂未有一定型。從遠古起，夏、商、周三代一路下來，大體言之，永是一個中國。實際上中國疆域是慢慢地擴大，而始有今天的。西方又不然，英國就是一英國，法國就是一法國，定了型，再向外，便成為帝國主義。到今天，在歐洲有羅馬、有巴黎、有倫敦、有柏林、有英、法、德、意諸國，國家雖小，歷史雖短，都成了型。即他們講學問，分門別類，有組織、有系統，也定了型。不僅自然科學如此，人文科學也如此。在中國，一門學問劃分得太清楚，太定型了，反而看不起。這好像中國人頭腦不科學，然而這裏面長短得失很難言。這一層，暫不講。要之，拿今天的西方各國來回想從前希臘各城邦，我們可以說，希臘即是今天西歐的縮影，今天西歐之不易統一是可以想像的。但在中國，從春秋到戰國，以至秦代統一，其間楚國、燕國各歷八百年。齊國只統治者換了姓，實也有八百年。韓、趙、魏、三晉，都有三百年。宋、衛諸邦，都有八百年。當時歷史最短的國家如美國，長的如英國、法國。何以秦始皇能一舉而把天下統一了，而且此後就不再分裂？若把西方歷史作比，這就很難講。我只說：中國國家發展無定型，疆土可大可小，可分可合，立國的主要精神不在此。一個國家當然有一首都，其首都當然有其物質建設。然而此非立國精神所在，破壞了也並不傷害國家的命脈，歷史文化生命可以依然還在。從我們的歷史看，這是很清楚的。但西方顯然不同。以上只講歷史現象，雙方不同處已顯見。

因此我們可以說，中國並非沒有物質建造，物質建造則必然形象化，但與中國文化大統沒有甚深之勾聯。即是說中國文化命脈，不表現在這些上，也不依托在這些上。其存其毀，與中國文化大統無甚深之影響。即如今天的北平，故宮三大殿、天壇、北海、中南海、頤和園等建築都還存在，西方人每好憑此來欣賞中國文化。但中國人心中則另有一套想法。孫中山先生建都南京，中國人都想新中國復興了。在極平常的心理反映上，可知必有一番道理，可資闡說。

（五）

今且問中國文化命脈，與其傳統精神，究表現寄放在那裏？上面說過，西方文化是外傾的，中國文化是內傾的。外傾的便在物質形象上表現，內傾的又在何處表現呢？《易經》上有句話說：「形而上者謂之道，形而下者謂之器。」「器」即屬於物質形象。形而下是說成形以後，客觀具體看得見。我上面講都市建築，也可說其都屬器。形而上是在成形以前，這叫做「道」。器可見，而任何器之形成，則必有一本源所在，那是道。開物成務屬器，在開物成務之上，還有其不可見之道。因此《易經》上把開物成務都歸屬於聖人，聖人便是有道者。當知宮室衣冠一切文物都從道而來。但這是中國人觀念。

今且問：埃及金字塔其道何在？可知西方人所震驚重視者即在器，而中國人必從器求道。苟其無道，斯器不足貴。希臘人雕刻一人像，極盡曲線之美，那又是物質形象。中國人畫一人，重其氣韻，注意在其眸子，在其頰上三毫。這些處，都可見中西方人實在所重有不同。中國古代傳下的禮樂器，乃至一切瓷器絲織品等，專從器方面講，也都極精妙。但這裏更應注意者，在中國一切物中所包涵的關於人的意義的分數，卻多過於物的意義的分數。因此，中國人又要說「技而進乎道」。這是中國的藝術精神，在中國藝術之背後，也必有一個道的存在。

中國人並不想科學只是科學，藝術只是藝術，宗教只是宗教，可以各自獨立。卻要在科學、藝術、宗教之背後尋出一道來，此即藝術、科學、宗教之共同相通處。器有成壞，舊的不壞，新的不成。這一所房子不拆，不能在此再造一所新房子。房子裏的舊陳設不拿走，新陳設就擺不進。

一所房子造成，即已定了型，建造工程也從此終止，不能在這所房子上再造。所以西方人要講革命，把舊的拆了造新的。中國歷史上有湯武革命，但意義甚不同。中國人認為道有隱顯，有消長。道顯固然是存在，道隱還仍是存在。如說：「君子道長，小人道消。」或「小人道長，君子道消。」消即隱了，但不就是毀滅。道無毀滅之理，可毀滅的即非道。中國人講道，則表現在人身上，人群中。所以說「道不遠人」，「道不離人」。中國人所講道，主要是人道，即人之道。因此說中國文化是人本位的。中國人所謂人，包括個人與大群，既非個人主義，亦非集體主義。道則存在於各人，存在於社會，存在於天下，存在於歷史傳統裏。子貢說：「文武之道，未墜於地，在人；賢者識其大者，不賢者識其小者，莫不有文武之道焉。」可見道表現寄託在人。只要人存在，道就不會墜地而盡。

孟子也說過：「待文王而後興者，凡民也。豪傑之士，不待文王猶興。」亂世不會無好人，世界不理想，人仍可以有理想。世界亂，人自己還可治，至少是治在他的心。道消而隱，舉世陷於衰亂，但道仍可以在人。人興，即道興之機緣。道興，則歷史時代可以復興，而文王之世亦再見了。故說：「道不行，卷而藏之。達則兼善天下，窮則獨善吾身。」道與善，在我心裏，在我身上。因此說：「文王既沒，文不在茲乎？」

我上次講，中國人所謂道即是文化，而是指文化中之有價值意義者。中國文化之內傾性，正在其把文化傳統精神表現寄託在各個人之身與心，乃以各個人為中心出發點。由此推去，到人皆可以為堯舜，到各自身修、家齊、國治、而天下平。乃以天下與世界大同為道之極限。到此極限，道仍可有隱顯消長，但道則仍在。故歷史文化可以不斷有再興與復盛。

剛才講過，外傾文化總要拿我們的聰明智慧、技能才力、一切表現到外面具體物質上去。譬如今天美國人要送人上月球，可能十年八年真見此事。自然要整個文化配合，各方面條件夠，才能送人上月球。這是今天西方文化一大表現。我並不想抹煞此種文化之力量與意義。但人上月球又怎樣，能不能再上太陽去？一方面在這裏上月球，一方面卻共產主義與資本主義永遠對立，種種不合理的人生還存在。當前人類各項問題仍不得解決。

西方人遇要解決問題，或表現其文化偉大，每好從遠大艱難處、人所難能而己所獨能處著意用力，如古埃及人造金字塔，英國人自誇其國旗無日落及最近美國人之要爭先送人上月球皆是。中國人又不然，遇要解決問題及表現其文化偉力，只從日常親切處、細微輕易處、人所共能處下手。我上講提到君子無入而不自得，雖遇無道之世，個人仍可自求有得。其所得乃在道，行道有得，得於己之謂德。德在己，別人拿不去。因此縱在大亂世，個人修德亦可以避艱險、渡難關。國家大事也如此。如孟子告滕、告鄒，如宋儒告其君，卻只從正心誠意敬天修德處求。

中國人又說：「士可殺，不可辱。」「三軍可以奪帥，匹夫不可奪志。」原子彈氫氣彈可屈服強敵，夷滅人之國家。今天美蘇互怕，都只怕在此。但每人有其內心決定，有每一人之德操與人格修養，雖不表現在外，看不見，卻為外力所無奈何。中國人又說：「德不孤，必有鄰。」這一細微看不見處，卻可影響別人。「十室之邑，必有忠信如丘者焉。」「君子之德風，小人之德草，草，上之風，必偃。」一君子有德，慢慢地可以影響後世千萬人，使次第盡變為君子。但小人則無法影響到君子，君子則必不為小人所影響。因此一人之德可以變成一時代的氣運，氣運轉而時代就復興了。

（六）

《中庸》上講：「莫見乎隱，莫顯乎微。」最容易見的又在隱處，就在人之心。力量最顯著的，反在輕微處，就在人的一言一行。《中庸》上又說：「上天之載，無聲無臭。」中國人看天，好從此無聲無臭處看，聽不見，聞不到，然而它的力量最大，可以運轉主宰一切。待具體擺出來那就小了，形而下的則總有限。因此中國人的文化觀，其基本只在道。道存，國家存，民族存，文化就傳下。道滅，那就完了。

所以顧亭林有「亡國」「亡天下」之辨。如西周鎬京毀滅了，秦之咸陽、西漢長安、東漢洛陽毀滅了，改朝易代，此之謂亡國。如何是亡天下？中國人不成為中國人，盡變成夷狄了，即是說中國人所看重的人道亡了，這叫做亡天下。明亡了，中國人的政權被滿人奪去，一時大賢像顧亭林、黃黎洲，都回頭注意到中國文化傳統上面去。他們不是不想對國家負責任，但這責任負不起。國家體制擺在外面，大亂局面已成，一時挽回不過來。但還有隱藏在後面的文化大傳統。道之興亡，則寄放在每一人身上，因此每一人各有一份責任。因此其文化傳統與道，究也不易亡。因每一人都可為轉移氣運扭轉時代的中心。而且這一事又是最自由，最堅強，因誰也奪不了你的志與德。此番話，說給西方人聽，會說你有點神祕性。這不錯，這是中國人內傾文化的說法呀！

所以我說，中國文化是個人中心的文化，是道德中心的文化。這並不是說中國人不看重物質表現，但一切物質表現都得推本歸趨於道德。此所謂人本位，以個人為中心，以天下即世界人群為極量。《中庸》上又說：「人存政舉，人亡政息。」我在幼年時，即聽人批評此說要不得。由今想來，《中庸》此語還是有道理。埃及的金字塔，人亡了塔還在。一部羅馬法，羅馬亡了法還在。中國人則更看重人，光有物質建造，光有制度法律也無用。所以說：「人能宏道，非道宏人。」要轉移世運，責任仍在人身上。

中國人愛講天運循環，又說「物極必反」。物則必有極，極是盡頭處，物到盡頭，自然向前無路了。人之道則沒有極，人生有極是死，後浪推前浪，時代繼續向前，人物隨時轉換，那是從生物界、自然界來看是如此。從人之修心養德處講，人到達為完人，不是做了完人就必然得要反。

而且我在上講又提過，人要做一完人，當下現前即可做，所謂：「我欲仁，斯仁至。」但也不是一為完人便到了盡頭了，他還須時時不斷的修與養。做人如此，世運亦然。世運轉了，不是儘可恃，還有盛衰興亡接踵而來。但不能說道極必反。因道在人為，非必反，亦非必不反。由此講下，恐引伸過遠，暫不深講吧！

現在再講世運與人物。世運轉移也可分兩方面來講。一是自然的物極必反，饑者易為食，渴者易為飲，久亂則人心思治，那是氣運自然在轉了。但人物盛衰有時與氣運轉移未必緊密相依，成為平行線。有的是新朝開始，像是氣運已轉，然而人物未盛。如秦代統一，這是中國歷史上最大一新氣運，但秦始皇、李斯這些人物並不夠條件。漢高祖平民革命，又是一番新氣運，但漢初人物條件還是不夠。待過七十年，到漢武帝時，然後人物大盛。也有些朝代氣運已衰，如東漢末年，而人物未衰，還是有存在。所以到三國時，還有很多像樣人物。從歷史看，新朝崛起，不一定就是太平治世。而舊朝垂亡，卻已有許多人物預備在那裏。如唐初新人物，早在北朝末及隋代孕育。又如元代是中國史上一段黑暗時代，然而元朝末年孕育人才不少，明太祖一起便得用。明初人物之多，較之唐初無遜色，兩漢宋代均不能比。明亡了，人物未衰，清人入關，那輩人物間接直接，都影響了清初的政治。最近如中華民國開國，這又是中國歷史上一個極大新氣運的轉變，然而那時人物準備似乎還沒有齊全，實因清之末季，人物早就凋零了。到今已經過了五十二年。

但西漢開國經過七十年，北宋經過一百年，纔始人物蔚起。何況這五十二年中，又是內亂外患頻繁，無怪我們這一時代要感覺到人物異常缺乏。但氣運可以陶鑄人才，新氣運來了，自然有新人物產生。而人物也可扭轉氣運，縱在大亂世，只要有人物，自可轉移氣運，開創出新時代。

西方人看法和我們不同，他們注重物質條件，他們總說我們是落後。這幾年來臺灣，說我們進步了。究竟進步在那裏？其實也只從物質條件上衡量。進一步問言論自由嗎？法律平等嗎？政治民主嗎？仍是從外皮形跡看。他們沒有深一層像中國人來看所謂道。西方道在上帝，在天國。權力財富則在地，在凱撒。西方人把人生分作此兩部份。現實人生則只是現實的，理想人生不在現世，在天國。希臘、羅馬、希伯來是現代西方文化三源，又加進新科學，遂成為現代的西方。但這幾方面，始終不能調和融合。在孔子時，若論富強，自然魯不如齊，齊不如晉。但孔子的評論，則魯在齊前，齊在晉上。此後晉分為三，田氏篡齊，魯最孱弱，但安和反較久。唐初亦有一故事，西域高昌王曾派人入貢，見隋煬帝當時物阜民豐，他覺中國了不起，奉事甚恭。隋亡唐興，高昌王聽說中國換了朝代，再來朝，那時正經大破壞，不能和隋相比，高昌從此不再來中國。沒幾年，唐朝派兵把高昌國王捉到，高昌國也就亡了。那位高昌王也正是從物質形象表現在具體上的證據，來看一個國家，他可謂是不知「道」，從而也不能好好保住他的國。

（七）

中國文化最可寶貴的，在其知重道。今再問道由何來？當然中國人一樣信有天。道是人本位的，人文的，但道之大原出於天。中國人雖看重人文，但求人文與自然合一，此是中國人天人合一的理想。不過道總表現在人身，所以人可以參天地、贊化育。我又聽近代人常說黃金時代，其實時代不能把黃金來代表作衡量。又常說：中國唐虞三代是我們理想中的黃金時代。其實中國人理想中，應該沒有黃金時代這觀念。中國人只說：「大道之行。」孫中山先生也把此四字來想像新中國之將來。這一傳統觀念，我深切希望大家莫忽略過。只此一端，便可使中國永存天地間。中國不亡，中國的文化傳統也永不至中斷。

「中國不亡」這句話，在今天講來，已是鐵案不可移。這又要講到我小孩子時的事。我為讀著梁任公中國不亡這句話，才注意研究中國歷史，要為這句話求出其肯定的答案。在我小孩時，人都說中國要亡。康有為就是這樣講：「波蘭印度就是中國一面鏡子，中國是快被瓜分了。」到今天，我想不僅我們中國人，甚至連全世界人，都不會想像到中國會亡，這句話已經不存在。但要中國復興、再盛，卻不可專靠時代和氣運。反攻大陸，猶如辛亥革命，有時可以賴著氣運。而中國之真正復興，到底還在我們的文化傳統上，還在我們各自的人身上，在我們各人內心的自覺自信，在我們各自的立志上。我上講：每個人不論環境條件，都可做一理想的完人，由此進一步，才是中國復興再盛的時期來臨了。

道有隱顯，有消長。道之行，亦有大小廣狹。但道則仍是道，不能說道之本身在進步。我們豈能說孔子不如孟子，孟子不如朱子、陽明，朱子、陽明不如現代的外國人。中國人看法，物質經濟可以有進步，人之生活可以有進步，道則自始至終無所謂進步。德亦然，它可不論外在條件而完成。所謂「東海有聖人，西海有聖人，此心同，此理同。」不能說西海聖人定超過了東海的聖人。因此照中國文化傳統講，量的方面可以擴大到世界全人類，到世界大同而天下平。質的方面則還是這一道。道無所謂進步，因亦無所謂極限。不如形而下之器與物是有極限的。而且道，父不可以傳子。孔子不能傳付與伯魚，仍要伯魚自修自成。所以世界隨時要人來創造，永遠要人來創造。今天盛，明天可以衰。今天衰，明天仍可以盛。這是中國人看法，其責任則在我們每人各自的身上。這是我們想望中國再興復盛一最要的契機。

我這兩次講演，可以推廣來專講中西藝術比較、中西文學比較、中西物質建設的比較、中西人生哲學的比較、整個中西文化的比較。而我此兩講，雖籠統也還親切，並不敢憑空發理論中意見，也決沒有看輕近代的西方。我只想指出一點中西不同處。我們固然應該接受西方的，但也希望西方人能了解東方的。如此下去，或許有一天，誠有如中國人所謂大同太平時代之來臨。可惜我所講粗略，請各位指教吧！

（民國五十二年八月在臺北國防研究院講）

學問之入與出

民國五十二年三月八日
研究所第三十七次學術演講討論會

（一）

我從去年起，屢次演講，所講皆是有關做學問的方法。同時亦曾涉及學術史方面，因其仍與做學問的方法有關。但諸位若懂得，即聽一講也夠。若不懂得，儘多講也無益。此次講題，仍屬方法方面。

今天講題是：「學問之入與出」。這是講做學問，如何跑進去，與如何走出來。亦即講學問之內外。程明道有云：「王介甫學問，猶如對塔說相輪。我則直入塔中，距相輪已近。」此番話指出王介甫乃在學問之外面講學問，而未能跑入內裏去。明道之意，自然做學問該能跑進內裏纔是。

但蘇東坡詩有云：「不識廬山真面目，只緣身在此山中。」此語好像要人能跑出學問外面來。《論語》子貢說：「夫子之牆數仞，不得其門而入者多矣。」此指學問之入而言。孟子云：「登東山而小魯，登泰山而小天下。」此指學問之出而言。又「公孫丑問曰：『夫子當路於齊，管仲晏子之功，可復許乎？』孟子曰：『子誠齊人也，知管仲晏子而已矣。』」可見知人論學，皆須能超越在外。《莊子》〈秋水篇〉：「井鼀不可以語於海者，拘於虛也。夏蟲不可以語於冰者，篤於時也。曲士不可以語於道者，束於教也。今爾出於崖涘，觀於大海，乃知爾醜。爾將可與語大理矣。」此亦要我們跑出外面來。以上隨意舉出春秋、戰國與宋人語，來作我今日所要講的「學問之入與出」作引子。

（二）

做學問自然首先要能「入」，可是到最後，卻不一定要能「出」。《論語》中孔子似未嘗教我們要跑出學問之外來，他說：「下學而上達。」「下學」是走入，一路向上，卻並未教人入了又要出。又說：「吾道一以貫之」、「博學於文，約之以禮。」這些話，都未教我們跑進去了，要再跑出來。孔子之最偉大處，便在此。

至於道家即不然，莊老講「道」、講「天」，即是教我們要能超、能出。佛家亦教人要能出。

禪宗更是「呵佛罵祖」，惟求能出始算是到家。可見在此方面做學問的精神，便有大不同。道家、佛家都教人要能「超」，要能「出」。但如孔子之道之大且高，卻並未要人跑進了再跑出。關於這一層，研究儒家者不可不知。我想在此方面俟有機會，更作一番較深的闡發。

（三）

現在先講學問如何入？有深入、亦有淺入。如孔子曰：「由也升堂矣，未入於室也。」得其門而入是第一步，升堂則入較深。但升堂後，還要能入室，此則更深入了。孔子又說：「知之者不如好之者，好之者不如樂之者。」知之是入門第一步，再入始能好之，心悅誠服而喜不自禁。更深入則為樂之，至是則學問乃與自己生活打成一片了。真正的跑進內裏，居之而安，為樂無窮。但決不能無知而好，也不能不好而樂。此中自有層次，不能任意躐等。

學問之入，復有「大」「小」「偏」「全」之分。孔子門下有德行、言語、政事、文學四科，其弟子只是各得其一方面。可謂得其偏未得其全，見其小未見其大。人說孔子博學，而孔子自云則曰：「吾道一以貫之。」游、夏在孔門四科中屬文學，文學似近博學而有別。故孟子云：「子夏、子游、子張，皆有聖人之一體。冉牛、閔子、顏淵，則具體而微。」具體謂其具有孔子學問之全體，惟規模微嫌小了一些，未能如孔子之廣大。此等批評，非親歷學問甘苦者不知，諸位且當從字面上知有此分別，久後方能逐漸體會，此刻且莫作空推測。即如「具體而微」四字，此非從文字訓詁上所能真實明瞭其涵義。欲真實明白得此語，則先須求入門。如顏淵、子貢二人之間，其學問有何不同？顏淵與孔子，又有何不同？此須深入，然後有真知，然後能活現。此中有大有小，有偏有全，亦復有厚有薄，有強有弱，種種差別。入之愈深，然後能辨之益精。若在門外強說門內之種種，總是費話，不能認真。

學問之入門，就儒家傳統言，可分為兩方面。一方面是從行為、人生之真修實踐入，一方面則自講究學問道理入。此兩方面實亦不可分，應如人之行路，左右足更迭交替而前。但第一足先起，應是人生行為方面。從人生行為方面入者，古人謂之小學。如先則從事灑掃、應對，進而講究孝、悌、忠、信，此乃儒學入門。倘不自此處入，則如何講得孔子思想與中國文化？當知孔子教人，即從此處誘入，此是為學之最先起步處，亦是為學之最後歇腳處。離開真實人生來講儒學，只是自欺欺人。然若謂能灑掃應對即便是孔子，此話確是有病。如宋儒陸象山有云：「我不識一字，亦可堂堂地做一個人。」但此總只是下學方面多，又總不免是為學之一偏。講做學問，大體說來總得要識字。若走第二條路，從讀書入門，更試問如何能不識字？故識字工夫，清人亦謂之是小學。要做學問，第一須是識字，第二方是讀書，不識字又如何能讀書。《論語》載子路說：「何必讀書，然後為學？」孔子對此，並未加以許可。近儒章太炎謂陸王之學近似子路，亦是從此方面著眼而說的。

（四）

今再論讀書方法，或說是為學「入門」之學。我請諸位注意一讀我所著《學籥》書中〈朱子讀書法〉一篇。因朱子教人讀書方法，是最可取法的。其所論，可謂淺而深，既落實、又超越。昔人嘗問蘇東坡，讀《漢書》苦難記憶，東坡告以「應分類以求」。此如現代人讀書，寫卡片、把來分類。但前人讀書，主要不在寫卡片。應先在讀第一遍時，注意某一問題。待讀第二遍時，再注意另一問題。蘇東坡所謂「分類以求」，須如此般去求。今人卻只知一意寫卡片，寫了卡片，轉而讀卡片，再不讀原書了。今人為學只是欲速求省力，以為有方法，卻遠不能如古人之深細而周到。蘇東坡雖曾如此讀《漢書》，但蘇氏集中，很少講及漢代之各方面。可知東坡讀書，既能入，又能出。我們好像不見他對《漢書》曾下過幾許工夫般，此正是他入而能出之證。

韓昌黎答李翊書有云：「非三代兩漢之書不敢觀」，此是韓氏為學之入門。柳宗元教人學文章，如讀《史記》而參其潔之類。所謂「參其潔」，每讀一家、一部書，必應擷取其精華所在而師法之，此即其能入。如此參合，始可走出，遂自成為柳氏一家一體之文。杜工部作詩自稱：「轉益多師是我師。」又云：「清新庾開府，駿逸鮑參軍。」此所謂「清新」、「駿逸」，即如柳子厚讀

《史記》以參其潔之類。專讀一家，自有所得。再讀別家，又再有得。其最後則：「讀破萬卷書，下筆如有神。」破萬卷書後之所達，方為杜氏自己之詩。其下筆自有神者，是即杜氏神來之筆。由此可知，學問之入，非只一門。上述韓、柳為文，工部為詩，皆如此。

蘇東坡讀《漢書》，斷非讀了一遍即算，乃是分別注意，從各門而入。故知學問入門，決非只有一門，可自此門入，而亦可自另一門入，但同時不能兩門同入。方其進入一門之時，此一門即是彼當時之專門之學。要入一門，即專讀一本書亦可。此如朱子所云：「讀《論語》時，不知有《孟子》。」甚至讀《論語》前一章時，要不知有下一章，此是求學問入門最當養成之心習。

讀一部書，可轉為讀一個人。如讀《論語》後，可再讀《春秋》。此時即是由「專門」演成為「通學」了。因《論語》、《春秋》皆出孔子，既皆是孔子之學，兼讀自應會通。後來大學者，每人必有多部著作，讀此一人，便須在此多部著作中求會通。

讀一人又可轉而讀一家一派，如讀孔子後，又兼及孔子之弟子，以至如孟子、荀子，又下為董仲舒、王通，再下為宋儒。此等皆是儒家言，應求會通。此外復有如道家及佛學等。

其實學問範圍亦不限於一家或一派，如讀《韓昌黎文集》，可知昌黎之學決非限於詩文而已。即其論詩文，如云：「國朝盛文章，子昂始高蹈。」當知此十字所包之範圍，及其所佔之境界，實決非專學某一家、某一派詩文者所能道。又如其云：「孟氏醇乎醇者也，荀與揚大醇而小疵。」

他也只用十個字來批評孟、荀、揚三人，此非先比讀此三家，又必在此三家外更有甚深甚廣之瞭悟，纔能下得此十字評語。又如彼云：「吾嘗以為孔子之道大而能博，門弟子學焉而皆得其性之所近。」此非讀通一部《論語》後，不能有此語。又如其〈與孟尚書書〉批評漢儒經學，雖只寥寥數語，著墨不多，但見其對漢儒經學瞭解之深透。可見昌黎文起八代之衰，實非僅是一文人。杜工部為有唐一代之詩聖，其能事亦決非專從學詩來。

（五）

總上所述，進入學問步驟有四：

第一步，應是專門之學。專讀一書，專治一人、一家、一派，此均可謂之是專門之學。如讀完一部《皇清經解》之後，方懂得清代考據之學，此亦是一專門。由此進而上通宋學，在其治宋學時，則仍是一專門。

第二步是博通。從此專門入，又轉入別一專門，只此便是博通。如專治了杜，再轉治李；專治了韓，再轉治柳，亦即是博通。更進而專治了詩文，又轉治經或史，又兼治諸子，亦即是博通。可見博通仍自專門之學來，並非離開了專門，別有所謂博通。

第三步則仍為專門。如昌黎專讀三代、兩漢，是必經、史、子皆讀了。進到此一階段時，他卻專做文章，此乃其專門之學。又如孔門四科，各有專長。到此學已成「體」，但其境界則仍未能「化」。

第四步始是成家而化。既專門，又博通。循此漸進，可入化境。將其所學，皆在他一家中化了。司馬遷嘗師事於董仲舒，仲舒乃一經學家。仲舒博通五經，而專長在《春秋》。史遷上紹《春秋》而作《史記》，但《史記》範圍卻極廣博。既不限如《春秋》，亦不限如五經。司馬遷一家之學，可謂是成家而化了。在史遷以前，只說儒分為八，史遷卻在八儒中特意提出孟子、荀卿。當時人極重視鄒衍，但史遷卻謂鄒衍不得與孟子相比。當知此下人講儒家，其實是全依了史遷觀點，逃不出史遷所指示。史遷又將老、莊、申、韓合為一傳，但史遷所欣賞者乃在老子。此下人講道家，亦不能跳出史遷觀點。一部中國思想史，其中重要觀點，可謂在史遷時早已擺定。此見司馬遷之偉大處。司馬遷雖見稱是一史學專家，但不能不說司馬遷之史學則已達化境。又如他為項羽作〈本紀〉，七十列傳以伯夷居首，此等處在遷均有極深寓義，至今尚待有人為之闡發。可見史學非僅是求知事實，應有更高境界在事實之外者。若令諸位各試撰〈民國五十年來之學術界〉一篇，則勢必所寫各異。民國五十年來之學術界是現代眼前事，但各人所寫各不同，便見各人學問之高下。

上面講學問入門，須由專而博。開始專讀一書、一人、一家、一派，只求從一門入去求了解，漸漸推擴至別一書、別一人、別一家派，亦如此專門下工夫。卻不可道聽塗說，自欺欺人，對某一門學問並未入門，強把別人話來改頭換面隨意立說，亦不當在自己未入門的學問中妄下批評，或妄出意見。既能博了，又須進一步「由博返約」。此所謂「約」，乃指其歸屬於他自己的，亦如《中庸》之所謂「致曲」。當知一個大學者廣通博達，到頭所成則只是一曲而已。惟致曲之後，則又須能化。如治經學，先通《詩》，再通《書》，再及《易》、《春秋》，由一經入門，而徧治群經。待其既徧治群經了，然後再返專一經，或《詩》、或《易》。但彼之於此一經，實自博通群經而入，又自博通群籍而入。彼之詩學，乃是積經學與經學外之各種學問之大體，而纔能自成其為一家之言。所言雖為詩學，而不盡為詩學。彼之一家之言，實已非經、非史、非集，如此始能算得是成家而化。

（六）

現代學術界最不好的風氣，乃是先將學問分成類。再把自己限在某一類中。只知專門，不求通學。因此今日之專門家，反而不能成一家言。當知自古迄今，學問能成一家言者並不多。其所以能成一家言者，主要在其學問之廣博互通處。不僅如上所云，自經通史，自史通文，如是而已。凡做學問，則必然當能通到身世，尤貴能再從身世又通到學問。古人謂之「身世」，今人謂之「時代」。凡成一家言者，其學問無不備具時代性，無不能將其身世融入學問中。姑舉中國學術史為例，暫自宋代之經學講起。

程伊川〈行狀〉稱：「明道十五、六歲時，謁周茂叔論學，即厭科舉之習，慨然有求道之志。」此數語，即是明道為學之從入處。科舉乃是當時之俗學，俗學固是一時代人之所共學，但與我上述通於時代之學有不同。俗學若切於身世之用，但真求有用於身世，則其學必然會超越於俗學之外與上。此種通於時代而有切於身世之用者，中國傳統謂之「道」。在程子當時，釋氏之學乃被共認為最高之道之所在。程子「泛濫於諸家，出入於老釋者幾十年。返求諸六經，而後得之。」此數語，又見明道為學之從入處。至此可謂其學已成。後世稱二程、張橫渠、朱子，為宋理學四大家。其實此四人，皆通六經，皆從六經入。

至陸象山，乃謂：「六經皆我注腳。」又說：「我不識一字，也將堂堂地做一人。」象山之意，偏乎從人生行為入，而看輕了從識字讀書人之一路。縱說是「此心同，此理同」，但若不識得聖人之心與理，專從我自己心上求，怕終求不出其同處來。又如象山若不讀《孟子》，怕也說不出「不識一字亦要堂堂地做個人」的那句話來呀！因此迨於末流，乃生後人所謂「高心空腹」之弊。灑掃、應對、進退，人生實踐固是學，固當講求。但若僅做一鄉曲自好之士，則不妨說即此已是。若真欲做一學者，求對身世有用，象山此語終是有病。

於是再下遂有顧亭林提出：「經學即理學」之說，及黃梨洲又提出：「經史實學」與「講堂錮習」之分別。經史實學，亦即教人識字讀書，指示人一條如何進入學問之路。但由此一轉，此下清儒乃有「訓詁明，而後義理明」之說。於是訓詁、名物、考據那一條路，至乾嘉時，臻於極盛，入而不能出。

又有章實齋提出：「六經皆史」，再主張學問當通時代、切身世。章實齋評當時人為學，如蠶喫桑葉，卻不吐絲，即是此意。其實當時考據大師戴東原亦有此意，彼云：「做學問有擡轎人與坐轎人之分。」在東原之意，當時僅從事於訓詁、名物、考據之學者，不免多是擡轎人。東原自負，像他自己乃始是坐轎人。彼寫了《孟子字義疏證》一書，其學術境界，確是高出儕輩。其高第弟子阮元為〈論語論仁篇〉、〈孟子論仁篇〉，亦即在字義疏證上用力。就清儒立場言：阮元可說是入門了，戴氏則已升堂，但仍未入室。只因乾嘉之學，皆能入而不能出。戴東原固亦自經學入，但宋儒經學濂、洛、關、閩四派，為戴氏所不取。戴學始終是偏在識字讀書，而不通時代，不切身世。其《孟子字義疏證》，乃有意要通時代、切身世，故能高出儕輩。章實齋始自經學中跳出，提倡史學，自開一門徑。此後龔定菴、魏默深出，專治今文學，外面看仍是經學傳統，實已轉入了史學路線。

至康有為則並不通經學考據，就乾嘉傳統言，彼乃始終徘徊於門牆之外，未嘗入門。而康氏亦主張用經學來通時代、切身世。其實彼之為學，非漢非宋，而於象山、陽明篤實為人一路，去之亦遠。則可謂兩面未入門，無怪其學問與時無補，轉抑害之。

（七）

清學有三變：清初顧亭林、黃梨洲、王船山三家，其學皆大而能化，一讀三家著作即知。此後遂轉入經學專門的路上去，但如顧棟高《春秋大事年表》，驟看只是講《春秋》，其實彼之學問絕不專在《春秋》。此乃讀遍二十四史，博通史地典章制度，而後得成其學者。又如胡渭之《禹貢錐指》，驟看亦如只講〈禹貢〉，其實亦為廣讀全部中國史及中國地理之後，而用其所學來講此一篇文章。我們讀書，首應觀其如何將彼之全部學問納入其文章中，且須透視其文章之背後，來瞭解其學問從入之路。若我們不讀《春秋大事年表》與《禹貢錐指》，即不知當時人如何做學問。其實當時學問，仍是一種通學。待到乾嘉之後，始轉入為專家之學。即如讀段玉裁注《說文解字》，豈不儼然是一種專家之學。但若讀其文集，可知其學亦不限於《說文》。彼在學問上拿出來的是《說文》，但其學問之所由進入之處，則決不限於《說文》。

某年我遊濟南，在一書肆中，偶見王筠所著《儀禮注》原稿，硃筆工楷，加注在張稷若本《儀禮》之上，細如蠅足，密如蠶子，行間眉端，處處皆滿，深歎王氏治《儀禮》工夫之精到。但王氏之學，亦僅以《說文》名。可知古人云：「流落人間者，泰山一毫芒。」真是不錯。凡做學問，必有其融會貫通處，但到他拿出來時，則僅是他一家之拿手擅場處而已。

又如高郵王氏《經傳釋詞》一書，彼乃於博通群書之後，僅取經傳中虛字一項來講，此可謂專門之尤專門者。然即此可見其學問之博通處，實足令人欽佩。但乾嘉學者工力雖深，苟放在整個學術史上論，其學終是能入而不能出，成家而不能化。

晚清以下，新學萌茁。如梁任公曾取西方經濟學、貨幣學、社會學種種新知識來講《說文》，兩面拼攏，也能開創一新面目。但恨其粗略不能精。王靜安居留日本時，治甲骨文，但彼熟讀《十三經注疏》，來講殷周制度。又根據《楚辭》、《山海經》等書，來考《史記》〈殷本紀〉。彼之甲骨文學，可謂既通且精，較之任公遠勝矣。其實都只是當時一新風氣，自此一學問通至另一學問，而開出新境界。至如康有為《新學偽經考》，從史學來講經學，與王氏、梁氏同是一條路。但不僅粗疏，而且荒謬了。學問必能入而後能出。康之經學並未有所入，急要有所出，自是要不得。

（八）

凡做學問能把兩條學問路徑會通起來的，必然有好表現。至於千門萬戶的大結構不必說了。即如文章與史學會通，而有清代學者的「新碑傳」。此一體我向所欣賞，細考乃知實自元、明以來已有之。在錢牧齋集中，即有許多像清人之碑傳新體，惜乎此體乃不為桐城派姚惜抱等所領略。

桐城派唱為古文，自謂導源於歸有光，其前，前後七子提倡「文必秦漢，詩必盛唐。」但王世貞等，實在是文學中之門外漢，並未能真進入秦、漢之門。歸有光用力《史記》，可謂真進入。且彼又通經學、子學、佛學，雖表現僅在文章，而所通實甚博大。其後首先推尊歸有光者，乃為錢牧齋。錢氏自史學進入文學，其學問門路亦甚廣。厥後自黃梨洲至全謝山，皆沿襲錢氏為文。如黃氏之《明儒學案》，全氏之《鮚埼亭集》，皆由文學、史學兩門合攏而成。再下乃衍變出清代之新碑傳，此一體有關學術者甚大，惜乎桐城派諸人未能注意及此，到現代則此學已絕。如章太炎及門弟子甚多，彼逝世後，彼之一生學問，應有一人能為彼寫一碑傳，綜括敘述。但惜乎是沒有了。

不能會通，也該專精。梁任公嘗云：「初學勤發表，可助讀書。」今人都信此說，乃競務於找題目，以為有了題目即可寫文章。實則在讀書方面的工夫是荒了。因此在學問上沒有入門，遽求發表，而且多多益善。直到今天，能發表文章的是不少了，但是真能傳授後進的則實在太少了。人人無實學可授，如此下演，支離破碎，競創新見，而並無真學問可見。因此人人都愛講新思想。但思想也應有一傳統，應須從前舊思想中有入路，始於其所要創闢之新思想有出路。即在思想家，亦豈能只出不入。今天大家都不求入門，儘在門外大踏步亂跑，窮氣竭力，也沒有一歸宿處，此病實不小。

因此，經學、史學、文學，今人都不講求，卻高談中國文化。這樣則縱有高論，也難有篤論。

縱有創見，也難有真見。論及中國古代文化中之經濟背景時，首想探求古代之農業情況。我曾細讀過程瑤田之〈九穀考〉，纔使我有路寫出〈中國古代北方農作物考〉一文。再由中國古代北方之高地作物，而講到中國古代之穴居情形。要考古代之穴居，翻讀《說文》，亦自謂有甚多發現，為清儒所未及。我此刻，自己認為，已稍稍懂得《說文》一書之病在何處？清儒研究《說文》之病又在何處？《說文》與《爾雅》之不同又在何處？至此我更見得清人學問能入不能出之病。

簡言之：清儒之病，主要在太專門，不能由此門通到那門去。而今天我們的問題，與清代人當時又大不同。我們有我們之時代，與我們之身世。同時西方人各方面知識傳入，又為清代人所不知。我們今日當身面臨之問題，更為古所未遇。照理，我們應該能創出一套新學問來，今天我們所缺只在學問先未入門。未曾入，急求出，此是當前大病。若我們要知道或接受西方知識，此尚不難。所難者，乃在我們今日所遇到的時代問題。在乾嘉時代，大師具在，又是社會安定，並無許多大問題急待解決。故當時人做學問，病在能入不能出。

（九）

今天情況既與清代乾嘉時大不同，新的時代在急切要求我們，新的知識在不斷刺激我們。而向前學術源流，一應古籍，多經清人整理，實亦易於探求。但自民國以來，苦無真學問真能應時代之需、身世之用者。千言萬語，只是一病，其病即在只求表現，不肯先認真進入學問之門。從前清人讀書，至少是知道謹慎小心，樸實不虛偽。而此種精神，又最為今日所缺。

今天我們做學問，應懂得從多門入。入了一門，又再出來，改入另一門。經、史、子、集，皆應涉獵。古今中外，皆應探求。待其積久有大學問之後，然後再找小題目，作專家式的發揮，此乃為學問上一條必成之途。此事從古皆然，並無違此而可以成學問之別出捷徑者。從來大學問家，莫不遍歷千門萬戶，各處求入，纔能會通大體，至是自己乃能有新表現。即如古人文集，好像最空虛。其實包括經、史、子、集各方面學問，而融化了，始能成一大家文集。故讀大家文集，實應為學問求入門一省力之方法。

總而言之，要求學問入門，必先懂得讀書。讀了此書，再讀他書，相雜交錯，頭頭是道，而後可以有所入、有所得，而後可以有所化、有所出。

實則此事也並不難，因時代愈久，則應讀之第一流書轉變得愈少。因其經時代之淘汰，從前認為必讀的，現在卻可不理會。但總有剩下的那些必讀書，所謂「不廢江河萬古流」者，則仍然必讀。即如前清末年，一輩學者，尚多翻閱兩經解，始得成為一入流學者。在今日則不必然，那裏還要人翻閱兩經解。但兩經解中，仍還有幾部是應該一讀的。每一時代，每一部門，總有幾部要我們一讀的書。今天我們一切擱置不理，但卻又不是像陸象山所說：「雖不識一字，也要堂堂地做一人。」今天的學者，似乎是在說：「我雖不讀書，也可堂堂地做一學者。而且是一前無古人，後無來者之大學者。」那就無可救藥了。

我今天所講，只是要諸位在學問上能有入。至於做人一方面之入，我此講暫為忽過不多及。只有關讀書一方面之入，是我此講所注意。我只希諸位能先多注意讀書，且慢注意發表。能先注意求入，且慢注意能出。此是我此講之主旨。至於最先所說，讀《論語》，見得孔子學問只講入，不講出。那更有甚深義理，恕我不能在此講作更深入一層之發揮。諸位只知有此一境，也就好了。待我有機會我將在此方面再有講述。

推尋與會通

民國五十二年五月十日
研究所第四十五次學術演講討論會

（一）

我自去年起，所講都是有關做學問之方法，今天仍講的是方法問題。本題原用「推想」二字，今改為「推尋」。推想與推尋，大有不同，諸位聽下自知。

學問所重在求知識，《論語》：「回也，聞一以知十。賜也，聞一以知二。」若使聽人講一句能懂得十句，或能懂得兩句，此只是多少的問題。聽人講說，可自旁面、反面推想。如聽人說此是甲，即知其非乙非丙。如此推之，卻變成聞一知百、知千、知萬，實則並未有真知實得，超所聽聞之外者。如知此物是甲，此屬真知。若推知其非乙非丙，實則非屬真知，亦可說乃是一種強不知以為知，徒自欺騙，殊不足貴。諸位從事學問，首先不當看不起知識。但如何是聞一知二，或聞一知十？又如何能聞一知二、聞一知十？此層卻值推究。

《論語》孔子讚顏淵有曰：「吾與回言終日，不違，如愚。退而省其私，亦足以發，回也不愚。」發者，啟發義。顏淵聞孔子語，能另開一路，或另闢一方面說之，此即有所發明。可見所謂聞一知二、聞一知十，並非聽人家講一句，懂得了兩句或十句。從事學問，則斷無此速悟之理。此待聞後退下細細推尋，或從反面，或從旁面，自有闡發。

《論語》又云：「舉一隅、不以三隅反，則不復也。」當知講授不能一語遍盡全體，端待學者從所講，自己反身自求。天下事理至繁，若死在句下，聞一只知一而止，此僅是記聞之學。記聞只是死知識，把別人知識如記賬式般，登入賬簿而已。最多只作口耳稗販。從事學問，該先懂得此「反」字，此即孟子書中「反求諸己」之反。為學、做人，同重此一反。我下面則只從為學方面講。

（二）

姑舉一例，如說：「漢高祖以平民為天子。」聞人說此，自可成為自己一項知識。但重要在退下去尋求。如試設問：「歷史上帝皇除漢高祖外，他們又都是以什麼身分而獲為天子的呢？」

如此一問，則自然會在自己心上開出一條新路來。

當知舉一反三，如云一角是直角，則其他三角亦必是直角。此非必然盡然之事。若遇見者是一方物，誠可因其一隅推知其餘三隅。此是從偏得全，即猶顏回之聞一知十。十即是一「全」數。但在聞一知十之前，尚有聞一知二。聞一知二已甚不易，並非如我們所想像，聽著一句話，即知話之反面，或有關此話之一切。當知在學問上，此等情形極少。即如學幾何學，好像從幾條定理即可推出一切。此亦待善推者。不學幾何，即知了此幾條定理亦無法推。而且幾何定理多是假設，世間並無幾何定理般之具體實例。即如說，二點之間最短者為直線。其實，甚不一定。我們從事學問，求取知識，卻不應只想推一概萬。如此想法，多半會要不得。從此可知舉一反三，也須一一的去反，不是一反便得了三的。

今再講中國歷代開國皇帝，以平民為天子者，前有漢高祖，後又有明祖，此是一知識。但若將其餘各開國天子，從其出身加以分類，則所得知識自會更進。今再問，何以歷代開國以平民為天子者僅此兩人？此兩人又何以獨能以平民為天子？如此推尋，便見問題迭出，而在每一問題之後面，實藏有一番新知識，待你去發現。昔梁任公見西洋史有革命，因說中國史無革命。但如漢高祖、明祖，以平民崛起為天子，此非革命而何？若必說此等只是造反，並非革命，則試問此兩人何以獨能造反成功？其餘各代何以造反者皆失敗，而開國為天子者別有其身分？當知能發生一問題，自可尋出一知識。而此等問題，則皆由如「漢高祖以平民為天子」知識牽引而來。此一知識乃我所聞，由聞而知。其他由自己「反」後所「發」。如此始可聞一知二，聞一知十。然亦非當下聽了一句，即可知得兩句或十句，學問絕無如此易事。此等皆在退下私自用工夫，由一件事、一方面，舉一反三，自己尋求。不僅學問如此，做人亦如此。此即程子所云：「自能尋向上去也。」程子又有另一語云：「學者須會疑。」「會疑」便是「反」，便是能自發問題去推尋，結果纔可聞一知二，乃至於知十。

倘使只聽人家一句話，或只讀一本書，把它記下，認為是知識。此如孔子問子貢：「汝以予為多學而識之者乎？」子貢對曰：「然。非與？」孔子答曰：「非也，予一以貫之。」今試問此「之」字何指？即所貫者係何？當知此「之」字非即是指道，所貫乃指上面之「多學」言。聞知以後必要求一貫通。「貫」猶一條索子，用來貫串散錢。如無散錢，則要此索何用？今諸位似乎只怕無此索子在手，但有了索子去串什麼？又問究如何般串法？若已知中國史上，只有漢高祖、明祖以平民為天子，又知其他歷代開國君主各以如何身分。你知得了這些之後，再把一兩語來加以說明，這便將歷史上歷代開國，有一條線能把來貫串了，這便是讀史後之一種啟發。能如此讀史，你的歷史知識便可漸向高明。

當然有些事，前人早已如此般尋求過，亦已如此般貫串過。因此孔子又說：「多聞擇其善者而從之，多見而識之，知之次也。」多聞、多知，此乃知識之第一步，能擇是第二步。孔子又說：「好古敏求。」能敏求，是第三步。如是步步向上，歸結則須聞大道。聞大道，始是一貫之最後境界。今若讀《論語》，講孔子之道，認為只以一「仁」字便可概括了，《論語》二十篇也不必句句細讀。試問天下究有如此做學問之理否？

（三）

其實學問仍只是一求知。孔子又說：「溫故而知新。」聞先生一語，此是故。你能知二，此在一之外又加一，乃屬新。知一即知其故後，又要去溫，去自反自求，如是乃可以知新。若只能溫故不能知新，則仍只是在外面的記聞之知，並非由自己開發得來，有知只如無知。如此曷可為人師？為人師與稗販究不同。諸位要講中國歷史、中國文化、乃及古聖先賢之大道，當知均須如此逐一推尋，逐一貫串，由溫故中開悟新知。但卻不該憑空思索，發大議論，成空言說。

又如「士」字，依文字學講，是「推十合一」。善做學問者必能推，推十只是推至極，推十而能合一，然後吾道一以貫之，這纔成為一士。如何推法，應在一語一知中，三反四覆地用功夫。如由漢高祖以平民為天子一語推去，推到明祖亦以平民為天子，又推到其他不以平民為天子者。愈推愈廣，把歷代開國帝王全推盡，再合來成一束，便成一新知。此種新知，很多為別人所早已說過的，但因由我自己推來，則終不失為我自己之心得。做學問最簡要方法只如此。扼要言之：要「推尋」，要「會通」，要「自能尋向上去」，如此亦即孔子所謂「下學而上達」。

（四）

今再根據上面所講，舉些具體例來說明：

最近我曾寫過兩篇文章，前一篇講的魏晉南北朝，題目是：〈略論魏晉南北朝學術文化與當時門第之關係〉。後一篇尚未脫稿，講的是元末明初，題目是：〈讀明初諸臣集〉。古人說：「鴛鴦繡出從教看，莫把金針度與人。」諸位讀書莫只看鴛鴦，應看他的針。我今且把我寫出此兩文之針線，約略說與諸君。

魏晉南北朝人尚清談，看重莊老思想，此語人人能說。或說當時門第有政治、經濟兩方面之背景，此一層亦人人皆知。我前一文只是由此再去「推尋」。先問當時重莊老，是否更無人講孔孟？此問題一尋即得。乃一尋之下，適得其反，當時經學卻極盛。《十三經注疏》泰半出於魏晉人之手，而且王弼講《老子》，同時注《易經》。何晏講《老子》，同時注《論語》。郭象注《莊子》，同時亦嘗注《論語》。何以莊老盛，同時孔孟儒家及經學亦盛？此層又須推下。

今再問，一個家庭只賴政治、經濟特優背景，便可維持數百年之久於不墜嗎？此從常情常理講，應不如此簡單。於是再得推尋。推尋之下，發現了當時門第中人都極重講禮。然後又問莊老反禮，當時人崇莊老、尚清談，為何又愛講禮？從此又得推尋。此處我卻要告訴諸位一極關緊要之處，即諸位且莫憑自己意見。換言之，即是莫憑自己空想，即對問題加以解答或批判。當知此類問題之答案，實即擺在你面前，一切有憑有據，只要肯去推尋。推尋時自然要運用思想，但所謂運用思想，其實只如一條線，指你向前，指你一條尋求的路。當你向前尋求時，卻須步步從實處邁步，讀了此書再讀那書，知道了這裏再求知道那裏，如此尋下去，自然會有答案。因此答案即新知，必由溫故而來，即是由實處知識來，並不是由你憑空想得來。所以孔子說：「我嘗終日不食，終夜不寢以思，無益。不如學也。」待你得了此答案，接著又會來新問題。於是又須向前，又須繼續尋求。如是才始能「推十合一」，得出一十足完全的答案。

此之所得，當然要運用你思想，思想如一條線，隨時隨地指你向前，所以謂之思索。但主要須向實處索，切莫索之冥冥，憑空思索。我如此一路思，一路索。一面溫故，一面知新。乃知當時魏晉南北朝人既講經學，又更重講禮，講孝悌，講家規門風。又知魏晉南北朝人亦重史學，並重文章。凡此之類，皆與莊老思想並不在一條路上。但魏晉人重莊老，此亦是一事實。且當時復有佛教羼入。佛氏講出家，又與魏晉以下人重門第不同。如此愈尋愈複雜，於此一複雜情況中再推尋，終於得出一結論。諸位聽我這番話，再去讀我那篇文，則不僅看到繡出之鴛鴦，而且我已將繡此鴛鴦之針線，度與諸君了。

其實以上所說，只是朱子格物窮理之教。朱子教人：「今日格一物，明日格一物，莫不因其已知之理而益窮之，以求至乎其極。」魏晉人崇莊老是已知了，但須因其已知而益窮之。是否他們便不講儒家經學呢？此是又一物了，須你明日之再格。若僅憑自己懸空推想，講莊老自然不講儒家經學，那是只格一物，不再格了，又如何說得上益窮之呢？此即是孔子所謂「思而不學」呀！又如你只讀《三國志》，讀《晉書》，讀《南北史》，讀王弼、何晏、郭象諸家，又讀《十三經注疏》，儘讀儘記，卻不用思想，不知道這裏面有問題，那又是孔子所謂學而不加以時習了。諸位把我此次所講，再去細讀我那篇論文，自應有所體悟。

上文我久已寫完。今年我又另寫一新篇，即〈讀明初諸臣詩文集〉。我在十年前打破頭，在臺中養病，對此文已有一腹底。今年冬，我胃痛復發，嘗繙讀明初各家詩文集作消遣，而遂決意下筆寫此文。

我們講文學史，常說唐詩、宋詞、元曲，此話固是不錯。但諸位不可由此憑空推想謂元代只有曲，更無詩文名家。這又如因知魏晉人崇莊老，便輕謂他們不講儒家經學，這就大誤了。只因你有了一項知識，反而害你引生出許多誤見。其實元明之際，詩文極盛，名家輩出，而且他們各以文統道統自負，自謂上溯宋唐、直躋兩漢，而遠攀西周。元曲在當時，只是流行於一般社會民間，而在元人詩文集中，則極少提到關漢卿之流。今日淺薄的講文學史，誤認為在當時新的已推翻了舊的。好像元代當時人，便只知有關漢卿等曲子一般。可知憑空推想，斷無是處。若你知道元曲盛行，有關漢卿等，不隨便推斷，卻能在心下推問，那麼這時關於傳統詩古文方面又如何呢？如此一問，再照此問自己尋去，則元代詩文集便赫然都在你目前，你始知所謂「不廢江河萬古流」，當時文學主幹依然仍在。元人並非只有曲，曲則如老幹上發了新芽般。

亦有人推想：唐宋盛行科舉，故人皆致力於詩文。元代科舉中斷，文人乃皆轉移興趣來寫白話的民間文學。此說只是憑空推想，其實無史實作證。亦有人說：蒙古人輕視中國文化與士人，「九儒十丐」之說，見於陶崇儀之《輟耕錄》中，可見確有此語之流傳。但中國士人傳統，在元代仍存在，只看《宋元學案》元儒諸卷，便可知元代有多少理學家。再考元代人著作，如看清錢大昕《補元史藝文志》，論其數量即至繁夥。經學在元代並未衰落，抑且較之後起明代為盛。此處只一讀朱彝尊《經義攷》便可見大概。又，《通志堂經解》中，收刊元代人著作，今俱存在。可知元代並非無儒。元人固不重用儒，但不能憑此推想即謂元代無儒。

以上所說，只是告訴諸位，憑空推想是要不得的。如知元曲盛行，便推想元代詩文都衰了。如知九儒十丐之說，便推想元代無儒，或儒學不振之類。做學問重要應在能推尋。如知元曲盛行，便去推尋元代詩文怎樣？如知九儒十丐之說，便去推尋元代儒家及儒學怎樣？卻不該束書不觀，游談無根。單憑一點知識來懸空概括其全體，你就為此一點知識誤了。你對此點知識外，其實是無知識、無根據。卻憑空發大理論，這些理論則只是你的想像和意見，事實並不如此。此層不可不知。

又如元人不依科舉用人，不重儒，而又把中國人分為「漢人」與「南人」，壓在蒙古人、色目人之下。當時南人是在四界之最下，最不被重視，或可說是最受壓迫的。但當元時，南方學術卻很盛。當知中國歷史上，列代開國，儒生文人最多的，只有唐與明兩代。而明初較之唐初為尤盛。大家都知如宋濂、劉基、高啓等，皆浙江人。在明代開國時，此許多學人均已成學。換言之，其成學皆在元代。元人不重儒是事實，元政府不重用學人又是事實，元代卻儘有儒生與學人此亦是事實。此輩儒生與學人如何存在？如何發展？於是不得不連帶來推尋到他們的經濟背景。由此問題追尋下去，便得明白元代之社會實質與其經濟情況。這又牽連到另一問題上去。只要有了問題，自會得答案。而此項答案，則必是一項新答案，這即是孔子所謂溫故而知新。一連串的問題與答案，則只從《輟耕錄》中「九儒十丐」一語引起。可知只要把握得一條思想線索，則自會尋向上去。但此並非憑空冥想。此層則須注意。

昔章太炎曾云「歷代開國之正，莫過於明。」此語實涵有甚多道理。如何是開國之正，如何是開國之不正？其實章氏此語，明代人早已言之。在辛亥革命前後，大家說：「驅除胡虜，光復中華。」好像在元末明初一輩儒生文人應該大家反對胡元，贊成革命。那知稽之明初史實，卻又適得其反。

十年前，我在臺中養痾讀書，無意中知得有很多儒生與學人，都拒絕了明代之徵辟。明祖思賢若渴，盡力網羅儒生與學人，此是事實。但明初諸儒對元明易代，心情上並不興奮，甚至有抱冷靜態度乃及反抗意志的，此又是事實。此一事實，豈不遠出我們推想之外！憑空推想之要不得，此又是一絕好例證。

我在去冬胃病復發，只隨手翻讀些元明之際的詩文集作消遣。因此卻見到當時儒生有為元死節者，有拒不與明祖合作者，有勉強應徵以至不久即力求歸隱者，有身仕於明而筆墨歌頌仍在胡元者。由此再引起我十年前在臺中養病時所得之舊印象，想把元、明之際此一時代儒生學人之內心觀感，從其詩文集中鉤勒出來，為他們當時的士群意態描繪一大輪廓。這是我動筆寫此篇〈讀明初諸臣集〉的動機由來。我此文主要乃在由文考史，專從詩文集中來發揮出當時的史情，即當時的時代心情來。此卻可稱為別開生面。諸位聽我此番講演，再去讀我論文，便知那繡鴛鴦的一套針線工夫，究是何從下手的。

我此文所發明，其實有許多話，前人早已說過。如錢牧齋《列朝詩集小傳》中，將劉基一人之詩文集分別列於「甲前集」與「甲集」，此乃一極特殊處。其在元時所作置於「甲前集」，入明後所作者置於「甲集」。若將此前後兩期之詩文作一比較，則劉伯溫一人前後心情之轉變，便再難掩藏文飾了。

當時亦有人勸劉基起事，劉氏答以生平最薄張士誠、方國珍所為，而峻拒之。在劉伯溫心中，此等皆屬草寇。但當時一輩草寇，卻都極力延致儒士，即說到明太祖其竭意網羅士群，實也和方國珍、張士誠沒有很大差別。太祖曾謂劉基、宋濂、章溢、葉琛曰：「我為天下屈四先生。」此一語大可玩味。明稱此四人為先生，固是極表敬禮。而下一「屈」字，更有意義。可見此四人之出仕，實是屈了。明祖代表草寇，即平民。此四人代表士群，即儒生與文人。士人參加當時革命，在當時雙方心中，都覺得那輩士人是屈了。此中卻有一絕大問題，可知當時士群與平民間，實大有涇渭清濁、丘岳高下之分。當時奮起革命反抗胡元的，只是一輩平民草寇。而一輩士群對之則甚為淡漠，並有盡想把此輩草寇平民削平來維持胡元的，劉伯溫即其中之一人。

此處牽連到兩大問題：一是上面說及元代之社會實質及其經濟背境。二是當時儒生文人以文統道統自負的，他們之學術淵源及其思想系統。此兩問題若求深入，實對瞭解當時歷史有甚大關係。但我此文在此方面，則並未深入，沒有繼續追尋下去。我此文，只求將當時士群之內心情態揭發出來，專拈此一點，為我文之主題。但為此已化去不少筆墨。若要繼續深入，則不得不另造專題從頭再說。

（五）

近人寫歷史論文，有些都有意好做翻案文章，此事實在要不得。以前人寫下的歷史，實在也無很多大案可翻，但我們卻可從前人所沒有注意的舊材料中來開拓新方面。如我此文，從明初諸臣集來考當時士群之內心情態。此一方面，若專讀《明史》，自不鮮明詳盡。因此說這是另開了一面。又如從元典章及當時詩文集中，來推尋當時的社會經濟，此又是一方面。我們再把此諸方面會合起來，自然所得與只讀《明史》不同，此便是推十合一。但如此推尋下去，也並不是說可把《明史》推翻了。

今再說中國一部廿四史，已感令人無從讀起，如何又要從正史再多開方面到詩文集及其他書籍中去，豈不是窮老盡氣，白頭而不得所歸宿嗎！當知如此便又走上務博記聞之學上面去，此卻並非我今天此番講演所要提倡的。我只盼諸位能懂得推尋，能自有一思想線索，逐步推尋過去。學問要各人自己懂得如何運用其智慧及思想，則正在這等處。

又如洪武十六年有〈大誥〉，其中有「寰中士夫，不為君用」之條。可知當時士群內心，並不對新朝革命感大興趣。因此又牽連及於民族思想，所謂夷夏之辨，似乎當時士群，於此多淡漠忽忘了。這上面當然又是大可研究。若我們能由此推尋上去，把元人入主以下這七、八十年中，中國士群對於民族觀之轉變，能尋出一條線索來，自然更是極有關係了。

講至此，我纔懂得黃梨洲《明儒學案》以方孝孺為明初第一學者，而又他把列入〈諸儒學案〉中之所以然。〈諸儒學案〉是學無師承的，但方孝孺有師，豈得為學無師承！宋濂是方孝孺之師，又是明初開國第一大學者，但在黃、全兩家學案中，卻把宋濂置在《宋元學案》中。把宋濂認他是元儒，而把方孝孺認為是明初第一大儒，又是學無師承。可知此處實有極大意義，大可闡發。

我讀《方孝孺集》，其中有兩觀點。一〈論正統〉，以為統有二，一正統、一非正統。中國歷史正統，南宋之後應屬明。元代雖統一中國，然在中國為非正統。此一理論，由方氏正式提出。此一問題，在我們今天想來，好像平淡無奇。但若我們能從頭一讀明初諸臣集，便知方孝孺此一問題，在當時實可震動一世。明之為明，要從方孝孺起，纔始在中國人心中有了一正大光明的地位。此問題若牽連向上推尋，一讀《楊維楨集》中之〈正統論〉，此在元末也是震動一世的。自有楊氏之〈正統論〉，而中國人心又一變。若我們再從楊維楨所主張的正統論向上推，便知另有一種正統論存在於當時人心中。如此一看，在我們此刻心中，認為中國史家講正統非正統，全是陳腐沒意義的，那卻又是大錯特錯了。

方氏集中又論唐、宋文章，他認為宋文價值應遠在唐文之上，韓、柳之文，在方氏評價中，並不甚高，此又與元末明初諸文士之文學觀點大異其趣。但不幸方氏在永樂朝遭受極禍，此下明代文人又轉入了另一條路，要講文必秦、漢，詩必盛唐。那則又是另一問題了。諸位若能從我此時所指出的，自用思想自己去推尋，其中自有許多新問題和新知識，卻為從前人所未理會到者。

（六）

我此番所講，主要在勸諸位做學問不可看輕了知識。知識不專是記聞，卻貴有新知。新知貴能自用思想去推尋，不可誤認憑空推想即可得知識，此只是想當然。想當然之處，須就事實去檢查考訂。各人才性相異，興趣所偏亦不同。因此各人之思索路向亦儘可有不同。但各人都該懂得推十合一，求其能到一以貫之的境界。所貫有小有大，先從小處能一以貫之。再推尋向大處。若能在大處亦能一以貫之了，此即朱子所謂：「一旦豁然貫通，而求至乎其極」了。因此我說，朱子教人格物窮理之學，實在不可忽。做學問固是該能善用思想，但也該有材料、有根據、有證驗、有貫串。此應靈活推尋，由此及彼，發現問題，自可求得答案，增益新知。此則程子所謂「自能尋向上去」之真實用功處。請諸位注意。

今天許多人多就歷史來講文學。我此所講，則以文學來講歷史。此即是我所謂從入之門有不同。蓋文學乃是各人自己內心之表現，故讀歷史須注意人物，研究人物又必須注意其詩文集。此只是讀書做學問之一端而已。我只為諸位舉例，貴乎諸位之自能舉一反三。

現在再說：做學問不能無師承，又不能離書本。「十室之邑，必有忠信如丘者焉，不如丘之好學也。」要學，如何不從師、不讀書！但也不可拘泥，仍應多以古人為師，自運思索，觸路旁通，由近及遠，如此纔可見出自己之真性情而得真樂。益進而深求之，則可接觸到學問之大體系，而明其大道。推尋再推尋，會通再會通，將來或可成為你自己一個嶄新的學術整體。其實只從一點一滴，一個一個據點上推尋出來。即所謂：「今日格一物，明日格一物，莫不因其所知之理而益窮之，以求至乎其極也。」做學問如此，做人亦然。此層有待諸位自己體悟，恕我不在此番演講中再及。

對新亞第十三屆畢業同學贈言

今年又逢新亞第十三屆同學畢業，我照例該寫一篇臨別贈言。

我們學校一向以「治學」「做人」兩者兼重昭示來學。但諸君須知，我們所處世界實應分為兩個。我今試借用佛家語，稱一個為「真界」，另一個為「俗界」。若用現代語，亦可稱一個為「理想界」，另一個為「現實界」。

但此兩世界，並不能嚴格劃分。理想的真界，並非全脫離於現實的俗界。而現實的俗界，亦非全違背了理想的真界。我們做人的大原則，該在此現實俗界中來努力發現和完成一理想的真界。

我們讀書求知，亦該懂得分別有些是為理想真界說法，而有些則從現實俗界著想。

舉例言之。孟子曰：「人皆可以為堯舜。」陸象山說：「我不識一字，也將堂堂地做一人。」

明儒有「端茶童子即是聖人」，又「滿街皆是聖人」之說。此就理想真界言，應是有此理。即就現實俗界言，確亦有此事。但現實俗界畢竟是一現實俗界，不能說人人都真是堯舜，不能說不識字的全都堂堂地做成了一人。

佛家亦說：「人皆有佛性。」但不能說凡進山門的全成了釋迦。基督教亦說：「人人都是上帝的兒子。」但不能說凡進禮拜堂的全成了耶穌。

又如說：「凡屬人類，全是平等。」此就理想真界言，應有此理。但在現實俗界中，究竟總不免有不平等。

而且此一現實俗界，也永不能全變成為一理想的真界。此如人間究是一人間，斷不能把人間全變成天上。但此天上，也不是遠隔人間，也不是永不能在人間世中獲覩此天上。因此，在此現實俗界中，究竟還是有堯舜，有孔子，有釋迦，有耶穌。但此堯、舜、孔子、釋迦、耶穌，也究竟仍不能脫現實俗世相。

所以孔子說：「我非斯人之徒與而誰與？」魯人有獵較，孔子亦有獵較。釋迦有釋迦之生、老、病、死。在耶穌，亦接受了當時法吏之判決而上了十字架。

人類的最大希望，是如何在此現實的俗世界中，而表現完成出另一個理想的真世界來。做人的最高境界，是在此現實的俗人身上，而表現完成出另一個理想真人來。

諸位此刻畢業離校，其實只是正式跑進那個現實的俗世界中去，但諸位莫要忘了一個理想的真世界。也即在此現實的俗世界中露面。諸位在校所受教訓，有些多是關於理想真世界之一面的。但諸位跑進了現實的俗世界之中，依然還可時時見到許多關於真理想方面的形相，也可時時接觸到許多關於真理想方面的消息。只要諸位能有純潔的志願，能有堅強的毅力，能有深潛的修養，諸位儘可在人間猶如在天上，儘可雖做一俗人，而同時卻不失為亦是一真人。此在諸位之繼續各自努力吧！

（民國五十三年七月）

我如何研究中國古史地名

民國五十二年十月三日
研究所第五十三次學術演講討論會

我近年來的講演，前後共約十篇，差不多都講做學問之方法。我曾出版了一部書，取名《學籥》，意為做學問的鑰匙，即學問之入門。其中有兩篇較重要的文章：一是〈朱子讀書法〉，一是〈近百年來諸儒論讀書〉。盼諸位再取細讀。今天我本不想專講一題，臨時想要講我自己研究中國古代地理之經過。

民國十二年時，我在廈門集美任教。課暇，讀船山全書，《楚辭通釋》至九章〈抽思〉：「有鳥自南兮，來集漢北」句，船山注曰：「此追述懷王不用時事，時楚尚都郢，在漢南。原不用而去國，退居漢北。」當時余驟讀此注，甚為詫愕，乃知屈原實曾居漢水北岸，為《史記》所未及，亦似為前人所未道。此一新知，深印我腦中，使我發生興趣。從此推演引伸，在我心中盤桓有七年之久。乃在民國二十年，寫出〈楚辭地理考〉一文，發表於《清華學報》。此文重要部份，後皆分別增入我《先秦諸子繫年》一書中。而我對屈原生平，蘊釀出一極大翻案，即謂屈原行蹤，根本未到今日湖南省之洞庭湖。彼之一生，其實只局限於湖北漢水流域。為此問題，曾招來多人之駁辯，但我至今仍信此說不可搖。

為此問題，首先注意到洞庭湖之地位。據顧棟高《春秋大事年表》所述楚國疆域，實未嘗到達長江以南。即到戰國屈原當時，楚人重要據地仍在湖北。我乃注意到《楚辭》中之「洞庭」二字，使我發現一新開悟。因我是江蘇人，在蘇州太湖中有洞庭山，而《續古文辭類纂》所收吳敏樹一文，曾講及古時傳說湖南洞庭湖水，乃由地下潛通至江蘇太湖之包山，故包山亦名洞庭。其說實非始自吳氏，而遠有來歷。而由此使我注意到古史上異地同名之一事實。

異地同名，其例甚多。如近代英國因移民關係，而英倫三島之地名，播遷至美、加、澳三處者，多不勝舉。在我家鄉無錫，有一鎮名東亭，一鎮名蕩口。東亭為大族華氏世居，小說中有唐伯虎三笑點秋香，其時華家即居東亭。此後華氏有一支遷至蕩口，於是蕩口鎮上之地名，頗多與東亭鎮上相同者。如東亭有楊樹港，蕩口亦有楊樹港。東亭有賣鷄橋、賣魚橋，蕩口亦然。其他兩鎮地名相同者尚多。此蓋華氏族人由東亭遷至蕩口以後，即以東亭之舊地名來作蕩口之新地名。我幼年居蕩口鎮，因此種種，使我領悟地名遷徙之背後，尚有民族遷徙之蹤跡可尋。由此想到中國古代甚多異地同名，其中實暗藏有民族遷徙之蛛絲馬跡。此一開悟，使我治中國古代史，獲一新領域。

我常想，研究中國古代史，如講年代問題，當自春秋以下始見重要。若上溯之，春秋以前，年代問題實不太重要。如在西周初年，〈周本紀〉〈魯世家〉所記年代不甚清楚。商以前年代更不清楚，而且也無法定要考究得清楚。因就曆法言，每隔三四百年，天文現象上，即可有一約略相似之小循環。而如歲差問題，每隔八十六年便當錯一次。古人曆法本就粗略，我們根據後代精密之計算，來推論前人粗略之記載，有些處便根本靠不住。好在在古史上，隔了三幾百年，人類歷史還是那樣，既無甚大事跡可稽，亦無甚大異同可辨。因此講中國古代史，我認為年代問題，實不太重要。

若說到古史人物，都由傳說來，隔幾百年有一大人物，而相互間亦不見有甚大差別。我常說：中國古史人物，須從西周初年周公開始，纔可有較具體較詳細的可信敘述。

因此我想治中國古代史，民族問題或較值注意，但此事實難下手。因中國古人似乎並沒有很深的民族鴻溝，存在其觀念中。因此無論是傳說或記載，對此方面，皆甚糢糊忽略。我認為從氏族方面去研究，或是一條路。但我在此上，並沒有花大工夫去作深入的探究。

其次是研究中國古代地理，或可為古代民族遷徙尋出一條路。我為注意異地同名，纔發現一項通例。原來地名初起，都只是些普通名辭，後來纔演變成為特殊名辭的。如《爾雅》〈釋山〉〈釋水〉兩篇之山名水名，本都有意義。換言之，亦可說其本都是普通名辭。如「霍山」，《爾雅》釋為：「大山宮小山霍」。「宮」乃圍繞意，四周大山，圈圍一小山。如此類型之山，皆可稱「霍山」。故安徽有霍山，其後湖南也有霍山。正因山形相似，故山名亦相同。洞庭之「庭」字，本義乃是門堂間通路。「洞」是穿義。湖南洞庭湖水是否確自地下潛穿至江蘇之太湖，此乃傳說，不足信。但即就今之洞庭論，湖水漲時，一片汪洋。及其淺落時，陸地浮現，分別成甚多小湖。古人可能在其湖水淺落成為多湖時，認為地下水脈，仍必相通為一湖，故名之曰「洞庭」。江蘇太湖，本名五湖，因此亦有洞庭之稱。再進一步論之，必是湖南先有洞庭之稱，隨後其名乃移用到江蘇來，而從此又生出兩地水脈潛通之傳說。

循此意求之，如我家鄉無錫之惠山，又名九龍山。九龍山之名，到處有之。如此刻我們在九龍，本即係由山名轉為地名的。連山橫桓，即可稱之為九龍山。又如湖南之南嶽衡山，衡者橫也，凡山形橫列，皆可稱衡山。故衡山決不止專在湖南始有，河南亦有衡山，便是其證。我在北平時，曾遊妙峯山，此山為北方聖地，每年朝山進香，甚為盛事。我登此山，八里一程，凡越七程，愈攀愈高。直至第八程，卻反向低趨落，始見中為一小山，外面四界都是高山圍拱。因此我纔悟到「大山宮小山為霍」之真義。其實妙峯山亦即是一霍山，故得成為一聖地。惟霍山之名先起，而且已不止一處有此山名。故北方人呼此山，不再稱「霍」，而隨俗稱之為「妙峯」了。

再推此求之，如江西之彭蠡湖，「蠡」是螺旋義，「彭」是大義。上游長江匯納漢水，水勢灝渺直下，遇水漲時每倒灌入彭蠡。彭蠡成為長江一大蓄水池，水勢到此甚急，每激盪成大螺旋，故此處水名「彭蠡」。但在《淮南子》書中，亦有彭蠡。據我考訂，《淮南》書中之彭蠡，乃指黃河之風陵渡一帶而言。可知凡水勢迴旋成大螺形處，皆得稱彭蠡。但後來彭蠡成為江西鄱陽湖之專名。若我提起中國別處也有彭蠡，別人聽了，反覺是在故意發怪論。

我因此推定，《楚辭》中之「洞庭」，實應在今湖北省境。《國策》中又有「長沙」一名，其地亦應在河南或湖北境，而非今湖南之長沙。其實依字義求之，只要此水沿岸緜延著很長一帶沙地，即得稱長沙，何必定在湖南始可有長沙呢！

最難講的，卻是「屈原沈湘」的湘水之原義。《詩經》〈采蘋〉「于以湘之」，此「湘」字訓「烹」，水在鍋中烹，就沸騰了。可見湘亦即水沸義。「襄」字與「相」字通，可知「瀼」字亦與「湘」字通。《尚書》「浩浩懷山襄陵」。遇水勢盛漲，騰駕直上，便像要懷山襄陵。此水可名瀼水，亦可名湘水。省去水旁，即可作襄水。襄陽在漢水之北，漢水之南則為襄陰。王莽時改地名，襄陽改作「相陽」。可知湘水即襄水，而襄水亦即今湖北之漢水。

但漢水之「漢」字得名，又將作如何講？所謂「河漢」，漢本指天上之水。所謂「天河」，河則指地下之水。甘肅省有天水縣，即漢水之發源地，此在《唐書》〈地理志〉中有明證。何以謂之天水？因此地水漲時，浩浩沸騰，其來勢甚為急驟，若來自天上，故稱漢水。闡釋至此，可知漢水即襄水，亦即湘水。屈原居於漢水之北，「郢」都即在今之宜城，為秦楚大戰之地，《水經注》中載此頗詳。其地名「鄢郢」，因附近有一鄢水。其後楚人遷至安徽，其都城仍名郢。戰國時，楚人大量東徙，卻無大量南移之證。故知屈原實並未到今湖南之湘水。當然戰國晚年，亦有不少楚人南至長沙湘水流域者，地名隨之遷徙，而故事亦隨之遷徙。於是屈原沉湘，遂若確在湖南境，而我〈楚辭地名考〉所論，又若轉成為一番怪論了。

我因此又得一通例，即地名遷徙，必係自文化地區遷徙至偏遠地區者。而文化地區之舊名，則漸為新名所淹沒，後人只知有新地名，忘了舊地名。而偏遠地區則因文化低落，較少變動，故此新地名反得保留常傳。故今湖南仍有湘江之名，而湖北境內湘江舊名反見淹沒了。

余為此一通例，又作其他之考訂。如西周初年之自「豳」遷「岐」，後代皆認為豳在陝西，但遇甚多講不通處，歷來爭辨，終無定論。我曾詳讀由戴東原所編修之《山西通志》，始寫了一篇〈周初地理考〉，確定「豳」字本作「邠」，原在山西汾水邊。水名為「汾」，地名則為「邠」，在山西境內。此項地名遷徙之例極多。如晉國都城本應在晉南，並不在晉北。顧亭林曾親遊山西，在其《日知錄》中辨此甚詳。我讀《山西通志》後，乃知周人其初乃自山西渡河西遷而往陝西。

如今《詩經》〈豳風七月〉之月令乃屬夏曆，此即山西人之傳統曆法。故〈豳風〉中所描述一切天文氣候農村情況，移至陝西，便不適合。此問題與《楚辭》地理問題，同為余研考古史地名之大發現。余至今仍深信不疑，認為尚沒有真能推翻我說之新材料或新證據，能為余所接受者。

稍後我又寫成〈黃帝地望考〉一文。黃帝乃中國古史上傳說中最偉大之人物，傳說中有黃帝與蚩尤戰于涿鹿之野一節。後人皆說「涿鹿在懷來」。我甚懷疑黃帝何以能遠跡至此，與蚩尤作戰。又傳云「黃帝西至崆峒」，其實《莊子》書中黃帝所到之崆峒，應在今之河南境。我因疑黃帝與蚩尤作戰之涿鹿，應在今山西南部解縣之鹽池附近。我又自黃帝推講到古代三苗，寫成〈古三苗疆域考〉一文。在《戰國策》中，吳起嘗提及三苗疆域，「左彭蠡而右洞庭」。因此我推定吳起口中之彭蠡、洞庭，亦皆在黃河流域，而不在長江流域。其他像此類的考訂，此刻不再多舉。

我本欲將此許多篇論文彙集付印為《古史地名論叢》一書，後因抗戰軍興而中輟。民國二十八年，在抗戰期中，為奉養老母，我曾返蘇州，閉門讀書一年。日長無事，欲對古史地名作一綜合之研究，耗時一歲，寫成《史記地名考》一書。但因我匆匆離開蘇州，從香港飛重慶，此書之〈序文〉與〈編纂例言〉尚未及寫，而將原稿交予上海開明書店付排。民國三十四年抗戰勝利後，開明已將全書排成清樣，我又要回來，在不改動頁數之可能下，稍稍改訂了幾條，惟仍未刊行。去年（民國五十一年），大陸將此書以開明編譯所名義出版了。但此書中，已將我凡屬關於古史地名之不少創見，通體以極簡淨的斷語寫進去。我本預備將來以此書與《古史地名論叢》兩書相輔並行，此刻我的論叢各篇還未能仔細再校一過，彙集付印，則《史記地名考》中所收那些結論，只是短短幾句的，便真像是無根據的怪論了。（按：民國五十五年錢先生為《史記地名考》一書補長序一篇交香港龍門書店出版）

而且我編著此書，在體例上，也是別具一番苦心的。現在他們把我此書印出，而沒有我的一篇例言，來說明我編排材料之體例，則將使讀我書者，徒然枉費工力，而摸不到此書之綱領及重要關節處。若僅當一部材料書來作臨時之檢查用，那就把此書之主要貢獻及其意義價值所在，將會全部埋沒了。

至於我編著此書之最先動機及其詳細經過，像我此次講演所提及的，只是其前一半之節略。有關正題的後一部，我尚未在這講演中提到。至於我編成此書後，對中國古史方面有何重大結論與重大闡發，此等均該在書前有長序作為交代。現在他們只偷取我的原稿，抹殺我的名字，胡亂出版，真是學術界未有的荒唐事。只因我現在事冗，而且我的興趣對於古史地名方面的，自成此書，即已擱置，不曾繼續理會。只有待我稍得清閑，重新提出我的舊興趣以後，始能再行落筆了。

現在我只提出一點來使大家注意，當知此一部《史記地名考》，實是一部有甚深背景的專家著述，決非只是抄卡片、集體編排所能完成。諸位讀此書，也須懂得像讀我的《先秦諸子繫年》般，千頭萬緒，互相關聯。只是在體例的外表上，好像只是一堆材料，因而使此書更難閱讀。總之，要讀我此書而能消化，獲得其真意義真價值所在，則非俟我的長序與例言寫出，恐不易為一般讀者所企及的。

上董事會辭職書（董事會檔案）

趙董事長暨董事會諸公大鑒：敬啟者，穆此次辭職，種種理由，向未對外公開，即董事會諸公亦都茫然來相質詢。惟事緒紛繁，訴說難盡。茲特專舉此次大學聘請教授有關穆代表新亞與大學李校長爭持之點，扼要簡述如次：

此次大學聘請教授，李校長屢次申述兩項原則：

㈠每科應聘人儻無確合教授標準者，則改聘為 Reader。

㈡儻某科應聘人全不合理想，則寧缺無濫，將某科人選暫缺。

此兩原則，如能嚴格執行，實為中文大學開始一好兆，惜乎事實昭示，並不如此。

㈠現有十四科，僅將社會與社會工作併作一科（此事實為合理），其他各科，除化學外，則全聘有人。

㈡每科所聘全屬教授，並無一 Reader。

就其所聘之人選言

㈠有從未在大學有教課經驗者（按：此項並不止一人）。

㈡有明知其絕無行政經驗，並預定不使其擔任行政工作，即系主任工作者。

㈢有其資歷僅在並不著名之大學曾任講師，在學術上亦並無優異之著作者。

㈣有英國專家意見明指其缺少教授經驗，並批評其所送論文量既不豐，僅三篇，而質亦平淺，無高深之建樹者。

㈤有其人在學歷上並非學習此一科，在教學經驗上亦從未教過此一科，而聘為此一科之教授者。

在延聘新教授此一重要工作之長期過程中，穆認為下列舉措殊為不當：

㈠有原已議定延聘某人為 Reader，而李校長私自去信告知，其人來書不允接受，隨又改聘為教授者。

㈡有原定某一科暫缺不聘，而李校長去美國，親見其人，歸後面告穆欲聘其為 Acting Reader，俟其來校一年，觀察其實際表現之後，再行商討，重作決定。穆當時並未表示反對，但李校長在正式會議席上卻提出擬聘其人為教授，並在正式開會前早已將此人名字列入大學董事會議程之內。

㈢有某一科原已議定聘某人為教授，其人來信已受他處之聘，李校長不再在會議席上鄭重討論，而逕以第二人遞補，只作一聲明，即認為定案者。

正因此種舉措，遂使此次延聘教授，外面引起學術界之非議，內部引起三校同人之憤慨，有某校某學系主任，一向被視為該校教席中一重鎮，立即提出辭呈，不肯再留。

以上所陳，祇是概括而言，因英國專家之推薦書，乃大學部之密件，外人無從閱看，而一切會議經過，李校長再三叮囑，事屬祕密，切勿向外宣述，穆惟知奉公守職，即新亞內部教員同人，祇有非與商酌不可者得知此種種之經過外，穆亦從未向董事會諸公洩露穆私人積久之憤懣與不滿。

此下將較詳一述有關新亞商學院長楊汝梅先生與理學院長張儀尊先生兩人，穆與李校長歷久相爭之經過。

有關楊先生的爭議經過如此：

㈠此次大學延聘教授未規定年齡限制，因此楊先生雖已超過大學規定六十歲的退休年齡，而也提出了申請。

㈡專家們認為楊先生和另一位申請人堪任教授。

㈢一位英國專家認為楊先生的一種著作為第一流學術著作，主張在楊先生未退休前，應該予以教授之名位，另一位專家則說，若另一申請人稍遲方能到職，應先予楊先生以教授之名位，「纔算公平」。

穆向李校長申述意見如下：

㈠此次大學延聘教授，既一再申明尊重英國專家之意見，則在楊先生尚未退休前，實應予以教授之名位。

㈡此次大學所聘教授中，有一位已達六十八歲高齡，李校長聘其為 Visiting Professor 說明年限一年至兩年，楊先生年僅六十四歲，自新亞創辦迄今十五年始終在位，經歷了漫長一段的辛苦，何以反不能予以至少兩年之教授名位。

㈢李校長所堅持要聘之一位，乃在美國某大商業機構任職，聞其所獲薪給，遠超於中文大學所規定之教授薪額，故此君不僅下一學年之上學期不能來，還可能根本不應聘。如此何以不聘楊先生為教授？

㈣在大學任教授與在商業機構中任職性質不同。若必論在商業上之實際經驗，楊先生前在大陸時亦曾擔任過有名銀行經理多年。若論大學行政工作，楊先生駕輕就熟，而某君既無大學教課經驗，未必能保證其對大學學系主任一職之行政工作能勝任愉快。

㈤李校長請某君來，不僅請其擔任大學之系主任，又擬請其主持創辦一工商管理研究所，此屬李校長到校以來，首先所欲創辦之第一個研究所。穆告李校長不如由楊先生以教授名位主持大學商學系之系務，請某君專以全力籌備此研究所，此兩事分則兩美，合則俱損。

但李校長堅不接受穆之意見，並要求親與楊先生面談，依原則言，此事自應在大學會議中決定，不應由校長與申請人兩面私商，但穆尊重李校長意見，亦未加以反對。李校長見了楊先生，告以若擔任教授，一年必需退休，若依然留新亞為高級講師，彼可允其多留幾年。楊先生告以如當系主任兩年，彼可有成績表現，若僅當一年，匆促間恐難有成績。李校長與楊先生之談話，遂無結果。

事隔多天，李校長致函於穆並附首席助理輔政司魯佐之先生與彼一函之副本，大意謂政府方面不同意以逾齡人當教授，但在外地聘著名之訪問學者則屬例外。李校長信中則謂彼為楊先生用力已盡，此事如此告了一段落。但穆誠不解何以優先聘請海外著名學者，而忽視當地之著名學者，如楊先生其人。

有關張先生之事爭執最久，曲折亦多，此刻只有舉要略述。

兩英國專家認為是科應徵者（包括張先生在內），無一在學術上有特殊優異之表現可膺選為 Chair 者，但亦說明在所有應徵者之中，張先生經驗最富，資歷最佳，可聘之任 Headship of the Department。當時對 Headship 一詞是否即指 Chair，已有異議。旋經函牘往還說明，專家表示如大學根據當地之特殊情形認為可聘張先生為 Chair 並不反對。又謂大學可聘張先生為任何等級之教員，主持此系。

就穆所見，張先生之經驗與資歷，與許多膺選在其他科系擔任 Professor 者相較，並無遜色，而至少優於某一學系之 Professor。但李校長拒絕考慮聘張先生為 Professor，僅擬聘之為 Reader，堅稱專家意見至上，不可更易。其實專家早已來函說明，認為大學方面可以視當地之迫切需要而酌予變更。況就某一科之情形言，專家並未明白推薦大學所聘者應予以該科 Professor 之名位（參閱第一頁第五項），何以大學仍聘之為 Professor。

穆主張聘張先生為教授之理由如下：

㈠專家所持尺度不同，或從嚴，或從寬，儻其意見有可商酌之處，自可不拘泥接受。

㈡但若大學在明知專家之意見從寬而予以接受之後，則對經驗資歷不在其他各科教授之下如張先生者，專家既已推薦其為系主任，大學方面斷不應靳予以 Professor 之名位。

㈢膺選之其他各系系主任均為教授。張先生之經驗資歷既不在其中若干人之下，而獨聘之為 Reader，使張先生難以自處。況張先生去退休之年，不過三載，不應對此獨苛。

㈣儻其他各科系之膺選者；有如穆所建議而初時已為李校長所同意之辦法，聘某人為 Reader，依此公平辦理，穆可不必為張先生爭。儻所懸標準始終一貫嚴格，或專一尊重專家意見，或竟如對楊先生之措置一切完全無視專家之意見，則穆亦未必為張先生爭。但在目前情形之下，穆認為惟有聘張先生為Professor，始稱公平。

穆所反對者不僅在處理張先生之聘任一事，乃在延聘教授之全盤處理辦法及其所產生之結果。張先生之事乃為穆不可忍受之最後爭執，因使穆不得不作目前之決定。

如此一件事，爭了三個月以上，而在會議席上獲得三對一之比數而否決。穆更不解何以李校長對此事一再拖延至於如此之久。穆自問只有辭去新亞校長一職，只有退出中文大學，始可於心無愧。否則即為自欺，非撤回其抗議，即應自承其抗議之不當，但此均非穆所願為。

我從旁聽到李校長告人，錢某只該退休，不該辭職。但我之辭職乃正為表示一種總抗議，不僅為反對徵聘教授措施之不當，有關創辦一所大學之理想與宗旨，有關創辦一所大學之一切應有的向前的步驟，乃及其他種種較重大的問題，至少李校長沒有和我商討過。我從旁觀察，有許多該向李校長進忠告的，也沒法進言。

我在此報告中，僅舉選聘教授一項，又特詳其關於楊張兩先生之事。在最先我本想對於選聘教授一事，盡我所知向李校長作諍友，首先遇到有關中文系的事，我自問我對此一方面之意見，宜不比英國專家之意見差得多，但我和李校長私自談話，乃及在會議席上公開討論，至少發言重複有四次之多，但關於此一事之意見既不蒙李校長採納，我乃退而思其次，凡李校長提出之人選，已得被分派的學院院長所接受，我即不願多表示異見。此非我對中文大學之故意消極，我只求大家和衷共濟，先在人事上求協調，不必多生爭端。但有關新亞方面的，我不得不站在合理立場，求一公平待遇。若並此而不可得，徒受厚薪，一切緘默，既對不起新亞，也對不起中文大學。在我心力已盡，則惟有辭職一途。謹此陳達，以求董事會諸公之諒解。

新亞書院董事兼校長　錢穆　一九六四年一月二十日

（註：當年為息事寧人，故請董事會將此函列為密件，不僅未對外界公佈，亦未對校內同人公佈。今隔二十五年，事過境遷，已無再保密之必要。特附入此集中發表，亦為余向新亞師生補做交代。）

有關穆個人在新亞書院之辭職

民國五十三年七月十一日新亞畢業典禮中講詞

穆此次辭職，承各方關顧，惟對辭職理由，迄未公開報道，曾於本月十一日新亞畢業典禮中稍有宣述，亦不失為穆此次辭職在某一角度中之心情。茲已蒙新亞董事會准許，爰追錄當日談話，公諸報界，聊答各方關顧之盛意。

各位董事、來賓、教職員同仁及全體同學：今天為本校第十三屆及研究所第八屆畢業典禮，並為本校參加中文大學後之第一屆畢業典禮，鄙人謹代表在場全體向畢業諸君道賀。茲有一事連帶述及，即鄙人在旬日內亦將畢業，甚願乘此機會，亦獲得為被道賀者之一分子。

人生過程中，先有學業，次有職業或事業。在學業進程中，依照現行西方過程，可有幼稚園、小學、中學、大學、研究院多次畢業。待參加社會職業事業後，亦可不斷有好多次畢業。鄙人任職新亞校長，已歷十五年。去年曾一度求去，未蒙董事會允准。最近再度請辭，已有獲得允准之把握。此為余任職新亞校長之畢業。此項畢業證書，不日可拿到手。所以我今天實有與在座諸位畢業同學同樣愉快之心情。

說到此，諸位或有好多問題要提出，我在答覆諸位好多問題以前，應提起我對本屆畢業同學的那篇臨別贈言。贈言中大意說，人生有兩個世界，一是現實的俗世界，一是理想的真世界。此兩世界該同等重視。我們該在此現實俗世界中，建立起一個理想的真世界。我們都是現世界中之俗人，但亦須同時成為一理想世界中之真人。

我此次辭職，許多理由關涉現實俗世界方面的，不想在今天的會場上宣述。但亦有許多理由有關理想真世界方面的，諸位畢業同學應該一聽。此後諸位正要走進現實俗世界中去謀職業，幹事業。但我鄭重奉勸諸位，莫要忽略了另一個理想的真世界之存在。我此下所講，或可供諸位離開學校後作參考。

我想諸位首先要問：「你為何要辭職？」猶憶十年前後，我和一位朋友閒談天。他說任何一個人，當了什麼長，位居人上，時間久了，不知不覺中，此人的品質和性格都會變。我當時深受感動。自念新亞規模雖小，我也算是一長，人非聖賢，苟不時自警惕，若使位居人上，而品在人下，豈不是一件可恥可悲的事。

讓我把眼前事例作證。今天畢業典禮中，主要便是校長致辭，我好像很自然地該站在臺前來講話。典禮完了有攝影，我又將很自然地被推在最中間位子上坐下。這些，在現實俗世界中，也是理所應有，不容推辭。但在如此形勢下，處得久了，得意忘形，真認為我高出人上，那就非流為小人之歸不可，最多也僅是一俗人，和我理想中所要做的真人並不同。

又如新亞在初創辦時，同事們同學們都不稱我為「校長」，現在則大家莫不以校長呼我。此種稱呼雖屬小事，且亦為現實世界中所不可免。但聽慣了，有時會把你眼前的職位即認為是你真實的一個人了。此事實在要不得，我常常為此懼。

我不曉得當了校長十五年，我的品質和性格是否也漸移默化地變了。我雖常自警惕，但積久之後，便成為我時想辭職之一項心理因素。此層我勸諸位莫輕易聽過，將來應可為諸位處事做人一參考。

現在繼續推前去講，我自民國元年起，即已從事教育界，忝為人師，至今沒有轉變過，也沒有休息過。民國元年時，我年十八歲，若以西法算，只十七歲，那時我學校的校長，此刻已忘其年齡，但他有一兒子在校讀書，正好和我同年。更有比他年長的，最大的一個，大我五年。當時我即深深明白得一項道理，即不懂得如何做人，便無以為人師。此一道理，卻是直從我心底深處明白得來。到今五十三年，我對此番道理，深信不疑。我在新亞十五年，時時教諸位應知「為學」「做人」並重，這決不是隨便說。我此番之辭職，在我是處處把做人道理來作決定。換言之，我要做一個人，便不該不辭職。若我此番不辭職，便和我平日所抱做人理想不相符。我之堅決辭職，只是要照我理想做一人。或許校內校外有人批評我，說我不該辭。這可能是我智慧不夠，判斷不當。但我此一番誠意，則終會值得人同情。

以上是我申述我此番堅決辭職之理由。諸位必會繼續問：「你辭職了，對學校影響如何呢？」關於這一層，我還得從遠處講來。在我二十歲左右，曾讀《蘇東坡全集》，中有一詩，當時給我甚深開悟。詩題現已忘了，詩中有一聯說：「老僧已死成新塔，壞壁無由見舊題。」我對此一聯體會到，歷史社會事業，決不能由任何一個人獨自來擔當，那寺裏的老和尚死了，但還繼續建了新塔。再過三五年，新亞應會在馬料水新址蓋起嶄新的校舍，這是大家可以想像到的事。

現在校內校外許多人，常把我和新亞書院聯合一併說了。我遠在十幾年前，即說此一觀念要不得。人生無常，而事業則貴能垂之久遠。若我個人真和新亞書院分不開，則是我辦理新亞規劃之不當。

在東坡前遊此寺時，曾在壁上題詩，隨後再往，壁已壞了，題的詩也不見了，東坡當時心中似有些感慨。其實此等事在俗世界中也是不可免。現時新亞的幾所建築，沈燕謀先生始終參預其事，他曾屢次催我寫幾篇碑記，勒石留念，但我婉辭不肯。本無舊題，何待壁壞？將來新亞遷至馬料水，我和新亞，便漸成為了無關係。諸位應以大無畏精神努力新亞前途，樂往猛進，但莫太重視了我個人之去留。

諸位或許又會問：「你辭了職，此下的個人生活又如何呢？」這在私人情感上亦理應有此問。讓我再從上述有關僧寺的事講起。近代中國有一高僧虛雲，諸位若是廣東人，應該聽聞到。我在幾年前讀虛雲和尚年譜，在他已躋七十八高齡之後，他每每到了一處，蓽路籃縷，創新一寺。但到此寺興建完成，他卻翩然離去，另到別一處，蓽路籃縷，又重新來建一寺，但他又翩然離去了。如此一處又一處，經他手，不知興建了幾多寺。我在此一節上，十分欣賞他。至少他具有一種為而不有的精神。他到老矍鑠，逾百齡而不衰。我常想，人應該不斷有新刺戟，纔會不斷有新精力，使他不斷走上新道路，能再創造新生命。若使虛雲和尚興建了一寺，徒子徒孫環繞著，呆在寺裏作方丈，說不定他會在安逸中快走進老境。當然我此處之所謂老，更重在指精神言，不重在指身體言。

諸位莫誤會，認為我有意離開新亞，來再創一新亞，在我則絕無此意。我自十七歲到今五十三年，始終在教育界。由小學中學而大學，上堂教書，是我的正業。下堂讀書著書，是我業餘的副業。我一向不喜歡擔當學校行政工作，流亡來香港，創辦新亞，算是擔當學校行政了，那是在非常環境非常心情下做了。在我算是一項非常的事。這如戲臺上的客串與玩票，又如淩波扮演梁兄哥。我此下擺脫現職，自然仍想回到我的本行正業去。只我年歲日邁，此十五年來，對學業上不免更多荒疏。我有更多想看的書沒有看，更多想寫的書沒有寫。此下我將翻轉我以前所為，以讀書著書為我正業，以上堂教書為我謀生之副業。諸位或要想我已踰了退休年齡，但我的精力決不需退休，我的經濟亦不可能退休。諸位且看我此下如何去另闢生路吧！

在我此十五年中，雖說耗損了不少精力，究竟在書本外也增長了我許多真實人生的體驗和閱歷。而且用農業上輪種番休之理來講，我的精力在此處有耗損，但在別處有貯備。過幾天，我十五年來擔當新亞校長的畢業文憑拿到手，我的新生命開始，我的新精力又會來復。我立志想寫一部有關研究朱子的書，預期三年完成，縱不然延長到五年，此書定可成。我想此書完成，在中國學術歷史上，在中國文化教育上，決不比我創辦新亞或主持新亞意義更狹小些，價值更輕微些。

我此下若能安住在港三年，明年是三年級同學畢業，後年二年級，再後年一年級，我希望能以來賓身分來參加。更盼的是今天在座一年級同學到三年後的畢業典禮中，我能抱著我已完成的有關研究朱子的書稿來參加，那在我認為是何等值得欣幸的事呀！

我臨了還有一小節交代。聽說今天的畢業同學希望諸師長都穿博士袍服來應禮，但我不大喜歡穿博士袍，因我沒有進過大學，沒有寫過博士論文、參加過博士考試。我的博士名號，由人家贈送，未經我親身努力喫苦而得之，在我總覺不親切。我今天穿此綢大掛，卻是從前新亞一向舉行典禮時我所慣穿的一套。不知從那年起，新亞同學們開始要求穿學士袍服了，而教授們也都依隨改穿學位袍服。我今天則特地穿此綢掛來應禮，一則表示我回戀新亞之已往，二則這是我最後一次主持新亞的畢業典禮，不幾天，我即可身心放鬆。請諸位諒恕我，讓我今天起，即開始放鬆了。穿此綢掛，亦古人所謂「遂我初服」之意。我想，在諸位的畢業典禮上，亦不算得失莊嚴，失體統。臨了，我恭賀今天的畢業同學們，大家前途無量。

（七月二十二日追記）

致雅禮協會羅維德先生函

羅維德先生並轉雅禮董事會諸先生公鑒：

蒙羅維德先生及雅禮董事會先後賜書，均已拜誦。高情厚誼，至深銘勒。

新亞於萬分艱難中創始，蒙雅禮協會熱忱協助，得有今日。穆願乘此機會再表示個人積年所抱懇切摯誠之謝意。惟新亞自受香港政府津貼以來，內部種種措施，不免多受牽掣，漸失自由。新亞本係一所由理想而創始之學校，規模雖小，然凡所抱負，則求一本中國傳統文化，培植中國流亡青年，藉以溝通中西，為世界人類文化前途盡其一分之棉力。雖此十五年來，成績有限，然終不失為有此一段艱苦奮鬥之歷程，與其所欲嚮往之目標，以期逐步之前進，此層幸當為貴會諸先生所共許。乃此數年來，經濟不斷增加，而理想則不斷壓抑。循此以往，此項理想，恐不免於由窒塞而變質而終至於消散。穆為此深抱不安。因於前一年中文大學成立，即求辭去新亞校長職務，以表示個人力不如志之苦衷。經新亞董事會，及學校師生，乃至校友會之一致挽留，勉強仍留職守。本期盡可能渡過三四年，到學校遷至馬料水新址為止，或可為學校稍爭其應有之地位與自由。乃不期此一年來，情勢更非，不得不臨時再申辭意。新亞董事會，及學校師生，乃及校友會各方面，知穆去志已堅，不再強留。在此時期中，適李田意先生過港，對種種情節，多獲聞知，諒其返新港以後，必對貴會有所陳述。此次穆之辭職，個人得卸仔肩，不復再受壓抑，堪為私幸。而對學校，實未能善盡職責，積極向前，甚所內疚。最近代校長吳士選先生赴美，由蕭約先生暫攝校務，一切近況，諒必有聞隨時詳告。此後惟盼貴會仍本以前宗旨，繼續援助，俟新亞新校長物色有人，當能善為調護，使此一文化新芽，不致萎枯，而終獲其滿意之生長。穆雖退職，苟能從旁對新亞有所貢獻，亦當勉力以赴，並以報貴會始終協助之美意。聞蕭約先生於下學年應有兩次休假，羅維德先生或可短期來港，穆萬分歡迎，屆時當再面盡種切此不覼縷。專肅復頌

公祺

錢穆拜啟一九六四年十二月十一日

校慶日演講詞

民國五十三年九月二十八日創校十五周年紀念

各位先生、各位同學：

今天是我們的校慶。從前我們校慶在雙十節國慶紀念日。因我們這學校開始，師生都由大陸流亡而來，大家紀念大陸祖國，就拿國慶日作為校慶日。後來因這日子有糾紛，大家知道，這裏有兩個國慶日，十月一日和十月十日，為此引起了許多糾紛。我們為避免這些糾紛，就把校慶日改在今天。

今天是孔子誕辰。孔子是中國的大聖人，也可說是中國民族一位最理想最標準的人。我們把紀念國家轉移到紀念民族，就將校慶改在孔子聖誕。

我們稱孔子為至聖先師，他的誕辰定為教師節，因孔子是教我們做人道理的一位最偉大的教師。中國人一向看重做人的道理，有關這方面的一切教訓，皆由孔子教訓引伸演繹而來。遵從這一套道理而有我們今天的中國人。中國從孔子到現在，已經二千五百年，一切做人的道理，都遵照孔子教訓。孔子這一套教訓則詳載在《論語》一書中。從前我們初進學校，一定先向至聖先師神位行跪拜禮。《論語》則是中國識字讀書人一部人人必讀書。儘可說，我們中國的文化傳統完全由孔子的教導而完成。

諸位或許要問：孔子怎樣教我們做人？我想簡單講一點：

大家知道，每一人生下，先是嬰孩，後是兒童，他必先做人家的兒女。做兒女，可說是做人的開始。當然也有在醫院在路上給人撿去的，但這是偶然。諸位現在都在做兒女，就該懂做兒女的道理。或許家中有兄弟姊妹，就該懂得做兄弟姊妹的道理。所以，做兒女，做兄弟，是做人最先必經的階段。

慢慢進學校做學生，中國古書稱弟子。在家做子弟，到學校做弟子，其間道理相通。諸位稱老師為先生，先一輩生的，便像是你的父兄，而你便像是他的子弟。

年齡大了，中國古禮中有冠禮，可以戴帽子，算成人了。做子弟弟子的時候，則還沒有成人。成人了，最大的事就是婚姻。做丈夫，做妻子，也各有一套道理，此所謂夫婦之道。當然，也有出家或獨身的，但仍是例外。一般講，到了相當年齡，就要做丈夫，做妻子。

再過一些時，便要為人父母。我們試在街上到處看，不是做子弟的，就是做弟子的。不是夫婦，就是父母。做父母也有做父母的道理。

我們從年青到成年，就該有朋友，交朋友也有交朋友的道理。到社會做事，每一團體中，必有上下。從前最大的上下是君臣，但除君臣外，也到處有上下。這分別，不一定要做官從政纔有。現在最高的是國家，國民則是屬於這國家的。其他一切行業也總有上司下屬。上下之間，也各有一個道理。

所以中國人講做人，主要是父子、兄弟、夫婦、朋友、君臣這五倫。家庭社會，都由人結合而成。每一人在家庭社會中，身份各不同，但相互關係不外此五倫。人不能逃出此五倫，孤獨做一人。縱使是一自由職業者，如醫生、學校教師、美術家、電影明星或拳師等，甚麼都可做，但不能說有了職業，便沒有工夫做父母夫婦或朋友。

諸位應知，一切事都由人做，但做事和做人，其間稍有別。如我父親是一百萬富翁，他的父親是一捉魚人，或是打石頭的苦工，但不能說有百萬財產的便是好父親，打石捉魚的就是壞父親，或者竟不認為父親。如我父親是大總統，你父親是個看門或倒茶的，但也同樣是父親。倘使諸位認為做大總統的父親纔是好父親，做門房倒茶的父親便是壞父親，那只能說你不懂做人道理，不是個好子弟。

一個國家，同時只有一個大總統。一個大機關，同時只有一個首長。倘使定要做達官貴人，才算是個人，那麼上帝所生大多數人就不算人了嗎？人則大家是平等的，只是環境遭遇，經濟地位，容或不平等，然而無妨其同是人。兒女則同是兒女，諸位今天進了大學，你們的父母認你們是兒女，倘使你有兄弟姊妹沒有進大學，你父母便不把他當兒女，這是你父母的不對。同樣道理，地位儘高，或是大總統，或是大統帥，或是一個大機關裏的大首領，無權說別人不是人。若有這樣的人，只是他不懂做人的道理。

做事可以各不同，各走各路，千差萬別。做人則是共通的，如做子女，做兄弟，做夫婦，做父母，做朋友，做君臣，這些是無所逃於天地之間，人人都該做。

也有人在家能做好父母、好子女，但在外面不能做人的朋友或團體之一員。亦有人在外能和人做朋友做團體中一員，但在家不能做好夫婦、好父母、好子女。也有人做下屬好，但不能當上司。有人則反是。當知做事可以只做某一項，如做了醫生不兼做律師。但做人則須全面做。最理想的，是從小做到老，在各個環境遭遇中，都要做好，須做一完全人。做完全人也不難，因做人只一個對象。做人的道理，只是人與人之道。兒女對父母，父母對兒女。先生對學生，學生對先生。都是人與人。不比做事，對象各別。如在學校中做師長，教書雖好，但對學生沒感情，並不好。有的學生，書讀得好，但對師長無敬禮。並不好。這都是做人有缺。諸位試從這裏慢慢想，如我能做一科學家，或做一著作家，或藝術家，或能做大官，或能賺大錢，但卻不能好好做一人，在家不能做好父母，出門不能和人做好朋友，如此之類也常有。

孔子講的道理，注重在做人。他講的是人與人相處之道，赤裸裸這人對那人。不論你是一銀行經理，今天來了客人，請到餐館一餐花了百元港幣，但他待客並不好。或是一苦工，今天碰見一朋友，請到茶樓花幾塊錢招待吃一頓，但卻很好。不能說請喫一百元就夠朋友，幾塊錢就不夠朋友。諸位懂得此中道理，便知地位、金錢、權力等等，不是做人必要的條件。諸位知道怎樣才是做人，便知一切外面條件儘可不計較。

難道不讀書就不算人了嗎？宋儒陸象山先生說：「我雖不識一字，也可堂堂地做個人。」可見你縱或從小學到中學，到大學，以至得到博士學位，也可還不是個人。因為這是兩件事。餓死溝壑，也可是個人，而且可以是個數一數二的偉大人。反過來說，縱有百萬家產，也不一定就是個人。我講這些話，並不是勸諸位不要讀書，或勸諸位要在街上餓死，決不是。書讀得好，將來事業做得大，家庭生活過得舒服，都應該的。可是，更應該而更重要的，你得要懂做一人。你要懂做人，就知尊重孔子的道理了。

做人應該是大家能做的，進一步便要做一「士」。《論語》中講做人，又講做士。中國人常稱「士君子」與「士大夫」。在道德行為上，夠得一個標準，稱士君子。在地位職務上，夠得一個領袖人物，稱士大夫。要做人，即使不識字也可，沒有能力當大責任也可。人是大家能做的。但在人中間，應有能起帶頭作用的，可以作人家標準與領袖，這就叫做士。但君子與大夫亦有些分別。他是個君子，當然是個士，但大夫有時會不一定夠做一個士。這樣，便不是一個理想的大夫。士君子可以各人自己努力做，而士大夫則須政治清明社會公道纔能有。

《詩經》上說：「周道如砥，其直如矢，君子所履，小人所視。」這是說，人生大道是平直的，只要能循此大道，自然能平直前進。我們覺得人生道路很崎嶇，很曲折，那因沒有走上大道正路，纔覺得如此。做父親就是做父親，做母親就是做母親，做兒子就是做兒子，簡易平直，沒有甚麼難。若連兒女也不會做，父母也不會做，卻爭想做文學家，科學家，這卻難了。試問世間有幾個牛頓和艾因斯坦？有幾個莎士比亞和哥德？上帝安排我們安頓在家做兒女，做父母，出門交朋友，做一人，卻沒有安排人都去做各別傑出的人物。

中國人把「人」與「天」、「地」稱三才，這個世界，有屬於天的，有屬於地的，有屬於人的。我們應就天的世界，地的世界，來完成人的世界。中國人稱之為「天人合一」。天地有道，人亦有道。這條人生大道寬平坦直，君子就在這條寬平坦直的大道上一步步邁進，舒舒泰泰的，坦蕩蕩的。做兒子，做父母，做夫婦，做朋友，在社會一切處做人，都走在此大道上。這一切，小人都在旁看著。小人也不便是壞人，因其眼光小，胸襟小，氣魄小，才力小，不能在人生大道上邁步向前，但看著君子在大道上邁步，也覺得喜歡佩服，所謂心悅而誠服。正好像我們看電影，看見電影中人物演到好處，心下也覺得舒服，雖不能像他那般做，但也可有欣賞。因此社會上需要有君子作榜樣，使人看了心裏有安慰，又舒服。因君子透示出人生的光明面。若使此社會沒有君子，這條人生坦途上不見有人走，使得許多小人們看也看不到，沒標準，沒榜樣，這是人世界最空虛最苦痛的一境。自然我們不能立刻希望每人都做君子，都做士，但總該有人出來做。孔子雖不得位而有其德，成為後代士君子一最高榜樣。人道光明，都從他身上放出，為萬世人瞻仰，所以成其為至聖先師。

《說文》上說：「推十合一為士。」十即完全之意。推十合一，猶言全人類可以由此一人來作代表，作榜樣。全世界上下古今千千萬萬的父母子女，可以把這一個父母子女來作標準，這人就是能推十合一之士。孔子也只是一個士，孔門諸弟子也都是士。我們讀一部《論語》，就如看一本在人生大道上最高標準的電影，或如進一所最高理想的學校，讀它一字一句，都能使我們瞻仰嚮往，心悅誠服，真所謂「君子所履，小人所視。」倘使此社會多士，此社會之大夫也都是士，此社會就幸福了。若使此社會的大夫不夠做一士，甚至於不夠做一人，此社會就不幸了。此社會沒有士，沒有君子，就痛苦了。

在一個窮困的家庭中，只要有好父母、好子女，也快樂。在一個百萬之富的家庭中，只因沒有好父母、好子女，就痛苦。此理甚淺近，甚切實，人人能懂。但人們卻老是想地位高，財產多，權力大，能傑出，卻不懂得要做一個好好的人。諸位來學校，只一心一意想修學分，拿文憑，卻不懂要做人。把全副精神全犧牲在拿文憑，爭權利上，卻忘了自己做人。你們想，這樣一個人，是苦痛還是快樂？我並不是說，要做人就不該做事，不該求進取，不該能傑出。但應知要如此，仍得要做人。做人不妨礙發財、做大官，及一切進取。人生天地間，第一應該是懂得怎樣做人。做人之進一步，則是做一士。

孔子的道理，便是教人做人與做士，最高是做聖人，怎麼叫做聖人？聖人也得做兒女，做兄弟姊妹，做夫婦，做父母，和在社會上一切處做人。所以照理論，聖人應是人人可做。明儒講理學，主要講人都可以做聖人，因此說滿街都是聖人，端茶童子也可是聖人。但如王陽明先生，並沒有說他自己是聖人。陽明先生的學生們，也沒有說陽明先生是聖人。宋儒陸象山先生說：「我雖不識一字，也將堂堂地做一個人。」但他並沒有說，將堂堂地做一個聖人。在孔子以前，中國已有聖人了。但從孔子以後，中國人再也不敢自當作聖人，只尊孔子為至聖。其實孔子也不敢當自己是聖人，他說：「聖則吾不能，吾學不厭，而教不倦。」孔子不敢以聖人自居，但後世的中國人群尊他作聖人，且稱之為「至聖」。自孟子以下，直到今天，只要是中國人，再不敢以聖人自居。

今天，我們紀念孔子，要學聖人之道，那麼第一步希望大家學做一個人，第二步希望學做人中間的標準的理想的士君子與士大夫。做到這裏，依然還沒有完，上面還有最高一層，即是做聖人。照理論，聖人人人都可做，而且人人應該做，但又人人不敢以聖自居，這裏就是我們中國的文化精神。倘使諸位肯在這方面研究，那麼第一步我勸諸位大家好好先讀一部《論語》，並切實地照他教訓去做人。

談《論語新解》

民國五十三年三月六日
研究所第六十三次學術演講討論會

今天我想講一些有關我所寫《論語新解》的事。這一部書，希望諸位都能仔細讀，能不止讀一遍。普通一個有高中程度的青年，讀我《新解》應亦沒有什麼困難。諸位倘使要自己受用，細心讀任何一條，皆可有所得。但若欲作深一層的研究，則亦可愈求愈深。我今天要講我自己註此書之用心用力所在。我們讀任何一書，皆應懂得著書人之用心用力處。如讀《孟子》、《史記》，即應懂得孟子、太史公用心用力在何處。各人著書用心用力有大小、高下、深淺之別，此即其書價值分別所在。

普通說，註《論語》應義理、辭章、考據三者兼顧。實則註《論語》最應重義理，此層無須多論。但自清代考據之學大盛以後，乃輕視宋儒，而有漢宋之爭。「五四」以後，照理治學應轉重義理，但當時人卻重考據，主張以考據方法整理國故，因此重漢學而輕宋學。此一態度實頗不當。乃亦有薄考據而專講義理者，起而為敵，實際仍不免是一漢宋之爭。

訓詁乃講古今語之意義分別，實為考據之一部份。考據本意，原在發揮義理。清人說：「訓詁明而後義理明。」此語亦是。惟訓詁字義乃在求此一字之原來意義，而有甚多字卻不能據訓詁來講。如《論語》「仁」字，只能直接以義理求之，而阮元用考據方法來寫〈論語論仁篇〉，到底得不到結論。朱子註「仁」字，說為：「心之德，愛之理。」此乃把義理作解釋，此乃哲學，非考據。

再說到辭章之學，亦與訓詁之學有不同。訓詁、校勘皆是考據，但有若干字可有幾個義可講，此等處須從辭章來作抉擇，所謂「文從字順，各識職」，此乃辭章之學。講訓詁者認為「積字成句」，一字一字識得其義訓，便可通得此一句。不知從辭章講，卻須通得此一句，乃始識得此一字之義訓。朱子在考據、訓詁、校勘方面，所下工夫皆甚深，有些處遠超清人。又因宋時古文甚盛，故朱子亦兼通辭章。清代惟桐城派講求古文，始知從一句來識一字之訣巧。但桐城派古文家，又多不注重考據之學。惟《論語集註》，乃能兼訓詁、辭章之長而來講義理，所以為不可及。

注《論語》講求義理，特別重要者必先講求《論語》原文之本義，亦即是原始義。如講「仁」字，應看在《論語》書中此字及有關此字之各句應如何講法。有了本義，纔始有引申義及發揮義，此皆屬於後人之新義，而非孔子之本義。如「性」字，孔子並不曾講「性善」，我們不能把孟子說法來講孔子，當然更不能把朱子說法來講孔子。孟子、朱子固是推本孔子而加以引申發揮，但孔子本人並未說及到此。此處應有一限斷，這是我寫此書最用心之處。我只解本義，不及引申發揮義。讀者或可不贊成我此意見，但孔子本義確然是如此。

《論語》中任何一字一句，自古迄今，均有甚多異義、異說、異解。在此許多異解中，我們不當批評其孰是孰非、孰好孰不好，而只當看其孰者與《論語》原文本義相合。此處卻不論義理，只論考據。我在《新解》中，亦有甚多考據，但都把此種考據來考定《論語》原文之本義。這是以考據定義理，與辭章定義理，同樣只是考定《論語》原文之本義。此與專一討論義理，而忘卻先考究《論語》原文之本義者不同。

如《大學》言「致知」，此「知」字自與《孟子》書中言「良知」不同。即在《孟子》書中單言知字，亦與言良知字不同。陽明言《大學》「致知」即是「致良知」，此說決非《大學》之本義。至於站在討論哲學方面，你或贊成朱子，抑或贊成陽明，此乃另一問題。立場不同，說法自可不同。此處須細加分別。

我今天主要在講《朱子集註》與我《新解》所不同者何在，主要當然要講義理方面。朱子有些處，且是很重要處，卻非講的孔子《論語》的原義。我遇朱註此等處，未曾旁徵博引，加以辨難，只是置之不論，不再提及。此是注書體例應然。因此諸位讀我書，應與《朱子集註》對讀，纔可知我著此書時用心用力之所在。但此事，卻須諸位花很深工夫，不是輕易便能見得。

現試舉數處為例。如：《集註》卷九〈陽貨篇〉：子曰：「性相近也，習相遠也。」朱註：

「此所謂性，兼氣質而言者也。氣質之性，固有美惡之不同矣；然以其初而言，則皆不甚相遠也。但習於善則善，習於惡則惡，於是始相遠耳。」

性，兼氣質言。此乃朱子自己說法，犯了清人所謂「增字詁經」之病。因當孔子時，根本無氣質之性與義理之性之分辨。朱子說：「氣質之性固有美惡之不同矣。」此處何以不用「善惡」字而改用「美惡」字？當知此非朱子隨便用。我們讀書應懂得字字留心，字字注意。朱子註《論語》，每下一字皆有斤兩，決不隨便下。當知朱子此注，下一「兼」字，極具深意。下面又捨去「善」字，改用「美」字。我想朱子心中必然別有問題無法解決，故遂迫而出此。讀朱註更應注意其正注以外，圈下所引。朱注中所涵問題，皆在此正注與圈下所引語中見出。

此段朱註圈下錄程子言曰：

「此言氣質之性，非言性之本也。若言其本，則性即是理，理無不善，孟子之言性善是也。何相近之有哉！」

程子說：「非言性之本。」又說：「何相近之有哉！」幾乎像是說孔子講錯了。在程子實是大膽講話。朱子正因程子此語，故正注中改「善惡」字為「美惡」字。因程子語實與孔子語大有分歧，而朱子有意在其間作調人。若使沒有二程，自然出不出一個朱子來。但若宋代無朱子，二程是否能直承孔子，一貫相通，此處卻有一大問題。諸位若要在此處下工夫研討，只看朱子以前一輩講二程的，他們都講到那裏去了。但朱子又不能推翻程子，若推翻了程子亦即不成其為朱子。其間細節且不論，即如此處程子云云，孟子亦未如此講。「氣質之性」，其說起於張、程，朱子並非不知，但朱子仍必依此來解《論語》，此即朱子不曾嚴格分別本義與引伸義之故。後來明儒羅整菴極尊朱子，卻亦反對其氣質之性與義理之性之說。清代顏習齋、戴東原亦從此處反對朱子。可見此一節，從中國思想史講來，實是大有問題。

我《新解》中註此句只說：

「子貢曰：夫子之言性與天道不可得而聞。《論語》惟本章言及性字，而僅言其相近。性善之說始發於孟子。蓋孔子就人與人言之，孟子就人與禽獸言之也。孔子沒而道家興，專倡自然，以儒家所言人道為違天而喪真，故孟子發性善之論以抗之。然亦未必盡當於孔子之意，故荀子又發性惡之論以抗孟子。本章孔子責習不責性，乃勉人為學也。」

我此章之注實亦超出了《論語》原書之外，但只說孔子如是說，孟、荀如是說，有敘述，無判斷，似可開人思路。或亦可說，已夾進了自己意見。但總不是把引伸義來換去了原義。

下章子曰：「唯上知與下愚，不移。」朱註：

「此承上章而言。人之氣質相近之中，又有美惡一定，而非習之所能移者。」程子曰：「人性本善，有不可移者，何也？語其性則皆善也，語其才則有下愚之不移。所謂下愚有二焉：自暴自棄也。人苟以善自治，則無不可移。雖昏愚之至，皆可漸摩而進也。惟自暴者，拒之以不信。自棄者，絕之以不為。雖聖人與居，不能化而入也，仲尼之所謂下愚也。然其質，必昏且愚也，往往強戾而才力有過人者，商辛是也。聖人以其自絕於善，謂之下愚。然考其歸，則誠愚也。」

程子此段說法，完全依據孟子。《論語》只講「上知下愚」，並非自暴自棄，朱子註未失《論語》本義，問題卻在所引程子語中。

《新解》曰：

「本章承上章言。中人之性，習於善則善，習於惡則惡，皆可遷移。惟上知不可使為惡，下愚不可與為善，故為不可移。孟子言：『人皆可以為堯舜，惟自暴自棄者不然。』此與孔子立言若有異。然孔子曰：『困而不學，民斯為下。』則下愚亦因其不學耳。故荀子又曰『人皆可以為禹』，不言堯舜而轉言禹，亦孔子勸學之旨也。」

此節採用孟子與程子意，特加上「中人」兩字，又在《論語》中找出「孔子曰：困而不學，民斯為下」一句來作證。諸位若將朱註與我書對讀，則可知我作《新解》用心之所在。

現再講一條較難講者。〈學而篇〉：有子曰：「君子務本，本立而道生。孝弟也者，其為仁之本與？」朱註：

「務，專力也。本，猶根也。仁者，愛之理、心之德也。為仁，猶曰行仁。與者、疑辭，謙退不敢質言也。言君子凡事專用力於根本，根本既立，則其道自生。若上文所謂孝弟，乃是為仁之本。學者務此，則仁道自此而生也。」程子曰：「德有本，本立則其道充大。孝弟行於家，而後仁愛及於物，所謂親親而仁民也。故為仁以孝弟為本，論性則以仁為孝弟之本。或問孝弟為仁之本，此是由孝弟可以至仁否？曰：非也。謂行仁自孝弟始，孝弟是仁之一事。謂之行仁之本則可，謂是仁之本則不可。蓋仁是性也，孝弟是用也。

性中只有箇仁、義、禮、智四者而已，曷嘗有孝弟來？然仁主於愛，愛莫大於愛親，故曰孝弟也者，其為仁之本與！」

程子說：「論性則以仁為孝弟之本」，此義恰與孔子原義相反。又說：「性中只有箇仁、義、禮、智四者而已，曷嘗有孝弟來？」此句含極大問題，即朱子亦認為是一險語。孟子云：「惻隱之心，仁之端也。羞惡之心，義之端也。辭讓之心，禮之端也。是非之心，智之端也。」可見仁、義、禮、智，只由惻隱、羞惡、辭讓、是非之心引生而來。人自有惻隱之心，豈可謂無孝弟之心，又豈可謂性中那得有惻隱之心來。而且，孟子也只說人心中有惻隱、羞惡、辭讓、是非之心，並非謂只有此四者之心。故荀子反對孟子亦自有其理。《論語》並未講性善，亦未講性中只有此仁、義、禮、智之四者。

《新解》此章曰：

「務，專力也。本，猶根也。亦始義。孔子之學所重在道，所謂道，即人道也。其本則在心。人道必在於人心，如有孝弟之心，始可有孝弟之道。有仁心，始可有仁道也。本立而道生，雖若自然可有之事，亦貴於人之能誘發而促進之，又貴於人之能護養而成全之，凡此皆賴於學，非謂有此心即可備此道也。仁者，人羣相處之大道。孝弟乃仁之本，

> 人能有孝弟之心，自能有仁心仁道，猶木之生於根也。孝弟指心，亦指道，行道而有得於心則謂之德。仁亦然，有指心言，有指道言，有指德言。內修於己為德，外措施之於人羣為道也。或本無『為』字，或說以『為仁』連讀，訓為『行仁』，今不從。」

釋「務」字、「本」字，襲朱子。「亦始義」三字，乃我所加。我此段不講性而只講心。「或本無為字，或說以為仁連讀，訓為行仁，今不從。」此數句中，含有極複雜之大問題。「為」字在此處應屬一虛字，猶「乃」也。二程所以必以「為仁」連讀，其中寓有學術思想史一連串演變之極複雜背景。但我在《新解》無法詳講。我舉此例，乃告諸位讀我《新解》，若從深處求，則自有許多言外問題須探究。

又《集註》卷六〈先進篇〉最後一章，子路、曾皙、冉有、公西華，侍坐。朱註：

> 「曾點之學，蓋有以見夫人欲盡處，天理流行，隨處充滿，無少欠闕，故其動靜之際，從容如此。而其言志，則又不過即其所居之位，樂其日用之常，初無舍己為人之意。而其胸次悠然，直與天地萬物，上下同流，各得其所之妙，隱然自見於言外。視三子之規規於事為之末者，其氣象不侔矣。故夫子歎息而深許之。而門人記其本末，獨加詳焉，蓋亦有以識此矣。」

朱註此節文章極美，其陳義則根據程子。圈外注引程子曰：

「古之學者，優柔厭飫，有先後之序。如子路、冉有、公西赤言志如此，夫子許之亦以此，自是實事。後之學者好高，如人游心千里之外，然自身卻只在此。又曰：孔子與點，蓋與聖人之志同，便是堯、舜氣象也。誠異三子者之撰，特行有不掩焉耳，此所謂狂也。子路等所見者小，子路只為不達為國以禮道理，是以哂之。若達卻便是這氣象也。又曰：三子皆欲得國而治之，故孔子不取。曾點，狂者也，未必能為聖人之事，而能知夫子之志。故曰浴乎沂，風乎舞雩，詠而歸，言樂而得其所也。孔子之志，在於老者安之，朋友信之，少者懷之，使萬物莫不遂其性。曾點知之，故夫子喟然歎曰：吾與點也。又曰：曾點、漆雕開，已見大意。」

此節程、朱意見卻有大問題，如說：曾點是「堯舜氣象」，此外三子「所見者小」。又說：「曾點、漆雕開，已見大意。」在孔門弟子中特別挑出此兩人來，此乃宋儒新意見。陸、王雖反朱子，但於此意見實亦贊同，不加反對。惟黃東發獨持異議，其後顧亭林《日知錄》特別看重東發，屢引其書，大值注意。《新解》此條亦即根據黃氏意云：

「與，贊同義。言吾贊同點之所言也。蓋三人皆以仕進為心，而道消世亂，所志未必能遂。曾皙乃孔門狂士，無意用世，孔子驟聞其言，有契於其平日飲水曲肱之樂，重有感於浮海居夷之思，故不覺慨然興歎也。然孔子固抱行道救世之志者，豈以忘世自樂，真欲與巢許伍哉？然則孔子之歎，所感深矣，誠學者所當細玩。」

我此一段乃全依黃東發意見作解。

現再講漆雕開。《集註》卷三〈公冶篇〉：「子使漆雕開仕，對曰：吾斯之未能信。子說。」

此章朱註圈外注引程子曰：

「漆雕開已見大意，故夫子說之」。又曰：「古人見道分明，故其言如此。」

朱註：

「斯，指此理而言。信，謂真知其如此，而無毫髮之疑也。開自言未能如此，未可以治人，故夫子說其篤志。」

圈外注又引謝氏曰：

「開之學無可考，然聖人使之仕，必其材可以仕矣。至於心術之微，則一毫不自得，不害其為未信，此聖人所不能知，而開自知之。其材可以仕，而其器不安於小成，他日所就，其可量乎！天子所以說之也。」

此段文章，諸位若非多讀唐以後禪宗之語，即看不出所重特在一「信」字與「自得」二字上。

我《新解》注此章：

「斯，此也；緊接上仕字來。出仕將以行道，漆雕開不願遽出仕，言對此事未能自信，願於學問修養益求自進，不欲遽從政，是其志大不欲小試也。「說」字借作悅。孔子並不以不仕為高，然亦不願其弟子熱中利祿，汲汲求仕進，故聞漆雕開之謙退而喜悅也。」

朱註：「斯，指此理言」，下一「理」字極兀突。《新解》講法完全與朱子不同，此中取捨從違，卻有絕大義理可作深刻之探討，但《新解》只依《論語》本文作注，並未引伸討論到此。諸位若不與朱註對讀，並於此等取捨從違處仔細下過工夫，即難看出我作《新解》之用心。

又《集註》卷六〈先進篇〉從我於陳蔡章，朱註：

「弟子因孔子之言，記此十人。而並目其所長，分為四科。孔子教人，各因其材，於此可見。」

此注無大問題。但圈外注引程子曰：

「四科，乃從夫子於陳、蔡者爾。門人之賢者固不止此。曾子傳道而不與焉。故知十哲，世俗論也。」

此節卻有問題，十人中子游、子夏實未從孔子於陳、蔡，考證詳見於《先秦諸子繫年》。故知程子此論實未當。

《新解》注此章：

「本章四科之分，見孔門之因材設教，始於文，達之於政事，蘊之為德行，先後有其階序，而以通才達德為成學之目標。四科首德行，非謂不長言語，不通政事，不博文學，而別有德行一目也。孔門所重，正在用之則行，舍之則藏，不務求祿利有表現，而遂特尊之曰德行。自德行言之，餘三科皆其分支，皆當隸於德行之下。孟子稱冉伯牛、閔子、顏淵具體而微，此三人皆在德行之科，可見德行之兼包下三科矣。文學亦當包前三科，因前三科必由文學入門也。孔門之教，始博文，終約禮。博文，即博求之於文學也。約禮，則實施之於政事，而上企德行之科矣。後世既各騖於專門，又多重文以為學，遂若德行之與文學，均為空虛不實，而與言語、政事分道揚鑣，由此遂失孔門教育人才之精意。即孔子及身，已有我從先進之歎，而《論語》編者亦附記此四科之分於孔子言先進、後進兩章之後，是知孔門弟子，雖因風會之變，才性之異，不能一一上追先進弟子之所為，然於孔子教育精神大義所在，則固未忘失。後進弟子中如有子、曾子，亦庶乎德行之科，故尤為並輩及再傳弟子以下所推尊。」

此句下「庶乎」二字，有分寸。此段《新解》須參看同書同章「德行：顏淵、閔子騫、冉伯牛、仲弓。」下之註云：

「此下非孔子語，乃記者因孔子言而附記及之，以見孔門學風之先後有異也。若記孔子語，則諸弟子當稱名，不稱字。四科中前三科，皆屬先進弟子。惟第四科文學子游、子夏屬後進，亦不從在陳、蔡。或疑游、夏亦在相從陳、蔡之列，以年齡計之，決知其非。或以此下另為一章，則從我於陳、蔡兩句，全無意義可說，今不從。」

此乃特別指出程子之誤。

《集註》卷三〈雍也篇〉：「子曰：賢哉回也」章，此處有一問題，即：顏回所樂為何？有人曾以此問程子，謂其是否樂孔子之道？程子答曰：若樂孔子之道，則算不得顏回矣。後又有人問朱子，朱子卻認為可以是樂孔子之道。然程子語亦有其意義。此處若必解之為樂孔子之道，似未免有失於粗淺。今且看朱註：

「顏子之貧如此，而處之泰然，不以害其樂，故夫子再言賢哉回也！以深歎美之。」圈外注錄程子語。程子曰：「顏子之樂，非樂簞瓢陋巷也，不以貧寠累其心，而改其樂所也，故夫子稱其賢。」又曰：「簞瓢陋巷非可樂，蓋自有其樂爾。」「其」字當玩味，自有深意。又曰：「昔受學於周茂叔，每令尋仲尼、顏子樂處，所樂何事？」愚按：程子之言，引而不發，蓋欲學者深思而自得之。今亦不敢妄為之說，學者但當從事於博文約禮之誨，以至於欲罷不能而竭其才，則庶乎有以得之矣。

此段講法，我極喜愛，但《新解》未錄。僅云：

「本章孔子再言賢哉回也，以深美其雖簞食、瓢飲、居陋室而能不改其樂也。孔子亦自言：飯疏食，飲水，曲肱而枕之，樂亦在其中。宋儒有尋孔顏樂處、所樂何事之教，其意深長矣。學者其善體之。」

當知此段朱注引程子語下特加一「愚按」，而又云：「不敢妄為之說」，此中甚富言外之言。諸位倘欲明白此段在無字處之精蘊，則應細讀《朱子語類》。我作《新解》不願引伸牽連太多，故并朱注此段為我所最喜愛者，亦不抄入了。

諸位當知讀書如何從深處求，我今日所舉，看似平淺，卻亦表出我作《新解》用心之最大處。我寫《論語新解》，除今天所講，尚有甚多用心處而並不見於文字者。諸位每讀一書，能進而瞭解到著此書者之用心處，如此便是做學問一最重要之門路。由此門路進，始是真於學問能有所窺見。

亡友趙冰博士追思會悼辭

嗚呼哀哉！緬維疇昔己丑之春，方粵垣之初晤，遽把臂而如親。居一樓兮隔室，聲相聞兮夕晨。嗣同舟而共渡，為掃地而割席。解其逆旅之孤懷，息其奔途之倦翮。新亞肇創，百艱千憂，人避而去，獨應而酬。掖其困踣，參其綢繆，終始一態，歲星曰周。渺前程之猶遠，洶濤波其未濟，呼將伯兮方殷，乃幽冥兮分袂。曰惟先生堅剛其操，峻絕其風，抱昔賢之遺榘，蘊謇諤之鯁忠。視利若浼，惟義斯同。溯交遊以迄茲，長貧病之在躬。雖意氣其相許，慚呴濡之徒窮。寡妻弱女，惸焉在堂，天道福善，後其有昌。誼屬友生，惟力不忘，獻花陳辭，靈其永康。嗚乎哀哉！

趙冰博士墓碣銘

趙先生冰，字蔚文，廣東新會人。早歲遊學，獲美國芝加哥大學政治學士、哈佛大學法學碩士、英國牛津大學法學博士學位。任國民政府財政部祕書長、湖北高等法院院長、外交部次長、代部長及中央政治大學、湖南、廣西大學等校教授。晚歲居香港，執大律師業、兼新亞書院董事長以至於卒。生前清光緒十七年，卒於中華民國五十三年，享壽七十有四。卜葬於此，其友人錢穆為之銘。銘曰：挺堅節，鬱孤忠，訪遺躅，藏此穹。附墓碣對聯：

皭然污世操清節；

卓爾高風與古儔。

悼趙故董事長兩輓聯

惟先生身在局外心在局中不著跡不居功艱難同其締造。
願吾黨利恐趨前義恐趨後無渙志無餒氣黽勉宏此規模。

新亞書院全體同仁敬輓

肝膽共崎嶇畢義願忠惟茲情其永在。
氣骨勵堅貞清風峻節何斯道之終窮。

錢穆鞠躬敬輓

〈大學〉格物新義

民國五十二年十一月二十二日
研究所第五十八次學術演講會

（一）

今天我的題目是：「大學格物新義」。〈大學〉本是《小戴禮記》中之一篇，《小戴禮記》乃是漢人將戰國時講「禮」文章彙集而成。至宋代，〈大學〉成為二程門下之教本。二程常用漢代〈大學〉、宋代張載〈西銘〉開示來學。有人說：入二程門下三年，纔得讀大學。其後朱子定《四書》，奉〈大學〉為學者入德之門。但朱子又認為〈大學〉中有錯簡、有脫文，乃有所謂〈格物補傳〉。自云：乃係根據二程意見而補。明代王陽明根據朱子〈格物補傳〉意格庭前竹子，七日，不通。後貶至龍場驛，乃發明「知」即孟子所謂之「良知」，「致知」即「致良知」。但對「格物」二字，終嫌未有確解。陽明說：「如見父自然知孝，父即是一物。見兄自然知弟，兄亦是一物。」此講法究嫌牽強。明儒對「格物」二字，據云有七十二個講法。黎洲《學案》最推〈淮南格物說〉，然用來講〈大學〉本文，仍嫌不夠恰當。

今天所講並不在討論朱子陽明之哲學思想，而是討究〈大學〉「格物」之原義。孟子曰：「人之所不慮而知者，其良知也。」可見孟子講「知」字與講「良知」字有別，斷不可將孟子書中「知」字，盡釋為「良知」。〈大學〉此處明明是講「知」，而非講「良知」，二者範圍不同。陽明講法，決非〈大學〉「致知」之本義。「致知」之義既屬誤解，則「格物」正義宜難捉摸。

朱子云：「格，至也。物，猶事也。窮至事物之理，欲其極處無不到也。」「事」與「物」各有理，雖有別，亦可通。但言事物之理，過嫌通括。事物之理，終有大別。「格」字義訓，亦不當作「窮」字解。可見朱子講法亦未得正。

今日講題亦可改為：「大學格物本義之試探」。黎洲弟子萬斯同認為〈大學〉原是《小戴禮記》中之一篇，古代人講禮對此「物」字，本有一特別講法。「物」為「射者所立之位」。古代，射為大禮。射而不中，不能怪所立地位有誤，而是射的技術有問題，此亦是「知」的問題。若誠意欲求射中，則必先求知，必先立定在自己應立之地位上。如：「為人父，止於慈。為人子，止於孝。」必須站在自己地位上不改變，是即〈大學〉所謂：「知止而後有定，定而後能靜，靜而後能安，安而後能慮，慮而後能得。」《禮記》上文說：「孝子不過乎物。」即是此義。

抗戰時我在成都，曾為《思想與時代》雜誌撰文，引申萬氏意作為〈大學格物新解〉一篇，大意如上舉。但後來我對此文仍自不滿意。最近我又寫了〈推止篇〉一文，講述先秦各家思想，或主止，或主推，連帶講到〈大學〉格物方面，我今天只是抽出此一節來講。

（二）

首先我們當問：〈大學〉思想在先秦學派中，究應屬於何家何派？謂〈大學〉應屬儒家，此固毋庸置疑。但儒家中尚有孟、荀二派，在我則認為〈大學〉應歸入荀子系統之內。明乎此，陽明以孟子系統講大學，自必失之。清儒戴東原十歲時就傅讀書，授〈大學章句〉，問其師曰：「此何以知其為孔子之言而曾子述之？」「又何以知其為曾子之意而門人記之？」師應曰：「此先儒朱子所注云爾。」即問：「朱子何時人？」曰：「南宋。」又問：「孔子、曾子何時人？」曰：「東周。」「周去宋幾何時矣？」曰：「幾二千年矣。」「然則二千年後之朱子，何以知二千年前之然？」戴氏此疑實為中肯。

朱子認為〈大學〉乃曾子所作，〈中庸〉乃子思所作，其實皆難成立。若論二篇之年代，實應皆出荀子之後。我們此刻應從學派與年代著眼，來講〈大學〉之「格物」義，似乎比專從〈大學〉

為講禮一角度著眼，更為易有把捉。

何以知〈大學〉出荀子後？何以知〈大學〉為荀子系統？此層今天不擬詳講。但《論語》講「心」，《孟子》講「性」，〈大學〉中避去「性」字不講，雖講及「心」字，而重要只在講「意」字與「知」字，此即是〈大學〉為荀子主性惡一派。

（三）

今先講「知」字。一是知之對象，即去知什麼？二是知之方法，即如何去知？《論語》中講知，其對象全部是人文的，很少講到自然。知之對象是「人」，是「道」，道即人所當行。

墨子思想似與孔子不同，但墨子所討論之大題目，如：「兼愛」、「非攻」、「尚賢」、「尚同」、「非禮」、「非樂」、「節用」、「節葬」等，亦專講人文社會以內事，此則與孔子同。墨子之言「天志」，亦如孔子之言「知命」。「天」與「命」實不屬自然界，與科學意義無關，無甯謂其較近於宗教意義。「天志」、「明鬼」，為墨子理論之根據，用以非儒。其實孔墨所討論之對象，皆屬「人」而非「物」，亦可謂是重在「人文」界，不重在「自然」界。孟子完全是一人文主義者，他亦專以人文為對象來講知。

此刻有一問題，大值探討，即中國思想界，把知識對象轉移到外面自然路上去，其事應起於何時？我認為此一轉移，主要應從莊子開始。

現在再講到中國古代人對求知方法之討論。我認為可分為兩大派，即是「推」與「止」。《論語》中雖未明白講出一「推」字，但其講求知方法，乃是重推。孟子仍是如此，而且明白提出此「推」字來。其實初期墨家亦講推。既有人主推以求知，於是同時乃有人不主張推而主止。〈大學〉中主要即講此「止」字，如「止於至善」。此意顯從荀子來。《荀子》〈解蔽篇〉中有「故學也者，固學止之也。」此乃孟子、荀子講法不同。我舊著《惠施公孫龍》一書，曾講惠施主推，公孫龍主止。但未能推開統括來講。直至最近，寫成此〈推止篇〉，乃始把先秦各家各時期思想關於求知方法，專以此「推」「止」兩字來闡述。

《墨子》書中有〈經上〉、〈經下〉、〈經說上〉、〈經說下〉、〈大取〉、〈小取〉六篇，接近於名家言，後人稱之為「墨辯」。《墨子》〈大取篇〉有云：「是故辟、侔、援、推之辭，行而異，轉而危，遠而失，流而離本。則不可不審也，不可常用也。」此即不主推而主止之說。如墨子以〈大取、小取〉名篇，此「取」字孟子亦用過。如云：「魚、我所欲也，熊掌、亦我所欲也；二者不可得兼，舍魚而取熊掌者也。」此「兼」字大可注意，因其乃墨子所講所謂「兼愛」，不可「兼」、始有「取」，而取則又有「大取」、「小取」之別。

「兼愛」有二義，一全體愛，一平等愛。墨子云：「愛人之父若其父。」此即平等愛，亦即全體愛。孟子云：「墨子兼愛，是無父也。」因對父母之孝是分別愛，故孝父母，即非兼愛。又如殺盜，既主兼愛，怎可殺人？故有天志與否，可不在討論之列。即觀其實際行為，即觀其所取，亦可知其不可得而兼矣。墨辯六篇大意，即在答覆這些質問。我們觀其答辯，亦可探知當時批評者之言。墨辯甚具技巧，如言愛己父亦不害兼愛，因己父乃即人類中之一。至於殺盜，則盜乃異於人。人而另為一類，故殺盜非殺人。此等皆大小異同之辨，名家所謂大同異、小同異，「大一」、「小一」，「大圜」、「小圜」，皆由此等辨論展衍而出。

（四）

惠施主張「天地一體，泛愛萬物。」初時本舉物作譬喻，後乃把此譬喻變成為辯論之主體。故在惠施、莊子時，不言「天」而言「天地」，求知對象漸漸轉入自然界。從此一思想史上之曲折演變言，可知《老子》乃晚出書。若將《老子》《中庸》置在前，《孟子》《莊子》置在後，義實不通。思想轉變自有次序，不可顛倒。自思想家舉出之「名」，其內容多屬於「物」時，自知其求知對象亦必移至於物矣。

惠施似重在辨名，而不重於講知。莊子最喜講「知」，故論「大知」、「小知」，其與惠施之不同處即在此。《莊子》〈秋水篇〉：「莊子與惠子遊於濠梁之上，莊子曰：儵魚出游從容，是魚樂也。惠子曰：子非魚，安知魚之樂？莊子曰：子非我，安知我不知魚之樂？惠子曰：我非子，固不知子矣；子固非魚也，子之不知魚之樂全矣。」可見惠施之學說，雖主「萬物一體」，而在一體之內，可以各不相知。

公孫龍採用莊子思想，而批評惠施。一物之「名」有其「實」，亦有言者之「意」，始重要提出此「意」字的意義來。老子、荀子亦言及宇宙萬物，《荀子》〈解蔽篇〉多講「知」與「物」之關係。《墨子》〈經下篇〉有云：「知而不以五路，說在久。」知之對象為物，故知之工具乃始為五官。此與孟子言知頗不重看耳目之知者大異。如以火為譬，目視之則明，手觸之則熱。待後不以手觸，亦知其熱。此即時間久則「知而不以五路」。

《墨經》中頗多討論「知」之問題與荀子同，而言知之對象則重在「物」。此一思路，要至戰國末期，知識論始與自然界相碰頭。所惜是未能走上近代科學之路，但《墨經》中已有甚多如近代光學、力學之理論。

由此來看〈大學〉「致知在格物」，此「格」字，猶如《荀子》「天官之當簿」之「當」，猶如《墨經》「知有親與接」之「親」「接」，此殆為戰國末年人之一普通話。《呂氏春秋》中亦可考見甚多戰國末年人意見，其〈別類篇〉有云：「人事可類推。」而自然界之物理多不可類推，非親驗之不可。例如：劍白者硬，黃者韌，則黃白相配豈非既硬兼韌了。但有人反對之，謂白非硬，黃非韌，白黃相配則既不硬又不韌。此兩說何者為是，必須試後方知。故不格物即無法致知，「知」乃自實地直接對「物」接觸而來。

《荀子》又云：「以人度人，以情度情，以類度類。」此在人文世界中者自可類推。但到戰國末年，已將知識與自然界之路打通。惜此一思想，經秦漢一統之後，墨家、名家皆失敗，思想重在政教實用上，知識對象不再與自然物連在一起。此下「格物致知」一語遂失真解。

（五）

故知〈大學〉朱子〈格物補傳〉，大體上實得〈大學〉之本義。到晚清以下，中國知識界與西方接觸，引用〈大學〉「格物」二字，似覺更為合適。實際上戰國末年，中國人確已有此一觀念，惜乎未能繼續深入耳。

我上面講〈大學〉「格物」二字，把先秦思想直用孔、墨下至老、荀一路演變作成一系統條貫，循此求之，始能把握到〈大學〉「格物」二字之真義。可見清儒所謂訓詁明而後義理明，其語太淺，不夠深入。而近人又捨棄考據，專辨義理，則最高亦只如朱子、陽明。而討論到〈大學〉「格物」二字之本義，仍將無可為說，亦無可為證，亦即不足以服人而定於一是矣。此乃討論學問一新方法，希諸位細參勿忽。

校友日講詞

民國五十四年一月二日

諸位先生，諸位校友：

我藉著元旦日校友晚會，恭祝大家新年快樂。特別是今天晚上，我看到許多小朋友們，新亞校友的下一代，使我最是開心。希望以後的今天，各位校友都能把太太小孩子一齊帶來參加。若是我們有五百位校友出席，每位都帶四個小校友來，那麼我們就有二千個下一代的新亞小校友在這會場上。若使我們真有新亞精神的話，兩千位小校友也該有新亞精神，那是何等值得慶祝呀！

平常沒有事，看不出我們校友會有什麼力量來，但一到有事發生，校友們的力量就可以看出。去年我們學校董事長趙冰博士逝世前後，我們許多校友到趙家，到醫院，到殯儀館，到墓地，在喪事中盡了很大力，幫了很大忙，我看了心裏很感動。這是我們校友會的表現，這種表現對人生有安慰，有鼓舞。只要人生有一分真實的情感，便使人生有一分真實的意義。因此我們絕對不要看輕了此一種表現。

許濤校友前些日到我家，要我今晚給各位說些話。我想，還是從人生方面說幾句。這不是我又把老師身分來向諸位訓話，只是談些家常，也可說是說一些人生經驗。只因我年齡比諸位大些，書也看得多些，所得的人生經驗也比諸位較多較深。不妨藉此談談。

我想我們做人有三件重要事：一是人生理想，二是學業，三是事業。所謂理想，亦可說是希望或意志。三者中，實以此為最重要。有人說，每個人各有他自己的一套人生哲學。我想，不如說每個人各有一套人生理想或希望。在中國舊書上，則說是立志。志或希望或理想，各在自己心裏，卻不表露在外面，此項的志與希望與理想則是自由的，不受限制的。而學業、事業則不然。學業有天賦資稟及後天環境之限制，並不能希望人人受學、人人成學，更不能希望每個人都能成為一大學者。事業也有種種限制，或可說限制更大，因其所受外面影響更多。因此每一人往往對他的事業有些不滿意，而且也不能希望每個人都能做大事業，都能成為一事業家。因此我勸諸位，不要把自己的人生理想儘放在學業或事業上。學業與事業，只可說是幫助我們達到人生理想境界的工具或手段，而人生理想則應另有安放。學業愈高深，事業愈偉大，自然更可幫助我們理想的完成。但我們的學業、事業有限制，而我們的人生理想則可以無限制。也有不少人有高深的學業，或有很大的事業，但其人生不美滿，不覺得很安心很樂意。反不如只有小學問、小事業的人，所過人生反而更理想。因此我勸諸位，不要專在你的學業事業中找理想。應在學業事業之外之上，另有其理想。諸位當知，沒有人能滿足他自己的學業，也沒有人能滿足他自己的事業。學業有高下，事業有大小，都有限制，又有競爭，有比較，有缺憾。因此，常易使人失望。

諸位都算幸運，都已受了高等的教育。此刻也是都有事業了，姑無論其大小，先要能安於所業，來另找我們人生的理想。即如孟子所說：「仰不愧於天，俯不怍於人。」只是十個字。又如說：「富貴不能淫，貧賤不能移，威武不能屈。」只是十五個字。卻真是人生理想所在。我們能素富貴，行乎富貴。素貧賤，行乎貧賤。素患難，行乎患難。素夷狄，行乎夷狄。要能無入而不自得，纔算是一君子，這纔是人生的理想境界。但這些卻是自由的，不受限制的。沒有競爭、沒有比較。人人能做，人人能到，也不為學業事業的條件所累。品德行為操之在己，外面一切無法限制。只是你自己無此理想，不立此志，則別人也奈何不得。

但我今天這一番話，也非叫諸位看輕學業與事業。諸位在自己目前事業下，必要努力以赴，務求盡職。又不要忘記了，在職業之餘，抽出一點時間來讀一點書，自己進修。諸位要知道，你們的學業可以幫助你們的事業，而你們的學業和事業又可幫助你們的理想，到達更進無上的階段。我今晚只想就把這一番話來告訴諸位。

史記導讀序

昔兩漢博士，太學授經，首重家法。宋朱子申其意曰：「漢世專門之學，近世議者深斥之，今百工曲藝莫不有師，至於學者，尊其所聞，則斥以為專門而深惡之，不知其何說也。」又曰：「治經者，必因先儒已成之說，而推之，借曰未必盡是，亦當究其得失之故，而後可以反求諸心，而正其謬。」此漢之諸儒，所以專門名家各守師說而不敢輕有變焉者也。但其守之太拘，而不能精思明辨以求真是，則為病耳。然以此之故，當時風俗，終是淳厚。近年以來，習俗苟偷，學無宗主。朱子之言如此，抑不獨經學為然也。朱子為一代理學大宗，然言及李延平，必稱先生。著書立說，必稱子程子曰。是朱子之師承與家法也。抑不僅理學為然也，即文學亦何獨不然。清代言文章，必曰桐城。其先源自明之歸熙甫，及清代，方望溪、劉海峰、姚惜抱，遞相師承，故曰，天下文章，其在桐城乎！自惜抱諸大弟子梅伯言、管異之、劉孟塗、方植之，下逮湘鄉曾文正崛起，猶曰：「國藩之粗解文章，由姚先生啓之。」此亦漢儒傳經師法專門之遺意。湘鄉門下，有張濂卿、黎蒓齋、吳摯甫，而摯甫籍桐城，是桐城一派，師承遞嬗，上溯明代，下迄清末，三百餘年，繩繼不絕。其流風餘韻，義法淵源，粲然可觀。而豈淺薄庸妄之徒，所能輕肆其譏彈！吾友黃子二明，授新亞諸生讀《史記》編《史記導讀》一書，所選篇目，一依張氏、吳氏，又加以吳氏論文，歸、方評點，諸家評識四目，謹守桐城榘矱，不欲輕有所踰越。抑評點之學，亦桐城家法所重。近人或加鄙視，是亦不知家法者作門外之妄譚爾。學者一遵斯編，庶乎知為學有軌轍，求道有師承，宗主家法有不可廢。亦足以藥苟偷之風，回淳厚之俗，破門戶之拘攣，而開思辨之正法，而豈僅僅乎學為文章而已。余故樂闡二明斯編之意，而為序以張之。

中華民國五十三年甲辰冬至前夕錢穆拜撰序於沙田之和風臺。

韓文導讀序

吾友黃君二明，授新亞諸生以《史記》韓文，有導讀兩編。余既序其《史記》編，二明曰：韓文一編，願續為之有序。余辭不獲，爰再序之，以塞其請。竊嘗謂文章之士，每薄校勘、訓詁、考據於不為。而從事於校勘、訓詁、考據之業者，又往往不擅於文事。而不悟其不可以偏廢也。昌黎一集，自有晦翁之考異，而後始有定本可資循誦，此文章之有待於校勘者甚顯。抑晦翁之為考異，有曰：「韓子之為文，雖以力去陳言為務，而又必以文從字順各識職為貴。」讀者或未得此權度，則其文理意義，正自有未易言者。是從事於為文章作校勘，苟非深通此一家文事之深趣，亦難勝任而愉快也。至言訓詁，昌黎已自言之曰：「凡為文辭，宜略識字，苟字義之未明，又何論於文章之精妙。」然雖曰積字成句，積句成篇，而文章之事，有一篇之大義未明，即難定此一句之義；此一句之義未明，即難定此一字之義者。晦翁考異，遇此等處，最見精卓，此則非深通文章即難下訓詁之說也。至於考據，每一文有其本題之故實，有作者當時之心情，有其文所包羅之萬象，苟非博考旁稽，何以知其所云云。然亦必精熟文理，乃知孰者當考，乃知所考之孰得其是而無疑，固亦非字字而詳，句句而尋者之所與知也。二明斯編，正文一據世綵堂本，而晦翁考異，亦附見焉，於校勘為不苟矣。下有補注，自有韓集一千年諸家之訓釋考訂，一字一句，人地官職器物之名，乃至典章義理史實之本末，人物之表裏，無不備。其纂輯之廣，擇取之嚴，於訓詁、考據為不苟矣。讀者循此求之，而一文之大義畢顯。抑文章之精微，有非盡摭實之可得，而又有待於心領神會於不以言傳之表者。斯編於補注之後，又繼之以諸家之圈點與評識，斯如布采之有鉤勒，畫龍之有點睛。後世學文之士，則胥不於此而臻妙悟。虛實並盡，校勘、訓詁、考據之與文章之兼究而深通，其亦斯編用意之所在乎？姑還以質諸二明，其果有當乎否耶?!

中華民國五十三年甲辰冬至錢穆拜撰序於沙田之和風臺。

新亞二十周年校慶典禮講詞

民國五十八年九月二十八日

李代董事長、沈校長、諸位來賓、諸位同學：

今天到會的，或多或少與新亞有點關係，一定很歡欣來參加這紀念盛會的。新亞書院創校迄今二十年。可說已是一個很長的時期，佔了一個世紀的五分之一。但也可說是一很短的時期，在座諸位，也許很多二十年前就來新亞，直到今天的。新亞在這二十年中，變化很多。可是有從開始到今天，一直在新亞的，還是不少。可見二十年並不是一個長時期。

我想提出這個紀念的特別的一點，或許大家都知道。當時大家不會想到有今天，可是，今天參加這個二十周年紀念的，恐怕也很難想像我們這個學校二十年前是個什麼樣子。二十年前想不到今天，今天也想不到二十年以前。這二十年來，新亞變化已經相當的多，那麼因此，更值得我們有一個歡欣的回憶。尤其是我，今天能有這個機會，再看見這個禮堂，參加這個典禮，還讓我藉著這個機會講幾句話，我覺得更是歡欣。

那麼，我們究竟怎樣來講以前的新亞呢？二十年前的新亞，十五年前的新亞，十年前的新亞，倘使我們說桂林街時代的新亞，加上嘉林邊道時代的新亞，再加上農圃道第一期建築完成的新亞，就是沈校長剛才所講的十年以前的一個段落和十年以後的一個段落，我們如何去講呢？雖然二十年不是一個很長的時期，已經令我們感覺到無從說起。

我只舉一點講，只講經濟。那時候的新亞全年經費，倘使今天新亞一位講師把他的薪水捐給學校，那我們整個學校的經費都解決了。我們全年的經費，就是現在一個講師的待遇。諸位可以想想看，別的我們可以不講。這些賬目，在校長室或者總務處，現在還有檔案可查。倘使照一個相，讓大家看一看，就可以明瞭。一切在內三千元。今天在座的，有當日管理賬目的，新亞的經費，他是知道的。記得雅禮協會代表盧鼎先生到香港，我和他見面時，他問起新亞書院的經費。我對他說：新亞書院的經費，最多兩分鐘可以向你講個明明白白。三千塊錢，兩分鐘可以講明白，怎麼樣來的，怎麼樣支出的。可是諸位須知道，那個時候新亞書院的學生，一百人中間有八十名不用繳學費的。今天在座有很多畢業同學，那個時候我們免了他的學費，從入學到畢業，沒有繳一文錢。另外有些學生，他幫忙學校掃地、擦窗戶、送信，學校還要給他生活費。一切的一切，都在這三千元之內。固然二十年前的港幣不能和今天的相比，正如二十年前的新亞不能和今天的新亞相比。可是還是差不多。或許諸位要說：三千塊錢怎麼可以辦一個學校？這是糊塗、荒唐，才來辦這一個學校！辦學校有什麼用呢？學校是造就人才的，有一班青年願到這學校裏來。

我再拿出一個統計來，就是新亞書院創校十年內畢業的。在桂林街、嘉林邊道，乃至於農圃道第一期建築物完成時，畢業的許多學生現在在那裏？做的什麼事情？學校也可以查一查。那麼，我說一句公平坦白的話，在座諸位請都原諒我。我可以說，十年以前新亞畢業的校友，今天在座的不少，他們的成就，並不比十年後畢業的差。諸位可以查一查，今年畢業的是什麼人，去年畢業的是什麼人，這二十年來，十五屆、十六屆……畢業的。當然，新畢業的，他們將來的成就，此刻還不曉得。可是這個學校到今天才二十年，它的畢業校友在學術界、在社會上、在學問上、在事業方面，有成就的，已經不是少數。我們要比較，三個畢業，中間一個就不少。五個畢業，中間兩個更不少。我想辦一個理想的學校，將來這些校友出去貢獻社會。當然，不能說全是新亞的成績，他到了國外，進了有名的大學。可是這個種子，總是從新亞開始的。我想告訴在座的諸位先生們，我又要告訴在座的許多同學們，新亞近年來進步了，或許再過兩年更要進步。可是我們新亞今天畢業出去的年青同學們，應該把當時拿三千元辦學時那批在校掃地、擦窗、拿生活費的同學今天的成就，雖不能說是個榜樣，但總可以作一個參考。

那麼，我要請諸位，不要當我太狂妄，或者太不切實際。我要講一句話：一切事業，經費固然重要，但它不是最重要的，還有更重要的。二十年以前，或十年以前的新亞，至少是一個證據。證據在那裏？證據在校長室或者在總務處，我記不清楚了。可以把檔案拿出來看，是不是三千元一個月？是不是畢業的學生一年一年的窮苦？是不是前一年畢業的比後一年畢業的差了？我要坦白的告訴諸位，也要鼓勵在座的前期畢業校友，你們沒有吃虧，你們到這樣一個窮苦的學校，今天有這樣的成就！不僅在此地的校友，還有不在此地的校友。我告訴在座的新亞同學們，你們要懷念以前的新亞！至少從前的新亞，它所栽培出來的，就是我們前期的校友，可以作你們一個參考，可以給你們一個鼓勵。我不敢說作你們一個榜樣。

那麼接下去的一點，或許有人想：這個學校三千元的經費也能辦出成績，成績究竟在那裏，你怎麼不講？不在桂林街的校舍，不在此地的建築，也不在裏面的圖書。成績在二十年來畢業同學的身上能奮鬥。當日的新亞書院三千元一月的經費，倘使我們以為沒有前途，漆黑一片，還用什麼奮鬥？那麼，學校早關門了。一班青年，走進十年前的新亞書院，沒有接觸到很多的教授先生，沒有今天這樣的圖書館、研究室、科學實驗室。沒有工友，學生做了工友的工作。他們只是先生和同學全體在一個最困難的環境之下，而卻覺得我們有個前途。前途有沒有呢？今天我可以告訴諸位：前途有了。二十年到今天，我們的理想並沒有錯，現在有了。每次我們學校開會，都要先唱校歌。校歌中有一句講：「手空空，無一物。」這句話大家都會講，沒有那個不會講。我們那個時候，先生、學生，整個學校在一起，三千元一個月。這樣的窮苦，我們這個學校辦下去，那時候是要吃得苦的。諸位吃桃子、吃杏子，它的核心是苦的。今天是開花了，結果了，於是大家說：啊！新亞像樣了！

恐怕今天新亞的同學，乃至於新亞的先生，無法想像到二十年前的新亞情形。就是請諸位到桂林街去看一下，還是想像不出。恐怕新亞五年前畢業出來的同學，到今天還在這個學校，也慢慢兒忘掉了從前的桂林街、嘉林邊道，以及農圃道早期的情形。也就是說，從前的那種精神慢慢兒忽略下去了。大家都在物質方面、在外面的條件上，來考慮這個學校，而忽略了在我們人的本身上來參加這個學校。

講到我們所謂的教育宗旨，我想學校可以變，而且將來還要不斷的變，但我們辦這個學校的宗旨，從起初就是希望這個學校是一個中國的學校。怎麼叫做中國的學校呢？在中國人居住的地區，中國人的社會中，辦學校教育中國的年青人，將來學生離開學校出去到中國社會上做事。這是我們的一個大理想。這話是老生常談，正因為是老生常談，不只是新亞書院可以有此理想。不過，新亞書院也希望可以參加在這群體理想之下。今天，新亞書院很幸運，剛才李代董事長講：我們參加了中文大學，經濟上有了相當的基礎。可是我們要顧名思義，這個學校叫做「中文大學」。我們有此理想，無此魄力，心有餘而力不足。今天，我們新亞書院幸而也能參加中文大學，成為中文大學的一份子。那麼我希望將來我們的新亞書院，還有二十五年、三十年、三十五年、四十年……能本著我們從前那種窮苦奮鬥的精神，向著「中文大學」四個字的目標邁進！這是我對將來新亞書院的一番慶祝。

人物與理想

民國五十八年十月四日新亞學生會
學術部主辦學術演講講詞

諸位同學：今天承蒙你們要我來講幾句話，雖然時間很倉促，可是我總想講幾句對諸位有用的話。我希望諸位聽了我的話後，不祇是對諸位中某一位有用，更希望對每一位在坐的人都有用。而且我這些話，不只希望對諸位在新亞時有用，我還希望諸位在出了校門後還能有用。其次，諸位還可將我這次所講的話，告訴你們的兄弟姊妹，告訴你們的朋友，告訴任何一個人。而我希望這幾句話，對任何一個人都有用。但這只是我心裏所想，至於這幾句話真的能如此有用與否，那就要等諸位聽了後，自己去了解，自己去體會。

今天我要講的話，事前沒有下定題目，因為我並不是有了題目才講話，而是在沒有定下題目以前，我已經想講這些話了。可是每一個演講，照例都要有一個題目，所以我便定下「人物與理想」，作為今日演講的題目。剛才主席說過，演講後，大家將有問題要發問，所以今天的演講不會很長。

首先我要先說什麼是「人物」。諸位都懂得什麼是「人」。中國古人說：「人為萬物之靈。」這個「物」字，包括很多，有有生物、無生物，自然物、人造物等。而中國文字所用「物」字，可有兩個意義：一個如上所講係萬物之物，一個是作分類分等用。如生物中有有生物、無生物、自然物、人造物等，此是分類。又如一件東西有不同價值，例如一座房子，一張桌子等，其價值有別，此是分等。我們若把「人物」二字分開來說，則人是人，物是物。現在我們將「人」「物」二字合起來用，說有一個人物，這不等於說有一個人。我們說「人」，或說「人物」，這兩種意義有不同。

我們都懂得將人來分類，譬如說：他是一個男人，她是一個女人。他是一個大人，他是一個小孩。或者說他是一個學生，他是一個工人。又或者說，他是個政府官吏，他是一個公司裏的職員。這樣，不就是分了類嗎？又譬如說，公司裏有董事長，有總經理，亦有低級職員，他們的薪水，都有一定的等級。這樣，又不就是有等級之分嗎？但現在我所要說的，不是這樣的分類分等。如我們今天在座的人，大概有五十多位，但我們不能說這禮堂上有五十多位人物。人物和普通人不同。說此人是一人物，乃是從普通人中分別出來的特殊人。

各位都知香港大概已有一百多年歷史可講，在香港學校裏培養出來的人亦很多。但是在香港學校裏讀書出身的人，這一百多年來，我們也可說他們都不過是些普通人。如我們要從香港讀書人中來找一個人物，那麼我們大家腦子裏一開始便會想到一位人物，而且又是一位大人物，那就是我們中華民國的創始人——孫中山先生。孫先生不僅是中國近代史上的一個人物，亦可以說，他是世界人類中間的一位人物。又可說，他是人物中一位大人物。那麼為什麼香港學校裏出身的人，都比不上他？他是人物，而我們不是，其中道理何在？

講到這裏，我將暫不往下講。我得先問諸位：承認不承認我這幾句話？倘若諸位根本不承認我這幾句話，那麼我便不往下講了。實在也就無話可講了。再換一句話說，諸位承認不承認我們人類中有等第有差別？從平等方面說來，大家是人。從不平等的方面說來，有些人叫人物，而有些人則否。亦可說，只少數人得稱人物，而大多數人則不可稱人物。如是則在我們人類平等中，可以有些不平等。這個不平等，就是我們剛才所講的價值上的不同。

諸位不要認為孫中山先生是我們中國國民黨的一位領袖，是我們中華民國的第一位大總統，所以他是一位人物。其實，這些卻不相干。若我們來講歷史，來講歷史上的政治人物，從中國方面講，在以前，皇帝之下有宰相，皇帝宰相是政府領袖，但在中國歷史上，只有少數皇帝宰相才稱得上是人物。其餘縱做了皇帝宰相，也不算是人物。再講我們知識分子，講學術界。中國的政治領袖大體都從考試中選出，從唐朝至清朝一千多年，國家最高考試獲得第一名的稱狀元。三年一次國家大考，一千年來就應出了三百多位狀元。但是其中極少數的才得稱是一位學者。在學者中，也還有多數不得稱人物的。我們可以說，宰相、狀元是人，卻不能說他們是人物。但我們從另一面說，在歷史人物中，亦有很多不是狀元出身，並未做上政治領袖的。

又如諸位將來都想留學美國，想得到個博士學位。但是各位曾否想到，美國有很多的大學，在美國大學裏，每年得到博士學位的真是多。可是在那些博士中，可以稱得上是一人物的，那就少之又少。在美國政治上和學術界，亦有些大人物，他們沒有得博士學位，沒有做大總統，也有沒進過大學的。但在美國人民中，都承認他是一位人物，其為數亦不少。諸位此刻在新亞讀書，究竟只想要得箇學位，或是想在眾人中做一個人物呢？這就是諸位的志向問題了。

或者諸位會說：「我們無此志，無此願。我們只想隨眾做人。」但這也是諸位的志願。若諸位在立此志願前，先問：「究竟什麼纔叫做人物？」如此便要牽涉到我今天所講題目的第二層，即「理想」一名詞。我所提出的理想二字，亦可稱做是文化中的理想。中西文化不同，雙方的理想亦不同。深一層講，在中國所謂的人物，與在美國所謂的人物，便不同。這些不同，也可說便是中美兩民族文化理想之不同。諸位當知，人物理想都該從文化理想中來。西方文化則認為你是一箇人，我也是一箇人，相互平等。他們所謂的人物便從人生的外部去講究了。所以他們不注重歷史上的人物，只著眼在社會上的人物，便將無法了解中國人的所謂文化傳統、文化精神、文化理想，與其所謂人物了。

人有兩種，一種是「自然人」，如我們都由父母生下，便是一自然人。另一種人是要經過加工的。不單是純粹的自然人，而更加工精製，纔可以叫做「文化人」。每一人生下，都有他自己的本質，那是自然的。人有了自然的本質，纔可在此本質上再加工夫。如進學校，由小學到中學大學，乃至研究院等，將來他便不僅是一個純粹的自然人，而經受了文化培養，成為一文化人。學校是培養文化人的場所，所以學校本身便得要有一番理想。此項理想，則必然便是文化的理想。其實也不僅學校如此，整個社會，整個民族，都有他們的理想。有了理想，乃始可以加工。如我要做一張桌子，我們就要先有一個做桌子的理想，然後才可加工來實做一桌子。

諸位從中學畢業進大學，大學畢業後還希望留學，此也是立志上進，好像便是一理想。又如學校，有了一個學院，就想辦兩個，有了兩個學院，又想有三個，學校總想擴大。又如一做生意人，有了一百萬家財，便想要一千萬。但這些都只是「量」的增加，非質，照中國傳統言，卻不能算是理想。中國人言理想，都在「質」上面。這個問題要細辨深說，恐怕比解釋「人物」二字更難。簡單說，僅在量上計較，那些多數只是欲望。能在質上分辨，纔有理想可言。

有人喜歡說：「無中生有」，這是一句量上的話。我本人則並不信這句話。若我們沒有理想，就不會有成就。如我們沒有成為一個人物的理想，將來便不能成為一人物。一箇人物之成就，則決不是無中生有憑空而得的。諸位又說：「有志者事竟成。」我以為這句話中的「志」字，便該是質不是量，所以人貴立志。我們的所志所願，大體講來，未必能完全達到。假如我們具有十分的理想，若能達到五六分、七八分，那已是很不易。只見人有大志而小成，卻不見有人僅小志而大成的。更不見有人乃無志而有成的。我們只看歷史上人物，往往沒有人能達到他百分之百的理想。如孫中山先生，也並沒有達到他自己百分之百的理想。又如孔子，也沒有達到他百分之百的理想。中山先生和孔子，並不是晚上睡覺，明天醒來，便變成其為孫中山與孔子的。

諸位或者會說，他們之間之不同，和其成就之限制，都為受當時的時代和環境之影響。但我要告訴諸位，志願理想在內，時代環境在外，應該分別說，不該混合看。我今所講，則只是在內的一面。孔子說：「吾十有五而志於學。」孔子說此話時已過七十。孔子之立下此「志」，已是五十多年的長久時期了。孫中山先生亦說：「余致力國民革命凡四十年。」孫先生之所致力，也是四十年的長久歷史了。今試問：沒有志，沒有願，那能如此？諸位此刻在學校讀書，我怕諸位只有四年之志，四年以後，我保諸位可能達到百分之百之所志，即是取得了中文大學的學位。後面環境變，諸位所志也就隨而變。若非在短時期內確有把握的事，諸位自會無此志，無此願。可見諸位目前的理想，嚴格說來實不是理想。諸位理想，似乎只在短暫中匆促地，做一平常人而已。

有些人聽了我的話後不動心，有些人聽了我話要懷疑、要反對。也有些人聽了我話，會說根本聽不懂。那麼我的話，也只好講到這裏。諸位如聽不懂而有志要求懂，那麼我要奉勸諸位四箇字，那就是「自發自願」。凡是有理想的人物，都在這「自發自願」四箇字下產生。好像一粒種子，在泥土裏長大起來，這是自發。但此種子，一旦從泥土裏升出，卻須經歷日曬雨淋，風吹霜打，甚至人鳥踐踏啄食種種磨難，種種摧抑。故於自發之外，還要加上自願。諸位要將自己一生的智慧精力，貢獻給你們之所志與所願，此始算得是你們之理想。倘使諸位不能自發，沒有自願，那即無理想可言，也絕對不能成為一人物。

諸位可能又會說：我所講的太空洞，無把握。但我亦只能回答你，最實在最可把握的只是你自己。你要能自發自願，要能抱一定的理想，盡一切力去做一等的人。諸位又會問：那一種理想是第一等的？我也只能回答：祇有問你自己吧。諸位若再問怎樣做法，如何下手？我亦只能回答：且問你自己吧。如此說來，則我此番演講，豈非根本沒有講什麼話？這也不錯。但我也有箇道理在裏面。如諸位在新亞讀書，幾年後便畢業了。又或到外國留學，得了博士學位，學問途徑到此而窮。那時諸位或者尚不過是一位卅歲的年青人，那時諸位仍不一定就是一人物。到那時，你對此問題再去問那一位？故我說，對此問題，只有你自己去問自己，求自己來回答。要從今天起，諸位各自自己體會，自己了解。你自己便對自己最重要。你能對自己重要，始能對人也重要，乃能對國家民族天下後世也成一重要人。孔子、孫中山，也只如此。我的演講至此而止。但我仍願我此番演講，能對諸位有用，則惟有望諸位之善自用之。其餘我將不再多說。

我對於雅禮新亞合作十七年來之回憶

今年二月十日，是雅禮協會創立七十周年的紀念日。新亞梅貽寶校長來信告我，說：新亞和雅禮，也已合作了將近十七年，新亞方面，將向雅禮有所慶賀；囑我在新亞雙周刊上也發表一些感想或記憶。我得梅校長信，不禁使我回想起已往種種。

那時的新亞，正是在萬分困難中，若非雅禮協助，勢將不得有今日。而雅禮協會能對此絕無基礎、太不像樣的一所學校，有興趣、有熱心，肯加援助，予以合作。此事對新亞，論其在精神方面之鼓勵，與夫其在感情方面之懇摯而深切，其價值之可寶貴，實是無可言喻。當斷非其僅在經濟上之歷年補助之一筆金錢數字，所能相提並論。在我幸而身當其事，為此一段因緣，認識到雅禮協會中許多位先生們，深感到他們都能為一共同理想在一共同機構中努力不倦，歷七十年到今天，這真是一件大堪敬佩、大值慶賀之事。至於我們方面，接受了雅禮長年協助，至少在我心裏，總感到有極多慚愧、難副此等鼓勵與懇切同情之處。敬願藉此機會，稍吐微衷。至於我所參預在此新亞、雅禮合作中的前一段的經過，至今回想，也已是千頭萬緒，一時無從說起。不得已，姑舉在我心中最不能忘的雅禮兩位先生，略述記憶之一二。

我之所述，固然僅堪認為是雅禮、新亞合作過程中之一鱗片爪。但即就此一鱗片爪中，我想也可使人藉以窺測雅禮、新亞此一合作的全體貌之大概。在我認為：此項合作果能長期持續，並加以不斷之發展，實當為中美社會雙方教育事業史上，開闢一新天地、樹立一新榜樣。不僅在紀念以往，更要在希望將來。我敬以此謹申我對雅禮、新亞合作前途之祝賀。

在一九五三年之夏，盧鼎教授代表雅禮協會前來香港，我是最先蒙彼約見之第一人。在其旅邸中，由當時亞洲基金會蘇君明璇任通譯。盧鼎教授首先告我，彼承雅禮董事會命前來香港，並將再去臺灣與新嘉坡。因雅禮在中國長沙經營醫院學校，快近五十年，自大陸赤化，一切事業均陷停頓。雅禮董事會擬轉移目標，就臺、港、菲三地華人社會中，物色對象，在醫藥、教育兩方面，協助合作。由彼來此考察。彼謂新亞當亦可為被選一對象。彼盼我對彼能加以說服，彼當以我之所說服於彼者，在返美後再說服其董事會。我對盧鼎教授先申感謝，因謂倉促蒙賜約見，實並無何等向彼作說服之準備。惟若有所詢問，則當坦率直告，或可供彼作參考。盧鼎教授聽我說話，似乎面容開展，喜形於色。因他在約見前，早已擬了一問目，打下兩張紙，挨次密排大約有三十條左右。他隨手從衣袋中取出，說：這樣也好，由我逐一請問吧！我因見他問目甚多，所以他每問一項，我總力求簡單地作答。如是，從晨九時起直到中午十二時，那些問目快近完畢，我們三人轉到旅邸附近一家小餐館中進食，又繼續進行我們的談話。盧鼎教授最先所問，是我辦新亞之宗旨和理想。最後在餐館中所及，則是問我對西方耶教徒來華傳教之態度與意見。直到下午兩時許，我們纔分別。這是我和盧鼎教授第一次的晤面。

不久，盧鼎教授由臺灣回港再見，他告我：菲律賓之行已決作罷。他來臺、港、菲三地物色醫藥教育事業合作對象一計劃，已暫定以新亞為目標。他告我：雅禮協款自每年最低幾何到最高幾何，共分三種可能，都以五年為度。他囑我編造預算三份，由他攜回，俟雅禮董事會正式作決定。我依言把預算編造送去，卻引生了我與盧鼎教授雙方之意見相歧。盧鼎教授說，雅禮方面只求一合作對象加以協助，並不能憑空來助人創造一新機構。而我的三份預算，則只有校舍一項。獲最低數字協款時，將租賃一屋。獲中額協款，則洽購一屋。獲最高額款，則并五年所得，建造一屋。如此則全部計劃盡在校舍一項上。而如教員待遇，學校設備等，全不在內，恐非妥當。原來直至那時，盧鼎教授尚未去過新亞，作實地之觀察。我謂新亞現況簡陋已甚，今獲雅禮協助，若不先解決校舍問題，正如一小椀傾注多水，勢必溢出，全成浪費。若求獲得雅禮協款後能有確切實效，則非先解決校舍問題不可。我因請盧鼎教授親去新亞觀察實況，並與新亞師生見面。我猶憶那時，正是新亞舉行暑假休業典禮在校外借一地點於夜間舉行，盧鼎教授也曾前來參預。

事後，我與盧鼎教授議定雅禮、新亞雙方合作之兩原則：一、在新亞方面，將保留其辦學之完全自主，只在獲得雅禮協款後，當盡可能謀求其最完善最妥當之使用，於每一年度終了，向雅禮作一報告。二、在雅禮方面，對新亞之協款，將完全由雅禮自作決定，新亞將不向其有任何額外之請求。雅禮並將派一代表，常川駐新亞，負責雙方合作上之聯絡。盧鼎教授不久即自港返美，我和新亞同人乃及學生們並無一人前去機場送行。但有人去送行的事後轉告，謂盧鼎教授在機場曾提起新亞確應有一自己的校舍云。

自盧鼎教授返美後，雅禮協會接受其報告，決定與新亞合作，而最先五年之協款，則猶較盧鼎教授在港當面告我的最高可能數字更有超出。新亞得此協款，最先即有嘉林邊道校舍之展擴。而農圃道新校舍之第一期建築，其經費來源，實亦由盧鼎教授在美代新亞向某基金會洽請而來。

我在一九六〇年去耶魯，蒙盧鼎教授某晚在家邀宴，我曾請其覓一機會，再來香港，俾可一覩其親所栽植之新亞書院的新面貌，與彼前所見桂林街之舊新亞作一比較。而在新亞師生實應得一機會，讓他們都能獲瞻盧鼎教授之丰采。因在事業上，盧鼎教授不僅是雅禮、新亞合作一創始人，亦是桂林街時代之新亞脫胎換骨、而誕生此下新新亞之惟一催生人。而盧鼎教授謙沖在懷，直至今日，尚未有第二次來訪新亞之計劃。使我濡筆至此，總覺在新亞，對此事終該有遺憾。

在雅禮與新亞之合作中，其第二人時縈我懷念者，則為羅維德先生。在開始幾年合作過程中，我牢牢守一原則，決不輕向雅禮作經濟上之任何請乞。而雅禮在五年一期之預定協款外，頗欲有所增擴。於是羅維德先生遂膺命前來，作為雅禮駐新亞之代表，以便就近商決雅禮、新亞擴大合作之前途。

羅維德先生是一虔誠的耶教徒。彼之來新亞，從其人格上之薰陶、丰度上之照映，新亞師生間，至今不忘其人者實繁有徒，可不再述。回憶羅維德先生來，在新亞方面，正值有三大事：第一、是中文大學之規劃，時已開始，香港政府很早就把新亞納入其規劃之內。羅維德先生則甚願獲覩其事之成。而新亞同人方面則對此事意態不一，學校尚未有一明白確切之表示。羅維德先生時時以此相詢。我告訴他種種理由，新亞惟當與港政府合作，不能自脫身於港政府此一規劃之外。惟新亞方面，為學校自身前途計，亦為整個香港教育應有前途計，理應有所主張，正貴在事前與港政府盡量商榷，甚至當不惜作力爭。羅維德先生對我意見甚表同情。我因要羅維德先生與我分任此責，請他出席種種會議，或分途單獨接洽，蒙其慨然允諾。羅維德先生年高於我，彼肯不厭口舌奔跑之勞，為新亞爭取理想，我常引以自勵。我嘗告羅維德先生：雅禮與新亞合作，其事易，因雅禮先承認了新亞之獨立地位。而港政府與新亞之合作，其事難，因港政府似乎只想辦一獨立大學，而把彼所欲網羅的那幾個學院之獨立地位，事先在港政府之意想中，並未明白先加以肯定。我不想出賣新亞之獨立，來爭取港政府之經濟援助。此層蒙羅維德先生深切同情。此一層，直到今天，總使我回憶不置。

其次是新亞理學院之創建。此事由羅維德先生在港和我幾次商談所決定。我主張第一年先設數學系，第二年增設生物系。至於物理、化學兩系，先籌建實驗室，在第三年後，再絡續成立。新亞物理、化學兩系實驗室之最先籌立，皆由羅維德先生邀約耶魯專家前來設計。直到羅維德先生離開香港，此兩系實驗室，皆已布置就緒。此尤是羅維德先生之大功。

其三是新亞的藝術系。我嘗自謂把創辦新亞的精神來創辦新亞藝術系。在先是一文不名，率爾創辦。我曾在新亞董事會提出報告，而說此一報告將不作討論，也不要求董事會正式通過。後來新亞勉強增設了二年制藝術專修科，到羅維德先生來，蒙其甚表欣賞，遂使藝術系無災無痛，正式成為新亞學校中一系。這也是羅維德先生之大功。而羅維德夫人，又親在藝術系幾位教師指導下學習中國畫。

待我去耶魯，羅維德先生已先返，服務於雅禮董事會。我能和雅禮董事親切接觸，深深瞭解他們對新亞之熱心愛護，與夫彼等籌集經費之不易，以及一切辦事之認真，皆由羅維德先生從中接頭。我曾好幾次在下午傍晚時分逕去羅維德先生家，而羅維德先生依然在辦公室未返。有一次，我夫婦與羅維德夫婦餐敘，羅維德先生張手作勢，向我說：美國社會，初看像是遍地金錢，但要把它張羅入手，其事委實不易。我因在美國和他相處達半年之久，因能確切瞭解其言非虛發。自我返新亞，亦每以此話轉告同人。我想新亞與雅禮合作以來已達十七年，羅維德先生此一番話，我新亞同人實應時時在懷不忘為是。

以上我只約略敘及盧鼎教授和羅維德先生和我接觸之幾許小片段，乘此機會，呈獻為紀念雅禮、新亞合作十七年中一小文件。我深盼此一合作，繼此常能保持，更盼我新亞接受援助之一方，應能透過經濟數字而更益深入到其精神方面。更莫忘雅禮方面自始即對新亞一番艱苦奮鬥，能抱持其一種理想而勇猛向前之獨立精神加以認許，又倍加以愛護成全之美意。至於我個人，在此雅禮、新亞合作之最初一段時間中，沒有能作出更好之表現，沒有更合理想之成績。今已置身事外，回念前情，亦惟有藉此機會，稍稍表達我歉疚之內心於萬一。尚祈雅禮、新亞兩方，同賜矜宥，少加罪責，則為深幸。

事業與性情

民國六十年六月五日本校學術演講詞

梅校長、各位先生、各位同學：

我今天非常高興。在不到兩年前，沈亦珍先生擔任新亞校長時，我有一個機會重新踏進新亞的大門，在此地講話。今天又承梅校長好意，我再有機會來新亞，同諸位講話。特別聽到梅校長稱許我的幾句話，令我非常感動，同時也非常抱愧。他以孟子所謂的「大丈夫」相許，我想梅校長對朋友太過獎了，實在不敢當。

我今天在此要講的題目，原來擬了兩個，由梅校長替我圈定了「事業與性情」這一題。今天的世界，可說是一個極大動蕩的時代。諸位看報紙，或者彼此談天，或者個人自己心裏想到，國際間的大問題，國家政治問題，社會經濟問題，乃至學校教育、宗教信仰、學術思想等各方面的問題，都會不斷地刺激我們，使我們在這些錯綜複雜的大問題之下搖動、震蕩。不過我可以告訴諸位，除掉政治、經濟、學術、宗教種種問題外，還有一個就是我們的人生問題。我們該怎樣來活在這世界上？倘使拿這問題與其他一切問題相比，則此便是個中心問題。其他可以說都是外圍問題。也可說，人生問題是一個根幹的問題，而此外則是許多枝節問題。一切外圍、枝節的變化，固然可以影響我們的中心與根幹。然而除了一切外圍枝節以外，我們不可忽略了此中心的根幹，即是我們的人生問題。

我喜歡讀歷史，無論中國史、西洋史，世界各國歷史，各種變動常是不斷的。一個接一個，此起彼落，而人生問題，有關人生本質上的變動，則比較難以碰到。當然也有，中國史、西洋史中都有，不過比較的少而難以看到。今天則恰巧遇到了人生中心根幹大問題的變動時代。將來要變成什麼樣子，此刻我們還不知道。我自前年由香港回臺灣，兩年以來，很注意這一問題。據我所看各項報紙所載，關於這一問題大變動的消息，隨時記下。但也不是嚴格的，有時是看到而忽略了，沒有記，但所記下的已有一百幾十條。今天我只想舉一條，讓諸位知道，我所注意及我今天所講的人生，在骨子裏的大變動。

今年倫敦大學和另一所大學製了一種調查表，發給倫敦各高級中學畢業班，調查他們的意見，問「男女究應在結婚後開始有性交，或者不妨在結婚前先有性交」，請他們發表意見。調查完作一統計，結果：女生主張婚前可以有性交的佔百分之八十五點四，主張婚前不得性交的佔百分之十四點六。男生主張婚前可以性交的佔百分之八十九點八，主張婚前不應有性交的佔百分之十點二。又在七年前，曾有一次調查，那時女生不贊成婚前有性交的佔百分之五十五點八，男生不贊成婚前有性交的佔百分之二十八點六。在此七年中，變化已如此之大，在我看來，這是一件驚心動魄的大新聞。諸位年輕的同學們，或許都知道我是一個很頑固的人。我今天所講的話，並不能算是一種學術性的，也不是一種宗教性的；我只可說是在此談天。根據上述這一統計，我們可以聯想到其他事項。即如婚前性交，也免不了要受胎生小孩。於是又連帶到墮胎問題。今早我便在星島日報上看到倫敦又有一個統計：十四至十六歲的女孩子受了孕，去年十到十二月，三個月內墮胎的，每月有一百宗。十六至十九歲的女孩子，大概每月是兩千宗。

我今試問，在這些事上，我們的人生究竟該向那一條路跑？性交之自由與墮胎，不過其中一例，此外還可一件一件牽連而來。電影中涉及性交的影片，如此之類，講不勝講。當然還有其他一切問題。我可告訴諸位，這已是我們今天時代的風氣，大眾的潮流。我們生在這個時代裏，遇到這種大浪潮，諸位當知，這在歷史上實也少見，或許幾百年不會有這樣的一次，而我們今天居然身逢其盛。我因此深深感覺到孔子在《論語》中所說的兩句話：「己欲立而立人，己欲達而達人。」這兩句話，在我們社會上通用了已兩千多年。我有些朋友，有的名叫「立人」，有的名叫

「達人」。也有些學校，取名「立人」、「達人」的。當然我從前看見《論語》這兩句話，也就懂得。而在今天，則更覺得孔子這兩句話實在親切而有力量。我們人，生在這樣的時風眾勢下，在這樣的風捲雲湧的大潮流中，我們要站得住，即所謂立。自己站得住還不夠，還得要叫別人也站得住。如做父親的欲立，而兒女不立，又怎麼辦？唉！今天的子女，已不是昨天的子女了。又如夫婦，豈不也是要「己欲立而立人、己欲達而達人」嗎？當然我們各人，大家須要面前有條路，由我跑。跑得動，跑不動，每一人那條路，跑到死也跑不盡。然而我們總該有一條路在前面，讓我可以跑。我不能隨波逐流，永遠跟著人。今天隨波逐流跟著人，不出十年，連我自己也會不曉得我以前是個什麼人，所謂「忘其故我」。至於明天，我會是個怎樣的人，更會自己不知道。如此，則豈不是連我自己都迷失了。諸位，是不是這麼呢？我想特別是我們年輕的同學們，更應該要懂得注意這個時代的大風雲、大潮流。所以我今天特別要提出這一個人生問題來，作一報導。梅校長說我提出這問題很好，所以我決然來講此題，而特名之曰「事業與性情」。

我們中國古人講哲學，有「大同」與「小同」之別。這是說，我們的一切，有同必有異，有異必有同。而同與異之中，又有一個分別，即所謂大同異與小同異。怎叫小同異呢？如我信自由民主，你信集權共產，這不是我和你兩人的事，還有許多人和我們一樣，所以這種同異，只能稱之為小同異。又如我信耶穌教，你信佛教，還有許多人別信他教，這也是小同異。在我們一切同異中，只有一個大同大異，就是人生問題。各人的人生各不同，夫婦不同，兄弟不同，姊妹不同，每一人有每一人的人生。不如講政治，講宗教，講學術思想，都可有派別，派別與派別間雖相異，而在同一派別中則相同。只有講到人生，只是一個我，每一人各是一我，而我之與我各不同。所以每一人之人生盡可有同有不同，這可稱之為大同異。古今中外，遠的不講，五千年來，自有文化社會，只要是一人，人與人則無不同，又無不異。盡在此人生之內，其為一人生則同，故得稱之為大同。但其為一「我」則異，故又得稱之為大異。所以別的問題都可說是小問題，人生問題，則是一個大問題。

今天我來同諸位講此人生問題，我希望能在人生大同範圍之內，舉出幾點人生共同大基本所在。這是人生的一個大同面。至於其大異一面，則須諸位各人用自己的聰明智慧，自己想辦法，來解決各人各別的問題。即在孔子，也不能代替顏淵設法，須得顏淵自己去解決。孔子所講，也只是一道，這「道」字則屬人生之大同面。

我今天所講「事業與性情」，我認為這是人生問題中一個大同的、人人都要碰到的問題。我下面許多話，或許是我讀書得來，也可說是我自己一人憑空想到。今天諸位或許不能即刻評判我這些話的是非得失，但不妨拿我這些話放在腦中，隔了五年、十年、二三十年，乃至五六十年，可供諸位作參考。

什麼叫做人生呢？我們來講人生問題，首先要清楚，什麼叫做人生？我認為：人生是兩面的，不得多於這兩面，也不得少於這兩面，而此兩面則只是一體的。此乃人生一體之兩面。若就學術性講，人生一面是「業」，一面是「性」。用通俗話講，就叫做「事業」和「性情」。我所謂的事業，並不如一般人所講，如從事政治、教育、宗教、學術，而有了大的貢獻，建功立業，纔叫做事業。我今所講的事業，則是廣義的。如每一人有一個職業，職業也就是我們的事業。不僅如此，即如日常人生，早起晚宿，一日三餐，也是事業。而且這些乃是我們人生中最重要、最基本的事業。即如孔子、釋迦、耶穌也不能不吃飯，不睡覺。如此說來，日常生活，飲食起居，豈非人生中一個大事業嗎？所以我所講的事業，是從早上起床到晚上睡覺，做工、不做工都好，都是人生的事業，全部人生都在其內。然而每一人各有不同，我剛才已講了，人生是一個大異。這些大異處，又是每人相同，所以亦是一大同。

我既已把「業」字來講盡了人生，為何還要講到「性」字呢？試用通俗講法來作說明。如：肚子餓了，要吃東西。但為什麼肚子會餓？這並非我要肚子餓，乃是肚子自己餓了。又如：晚上要睡。最好自然是不睡，或者工作活動，或者尋些消遣娛樂，豈不很好。然而我覺得非睡不可，好像有一個力量在背後督促我、要求我。不是我要睡，而我的身體精神要我睡。由生理學上講，這就是人生之性。喜、怒、哀、樂、愛、惡、欲，七情都是性。最後「欲」字最易見。身體倦了，眼睛要閉一下，要倒頭睡下休息，這是我們的生之性。

又如同樣的吃一頓，然而所吃滋味不同，你我各有所愛。而且我吃了這些，覺得很快意，吃那些覺得不夠味。這分別在那裏？又如一樣的菜和湯，我吃了很開心，你吃了不開心。這問題並不在那菜和湯。或者我喝雞湯不開心，而你喝菜湯卻很開心。又如睡眠，睡得著、睡不著，睡得甜不甜，這些全是生理問題，即性的問題。所以人生在業的一面外，還有其另一面是性。性是一個人對其事業方面之感覺或反應。

業表現在外，有目共覩，大家看得見，而隱藏不了的。有一部份，自己看不到，用科學儀器便驗得出。中國舊醫給你摸一摸脈搏，也可知你病在何處，這都是業。我們的性，則只有自己知道，即使最親愛如父母、子女、夫婦、兄弟，也會互不相知。即要講也講不出。如諸位在此聽講演，下去談天，一人問，你覺得今天所講怎麼樣？這當然有一種反應，或說很好。另一人反問：你呢？他說不錯。此兩人豈不有了同感。其實這是最粗最外皮的。若其內心深處，則不能用任何方法表達，或不能用任何技術測量。如說開心，開心到怎樣的程度？如說不開心，又不開心到怎樣的情況？這只有自己知道。所以說，飲水冷暖，各由自知，無法喻人。

人生該無剎那虛度，一切外界之業，必在其內部性上作一番烙印登記。我今用一粗淺譬喻，人性就好像一副電子計算機，每一件事投入這計算機內，它會給你打一個分數放在那裏。諸位當知，我們從早晨起床到晚上就睡，只要一息尚存，便不斷有一個業。而這一業，其反應即是性。更進一層說，一切業，也都本源於性而產生。所以業必發動於性，而又必歸宿到性。業則與眾共見，性則唯我獨知。諸位不妨拿我這番話，多方面的反而求諸己，把來自我考驗。也不妨看看別人，大家眾生全如此。我們的人生，便可把這性與業之兩面來包括盡。

今再把此兩面來作一比較。與眾共見的，或許反而是虛偽不真的，至少是較不重要的。唯我獨知的，才是人生中最真實最重要的。所以性情纔是人生之本質，事業只是人生之影子。如我在此地喝雞湯，人家見了，說你在喝雞湯啦！好快活呀！但若喝菜湯，便會不希望人家看見，覺得不好意思。又如我在一間大旅館中很講究的地方吃東西，若有一位朋友來看見，我會覺得很高興。但如在一個小飯館中吃東西，偶然有一人來說你怎麼在此地吃東西呀？我會覺得不高興，難為情。但請問：吃是吃在自己肚裏的呢？還是吃在人家眼裏的呢？而且吃東西，是不是定要到大餐廳，不要到小飯館？也有人，到大餐廳去吃而不開心，到小飯館裏吃反而開心。究竟這些處，那個有意義？那個有價值呢？孔子在《論語》上說：「古之學者為己，今之學者為人。」我們吃東西也是學，吃得舒服，這叫「為己」。要吃給人家看、擺闊，這叫「為人」。為己則重在性上，為人則重在業上，這裏有一大分辨。人生在此分辨上，應知有一選擇。

我幼年時讀《列子》，裏面有個故事，說有一皇帝，每晚做夢，夢中自己做一苦力，滿頭大汗，疲倦不堪。有人告訴他，說在國內有一個苦力，天天晚上夢做皇帝，非常開心。於是皇帝令人把那苦工找來，問他說：你是不是每天晚上夢做皇帝呢？他答是的。因問：你是不是覺得很開心呢？他說很開心。於是那皇帝說：我們能不能調換一下，你來做我的皇帝，我來做你的苦力，讓我晚上也好好兒做夢吧。但那苦力說：你派我做什麼別的工作，我當遵命。但叫我作皇帝，我不能答應。為什麼那皇帝晚上常做惡夢呢？我想或許他心中總有不安不滿處，他的事業並不全從他的性情來。為什麼那苦力晚上做夢儘做皇帝呢？應是他心安理得，性情滿足了，更在事業上可以無所求。所以他日間雖然吃苦，晚上卻做甜夢。

我告訴諸位，今天我們這個世界，若論一切物質設備，從前的皇帝，也沒有我們這般享受。梅校長事前告訴我，說演講室沒有冷氣設備。在他是向我表示歉意，在我覺得一切很好，很夠條件了。我們這一代的人，比起一百年、兩百年前，在物質享受方面講，我們都是皇帝。我今已快八十歲，若比起我小孩子時的生活情形，我現在也如做了皇帝。我不記得是那一天，在上海馬路上看見汽車，當時驚奇，覺是了不起。現在我自己就有了汽車，這豈是我當時幼小心靈中所曾預想。諸位年輕的人，生在今天，享受這世界物質文明的生活，卻不曉得各位自己父母們從前的生活是如何般的簡陋。然而今天，我們全世界人類正像個個都在那裏作夢，而且是在作惡夢。否則諸位清晨起來看報紙，也便沒有這許多夠刺激的新聞。國際的、國內的、經濟的、教育的、思想的、宗教的，一切的一切，全來刺激我們。究竟那些新聞由那裏來的呢？我敢告訴諸位，這是由於我們的人生已犯上了病，等如不分晝夜，全在那裏做惡夢。今天我們的時代，正是一個惡夢的時代。

我上面講孔子的話，「己欲立而立人，己欲達而達人。」能不能眾人皆夢，我獨醒呢？能不能由我之醒來喚醒別人之夢呢？我們今天的人生，是不是還有我們自己的一條路可以由我去跑呢？還是跟著人家隨波逐流儘做些惡夢呢？跟著人家，迷失了各人的自我，多你一人或少我一人，這究有什麼關係呢？人生不到百年。諸位多是廿歲左右的青年，再過五十年，還不到我這個年齡。諸位能不能知道五十年後的你是個什麼樣子呢？大家變了，我能不能不跟著變呢？跟著變，到底又變出怎麼一個樣子來呢？我們應該不應該各自有個自我之存在與認識呢？應該不應該要自己能有一地位「立」？應該不應該自己能有一條路「達」呢？這是一個大問題，當然今天我不能在此多講。但我要告訴諸位，我們各人性情之重要，必然該遠超乎事業之上。諸位不要兩眼只往前面看，事業、職業，經濟、地位，奮鬥、努力，一步進一步的沒有休止，而一切都在事業上。我們日間已夠疲倦，總該要晚上好好睡一覺，能沉酣不夢固好，能做一個舒舒貼貼的夢也還好。我們的人生總是有兩面，不要怱怱忙忙的儘做惡夢。我們不要儘一眼釘在人生之業上，我們該知有一個性情，一切要反求之於個人的自己內心所獨知處。此刻我所講，其中或許有些較深的意義，無法用言語曲折表達出來，希望諸位自己能去仔細思索，或可由自己的體會中得之。

我此刻想再進一步講。所謂性情，請諸位不要誤會以為性情只是先天所賦與的，一生下來即是如此。我今天要特別提出一個意見，人之性情，除了先天稟賦外，更重要的還在後天培養。讓我先把其他的生物來講。

先講植物。如：米、麥、菊花等。今天的稻麥，絕不是原始的稻麥，乃是經過了幾千年的培養而始有。前幾年在美國，每逢周末或假日，常伴同內人到市場去買菜，曾見店舖裏陳設著各式各樣的米，不下數十種，並標明某種適合做飯，某種適合做粥等。這豈是原始的稻米就如此。說到種花，陶淵明詩：「採菊東籬下」，那時的菊花，已經不是原始的菊花。〈月令〉：菊有黃花，此可能較陶詩中所提較近原始，然而也決不是完全原始的了。從前我在北平，常去看菊花展覽。如今在臺北，年年也去看菊展。在菊展會上陳列出各色各樣的菊，種類繁多。但都是經人工培植而來。有時人家送我幾盆，放在園裏，朋友們見了，都說這菊花真美。但是到了第二年，便沒有了。因我不會培養它。種花不懂得培植，那不會保持原樣的。

再講動物。在香港，大家喜養狗。狗可以說是人類早期最親密的朋友。當人類文化開始，和人們最接近的恐怕就是狗了。中國有五千年的文化，中國的狗便也有了五千年的培養。香港人喜歡養狗，常見女人小孩們牽著各種狗出來，獅子狗、狐狸狗、狼狗。每一種狗有每一種狗的個性，各不相同。狗性不同，狗業也不同。有的狗只能養在房間裏，有的只能臥在地氈上，或沙發上，或在人身懷抱中。如放牠在房外，牠就會失常。有的狗要放在園裏門外，把牠關在屋子裏也不行。若有人養了一隻狼狗，生了兩隻小狼狗，各送一人，隔了三年，拿來相比，此兩隻狗便會大不相同。因一人善養能教，又一人不會養不會教。《中庸》上說「盡性」，那隻狼狗先天的秉性能發展盡致，另一隻狗的秉性天才則沒有發展出來。或許三千年以前的獅子，和今天的獅子還是一樣。但三千年以前的狗，和今天的狗卻大不相同。同是養狗，養法不同。有人不懂得養好狗，養了好狗也冤枉了牠。並且狗也要傳種接代，如果亂配雜交，隔了幾代，不僅會成雜種，也將成為不成種。所以人們養狗要選純種。每一種狗性格不同，品種不同。

從植物到動物，均有品種不同、性格不同，這裏也有牠們的大異。愈加後天培養，則愈見大異。如狗與狗不同，較之狼與狼更不同。狗經後天的培養特別深。人為萬物之靈，又經後天培養，更見有品種、性格之別。如中國人，與西洋人，各經文化培養三五千年，所以品種性格各不同。中國人就是中國人，歐洲人就是歐洲人。在歐洲人裏面，有拉丁民族、條頓民族、斯拉夫民族之不同。在中國人裏面也有南方人、中原人、北方人之不同。把一個拉丁人和一個斯拉夫人放在一塊，其不同處很易見。如把中國一個東北人和西南人放在一塊，其不同處也易見。這些是小同異。而把中國人和歐洲人相比，則成大同異。我們應該因才施教。如一隻狼狗應該教牠做一隻狼狗，一隻獅子狗應該教牠做一隻獅子狗。不能教狼狗做獅子狗，也不能教獅子狗做狼狗。因為牠們也是幾百年傳下來，不能一旦逆其天性去改變牠。人固然是萬物之靈，但一個中國人，也不能短時期教他變成一外國人。我們今天不再提倡民族觀念，但英國人不能驟然做法國人，法國人不能驟然做意大利人。這是在歷史上所看到，使我們不能不承認。

明代戚繼光寫了一部書名叫《練兵紀實》。因當時中國沿海各省有倭寇，戚繼光練兵作戰，因士兵的出生地區不同，而所加訓練亦別。如山東的兵長處在那裏，短處在那裏，江蘇的兵長處在那裏，短處在那裏，書中都有詳盡分析。這是一部極值得注書的書，因此書能發揮了因才施教的原理。這在教育事業上固當注意，即在自我教育方面也該注意。今天的教育，數千萬人在一學校，聚數十百人在一班上課，他們出身不同，背景不同，也可說，各人品種性格有不同。但我們只重事業不重性情，硬把來集合在一起。若說學校是一製造人才的工廠，今天的學校未免有些粗製濫造。像在工廠裏用機器大量出產的貨物，斷不能如從前人手工藝品之精美。今天的教育只講普及化、大眾化，論量不論質。只問事業所需，不問性情所宜。只求成才，不求盡性。把人生只當作一種工具，專為外面需要，不問內部生命之真實所在。若是我們要講品種、講性格、講後天培養，則以前像英國牛津、劍橋的教育方式，倒有些地方可以借鏡。它的教育方法，確有些近乎中國宋、明時代的書院。它分了許多學院，各自隔別，日常人生，照顧周到。不像今天般的教育，都已社會化，不容特立獨行之士。只講多數，只要隨從眾勢，這在陶鑄人才上，是大有問題的。

今天我特別提出來告訴諸位，性情須賴後天培養。梅校長聽我講題，認為我要講宋明理學。但理學太專門，只可用來自我修養。如謂「變化氣質」，須不斷有一番工夫在裏邊，不是一日可冀。但我們正該有這種工夫。如在香港，便見有一種力量，極普遍、極現實，圍繞著我們，叫人無法違抗。衣著則一年一換，女人的皮鞋款式，今年是尖頭的，明年會變成了方頭，你要再買尖頭的找不到。去年的褲子，今年都得丟掉，不管你喜歡不喜歡。瀰漫著的不是人，只是物。不見性情，只是商品在逞力量。這不過是我隨便舉的一個最簡單的例，以見今日的世界人生，事業的壓迫愈重，性情的迷失愈深。所以我們要看重內面性情，不要太看重了外面的事業。這事也真不易。今天要使人生的事業適合性情，使人人心裏能感到滿足，則此世界自會平安。人生大道的重要點也就在此。而今天的時風眾勢，則正在背道而趨，此亦無可奈何。

我不想講得太專門或者太學術化。可否讓我再舉一點大家能明瞭的，或者給諸位指出一條路，可藉以自我教育，讓人人在此路上各自向前。我不勸諸位學理學，因理學太專門。我也不想來講宗教、講哲學，當然更不講歷史、政治、經濟之類的問題。我且來講一講中國人的人生，即中國人之所以為中國人者。此乃中國人五千年來的文化傳統，中國人性情後天培養之所得，即是我們今天像是先天稟賦而來的那般性情之所由。這一問題，實在是極重要，而且必然會伸及西方。像梅校長這樣的學貫中西，最好由他來談這問題。我則力不勝任，姑試一談。

多年來，我常勸人注重文學藝術。不一定要讀中文系、藝術系，也不一定要做一位文學家、藝術家，然而我們須要懂得文學修養，須要具備一些藝術心情。我們應從文學藝術中去看人生。因只有文學藝術，乃是直接從人生的性情中產出。但通常，我們接觸藝術沒有接觸文學的機會多。接觸藝術，須經專門訓練。而接觸文學，則條件寬泛。不必講究文學理論，也不必爭新舊文學的派別，只要能從文學中來欣賞人生。我想奉勸今天在座諸位，不論你是修什麼科系，不妨多讀一些文學方面的書，詩、詞、駢、散，乃至小說、戲曲之類，只有在中國文學中最能接觸到中國人生。至於西洋文學方面，我知識不夠，但我年輕時，西洋方面翻譯成中文的小說劇本之類，也曾看過不少，至少林琴南所譯的，我是全讀過了。論到電影，在香港這些年來，也不知看了多少。我從默片開始直看到最近，由電影中所反映出來的西方人生，在我也有了四十多年的閱歷。曾記在四十多年前中學教書時，開始第一次被人拉去看電影。那時還是默片，有許多默片的印象到今天還留在腦海裏。我確實知道，這四十多年來的西方社會，西方人生，實是變得太快了。

我試舉我淺薄所知，把從中西文學藝術中所見中西雙方之人生，作一比較。

〔一〕淡與濃　我覺得中國的文學藝術，或者說中國的人生，與西方的比較，則中國的人生味比較淡一點，西方的則濃一點。借用中國古人說話，中國人生像如一杯水，西方人生像如一杯酒。或許他們的有味些，我們的比較像淡而無味。然而我們卻認為淡一點的好，或許更淡則更真，更可久，而無病。所以我們要說：「平淡」、「雅淡」、「高淡」、「恬淡」，「淡於名利」，「淡薄明志」那些話。今天的中國人則多數西化，愛濃不愛淡。至於怎樣叫做淡，怎樣叫做濃，則須諸位自己去體會，我無法為諸位道出。

〔二〕深與淺　也可說，中國的文學藝術比較西方的都要深一些。深是藏而不露，不肯十分地盡情拿出，愈深藏愈見中國文學藝術的較高意境。淺露最要不得。姑舉一詩為例，如唐人詩：「月落烏啼霜滿天，江楓漁火對愁眠；姑蘇城外寒山寺，夜半鐘聲到客船。」這人睡在船裏，徹夜沒有睡著。但他為何睡不著，心中究在想些什麼，他不講了。或許只在客船之「客」字上，透露了一些消息。中國人最要在能涵蓄，而西方人則要表現。現在大家都說自我表現。在我年輕時，我的先生、朋友，乃至學生們，他們講話，都要有涵蓄。但今天變了，我年輕時遇見的人，今天都沒有了。大家總怕別人不知道我，急切想表現。甚至三句話要講四句，三分話要講四分，這是表現。表現得披肝瀝膽，激昂率直，要使人一見便知，更無餘蘊，把自我當作商品般做廣告、作宣傳。

〔三〕靜與躁　中國的文學藝術常重在靜一面。從前有人常講中國文化是靜的文化，西方文化則是動的文化。但宇宙間事物，那裏有動而不靜，或靜而不動的？而且一動一靜，中國人恆連在一起講。但靜的反面不是動，而是「躁」。我覺得大體講來，中國人生比較像是靜一點，安一點，所謂「靜為躁君」，「稍安毋躁」，躁是中國人所戒。

前天看報，說一個中國人，偕同一個美國人，在公路上開車，那位美國人儘愛開快車，從後抄前面去。那中國人說，慢些兒吧，我們稍遲一會到也不要緊。寫文章的人說，從這裏可以看出中國人性格和美國人性格的不同。我想他說的是不錯，中國人比較靜定，西方人比較躁動。諸位若從文學裏去看這靜與躁，比較地難。但若從電影裏去看，便很顯然。不過今天的中國電影，不夠表達中國人的性情與人生。嚴格講來，還可以說現在沒有能懂得中國人性情和人生的中國電影。只有中國的京戲，才可表現出中國傳統。西洋的話劇我看的很少，但把電影來作比，一個中國女人的眉目傳情，在平淡安靜中那臨去的秋波，這種表情，同西方人的擁抱、接吻差別太遠了。但不能說中國人無情。只是中國人的心情要藏要靜要淡，不像西方人則要急切地盡量表現出來，甚至八分要表現到十分，纔始滿足。

〔四〕平與奇　中國的小說，或說中國的文學比較來得平。中國人也說「出奇制勝」，可是到底遠不如西方的奇變多端。我從前看中國唐、宋、元、明各代的傳奇小說，總覺得平淡無奇。首先我看西方小說是《天方夜譚》，真是奇險萬狀。後來又看如福爾摩斯、亞森羅蘋的偵探小說，乃至其他奇情小說、探險小說之類，都是務求其奇與險。不像中國人總愛和平的過日子。中西雙方一比，顯然可見。不論是文學是藝術，是人生之各方面，政治也好、經濟也好，相比之下，一切大不相同。

若要在今天的社會裏面找，像我所講：淡與深與靜與平，已經不易找到。這是中國舊的一面，我或許比諸位佔點便宜，我年輕時所接觸，今天尚能想像到。要講新的話，自然諸位接觸的多，我接觸的少。可是在今天這一個大變動時代之下，新了還要新，更要新，五年一新，十年一新，真是日日新，又日新，不曉得此下的社會將新成什麼樣子。我們人究該如何做？我們前面的路又究竟在那裏？沒有人去考慮這問題，也沒有人能考慮這問題。所以我今天要在人生問題的大同一面提出「事業與性情」來作題目，而從性情方面講，我認為中國人要做中國人比較易，要做外國人比較難。你說一個人到外國學五年十年，就能變成一個外國人嗎？或許有人說，一個人不行，我一家去。若一家人能在外國住上三代，可能變成為外國人。但在最初的一代三十年中，怕會很難。然而他已變成了一個不三不四的外國人，回到中國來，種種不滿意。那又怎麼辦呢？固然中國的一切都已變了，而外國比中國變的更快。

倘使我們能淡一點，能靜一點，中國人還能不失其為一中國人，會能有他自己的性情。不要跟人家比，人生是無可相比的，性情方面更不能比。如我剛才所講，我喝這杯茶覺得很好，你喝這杯茶也覺得很好，然而這個所謂很好無法打分數。人我之間不能作比。如說某人得意，究竟得意到什麼程度呢？你能為他批個分數嗎？七十五分抑是八十分？那很難定。說某人不得意，也不能批分數。我同你比，究竟是你得意還是我得意？上帝造人最偉大的工夫，就在人我之間保留著一個祕密。這一個祕密，就是祇能由你自知不能同人相比。如此則世界上全人類就各自「獨立」相互「平等」了，如此也纔是真「自由」。能如此來指導人生，也纔是真「博愛」。所謂一切榮華、富貴、得意、失意，任何事，都無一個可相比較之處。所以世界人類能到今天。

倘使今後的科學發明，能夠把我們內心深處的性情拿來用分數作比，那麼人都不能和平安靜地活下去。相爭相比，只該剩下一個得意的，那一個得意的又將怎樣地活下去？所以我說，人生的最大祕密不能相比。這是人生中最重要最寶貴的。而今天的外國人則總好相比，如賽馬、賽狗、鬥拳、運動會等，都是興高采烈。而學校教育也要憑分數相比，七十九，八十分，都得比。如能懂得人生不相比，全部人生就會和平安樂。這是中國人所謂之「自得」，君子無入而不自得，所得則只在唯我獨知的性情上，不在與眾共見之事業上。這人的人生就會淡、會深、會靜、會平。

我不是在此講道學、講理學家的話。我只希望諸位每一人能有一些文學修養。我勸諸位讀一部《詩經》，讀一部《陶淵明詩》。諸位一讀此等，自會感覺自己人生前面有一條路，可由你向前。那時你就會覺得人生是一件大事該要學。不要說學不會，至少在你便會有一個好學之心。《詩經》三百首或許難讀，但陶詩易讀。即使讀《唐詩三百首》也好。這並不是要你們去做一詩家，不必講平平仄仄，也不必講究做詩的一切理論。衹要從此懂得中國人生中的一些淡與靜、深與平。這樣或許對諸位將來有一些無用之用。

以上這些話，我認為是我所能講中之頗可寶貴的，故而今天特地提出來貢獻給諸位。若我來講一套什麼學問、什麼思想，或許再過幾天，全無用了。或者諸位要說，那麼你為什麼最近還要孜孜不倦地來研究朱子？這只是我的愛好，聊供我自己作娛樂而已，我想不夠貢獻給諸位。但我今天這些話，或許對諸位有貢獻。在我是出於一番誠心，一番真意。望諸位要能慢慢地拿我這些話，存在心中作參考。

今天在座尚有諸位先生和朋友，我說話放肆之處，請各位原諒。

王道先生碑文

王道字貫之，福建永春人。挺生於窮餓之中，淬厲於顛沛之際，秉志一心，鍥而不捨；修己及物，困而彌堅。創為人生雜誌，宏揚中華文化；嚶鳴之求，響徹異域，多士同聲，漸成風氣。遽爾不壽，溘然長逝，悼美意之未伸，盼來者之繼起。勒此貞石，用誌哀思。

悼念蘇明璇兄

新亞書院前後佔據了我十八年光陰，為我一生服務最久的一機構，但因規模小，在新亞所接觸到的同事和學生，並不比別處多。我獲交兩友，他們對新亞貢獻大，而和我交情尤摯。自我離新亞，與此兩人交往最頻。自我離香港，亦惟此兩人縈念最殷。今不幸俱逝世。一人是沈燕謀先生，另一人為蘇明璇兄。燕謀去世，我極想寫一長文追悼。情緒萬千，竟未下筆。今明璇又去，我以未及為燕謀寫悼文為戒，因急撰此篇，而下筆總不能忘燕謀。因連帶述及，總之是抒我一時之哀思而已。

燕謀年長於我，乃前清一老留學生，攻化學。回國後，助其同鄉張季直辦實業。我素不相識。新亞初創，在九龍桂林街賃樓兩層共四五室，逼窄不堪，樓梯登降尤難。週六之晚，設一學術講演會，燕謀每屆必至，遂相識。我有《莊子纂箋》一稿，燕謀斥資付印，書面題署，自稱門人，我心甚不安。然燕謀，與我相交二十年，執弟子禮前後如一日。我在桂林街，開《論語》一課，燕謀亦來聽，手攜一美國最新譯本，遇確定譯本錯處，積數十條，當貽書相告譯者，囑其改正。聽課數月，燕謀言，出入太多，無可下筆，勉我成書，為國內外治《論語》者作參考。我之《論語新解》，正式成稿於留美期間，即受燕謀之鼓勵。

後燕謀經濟受窘，新亞遷嘉林邊道，燕謀亦遷新居，相距甚近，意欲邀其來同事，未敢啟齒，謀於其夫人。夫人告我，燕謀晚年，每幸與君相識。儻相邀，必樂從，一切名位待遇，彼必不計。我始坦告燕謀，浼以創辦圖書館事，燕謀欣諾。積十許年，燕謀日夕向港九各書肆采購書籍，雖經濟窘迫，而新亞圖書館，蔚成奇觀，皆燕謀一人力也。

嗣後，美國耶魯大學，每年派兩人來新亞任教兩年。皆渴欲曉中國文化概況，每週末，由燕謀主持一座談會，由參加者發疑問難，燕謀所知廣，而見解正確，參加此會者，返美後，隨分闡揚，亦皆燕謀之功。

新亞在農圃道建新校舍，一切建築事宜，我以全權交燕謀。只在決定地點時，曾親去視察。以後直到新校舍落成，始再去，經費由美國福特基金會捐贈。曾派人來參觀，對新校舍甚激賞，謂一切符合彼方之理想，甚出意外。我問其詳。彼云：全部建築，圖書館佔地最大，各辦公室，連校長辦公室在內，皆佔最小地位。有學生宿舍，而無教授宿舍，此等處，皆見新亞辦學精神。如此建築，誠所鮮覯。其實此等皆由燕謀擘劃，我僅贊同而已。我自辭去新亞職務，常自忖念，十八年來，只保留著一些我對新亞之想望，但燕謀農圃道新校舍之設計與夫新亞研究所藏書之搜羅，則確對新亞有其具體不朽之成績。

自我遷居臺北，每去香港，燕謀必在交通擠逼中來旅舍。幾乎每日必來，屢加勸阻無效。某一年，忽其長公子來臺北寓廬，謂自美赴港省親，父命必繞道來臺，與我認識一面。我最後一次去香港，到燕謀家，彼告我，正讀我新出版之《史記地名考》，因暢談歷史地理沿革。時燕謀已在病中，午睡驟起，欲辭不忍，促膝歡談近兩小時。返臺不久，獲燕謀噩耗，竟不能親去弔唁。

我在新亞，獲交第二新友，則為明璇。其夫人乃我北平師範大學歷史班上之學生。明璇夫婦同學，但和我不相識。明璇曾服務於農復會，與蔣君夢麟甚稔。夢麟乃我任教北京大學及西南聯大之舊校長。因此我與明璇在香港初見面，交談即如故友。時明璇任職於美國在港之亞洲基金會。一日，其新任主席艾維初蒞港，即來新亞見我，云離美前一友人囑其來訪。自後，我與艾維往返，明璇必居間，三人常相聚，艾維於新亞艱困中相助最多，明璇之功為大。

某年，美國雅禮基金會特派耶魯大學歷史系主任盧鼎教授來港，約我在其旅邸相見。我晨八時即去，明璇已先在，為我作譯人。盧鼎告我，東來將訪臺港菲三地，欲覓發展雅禮協助東方教育醫藥事業之對象，我為彼約見之第一人，盼向彼有所申述。我言，君來事繁時促，苟有所詢，必竭誠而告。盧鼎面現喜色，衣袋中掏出兩紙，預擬所欲問者三十餘條，逐條發問。我回答力求簡淨，明璇傳譯中肯，不漏不冗，一一如我意之所欲言。達中午十二時，三十餘目問答已畢。同赴一餐館進餐，乃縱論及於其他。越旬日，又與盧鼎晤面，告我已去過臺北，不擬再去菲島，彼意已決定以新亞為唯一對象，遂討論及於具體問題，又牽涉進艾維，其中曲折詳情，非茲篇所能詳述，而明璇居間傳譯之功，則絕非僅止於口舌之能事。

新亞既得雅禮協助，關於新校舍建築，又出盧鼎艾維之力。繼之為亞洲基金會協助新亞創辦研究所一事。時艾維已去職，主席易新人，我派新亞一同事，亦一老留學生作代表，數度洽商無進展。明璇告我，不如仍由我自己出席，彼當仍任譯事。兩次商談，此事即告解決。越後新亞研究所得佛哈燕京社相助，亦由此啟之。明璇在當時，於新亞乃一局外人，而其有裨於新亞事業之進展者，則絕非當時新亞同人中任何一人所能及。

我之所求於明璇者，亦不止於新亞。曾與梁君寒操聯合申請亞洲基金會補貼王道《人生雜誌》出版經費獲成功，王道親去向明璇申謝。明璇告我，勸王君此後勿再往，我因此益深敬明璇之為人，而我兩人間私交益篤。

我去美國，新亞校長室祕書忽缺人，明璇其時亦已辭去亞洲基金會職務閒居。我貽書學校，提議請明璇來任此職，蒙其允可。我自歐返港，明璇任職新亞已逾半年。我與彼隔室而居。我到校，明璇來室報告其任職半年之經過，鉅細靡遺，陳述周詳。若一忘其往年彼我兩人間之私交，儼如下屬之對上司然，我素知明璇處事精明，而沉默寡言，任職甚積極，而自守拘謹。此次相談，乃絕不及私事，僅限於述職而止。我亦僅有任之。

此後越一週至一月，必來室作報告。我謂新亞事，君夙知有素，我與君相交，君知我亦深。許多事當煩君逕自處理，遇我所應知者，事後相告即可，不必限形跡。然此後，每日在學校辦公相見外，明璇乃絕不來我寓處，我時去明璇家，或茶或飯，而明璇則絕口不談學校事。即在學校，明璇亦只談彼一人職務所關，絕不及其他。有關學校大政方針，明璇若絕不厝意。在會議席上，明璇亦從不在其職務外發言。我揣明璇意，從不對以前新亞發展自居功，但既與新亞及我早有關係，其來校任職，亦當於我處境有所諒解，故更不願輕率有主張。其拘謹處，正其深識大體處，絕非消極不負責之比。而學校同人同學，亦從不在我處對明璇有半句微辭。

我對香港政府有所交涉，尤其是教育司方面，必邀明璇任傳譯。最後中文大學成立，董事會開會，明璇必陪我出席。外國人來訪，明璇必負譯事。有一次，某美國人與東方政治事務有頗重要之關係者來訪，明璇陪我接見，相談半日之久。我自謂此次交談極有關係，但明璇絕不在事後洩露一言半語之消息。總之，明璇在新亞，在我是感到絕不能少此人，而在人則或可感到不覺有此人。明璇之可愛重處，正在其能善盡職務，而使人不覺此職務與此人之可重。

我在新亞辭職，明璇初亦微露其不贊成之意，但俟明璇深知我辭意已堅，即不再發表意見。一日，明璇親向我提辭呈。我告明璇，我有為公為私兩項意見，我盼君能代我辦理移交，盼勿先我而去，此是我的私意見，我為新亞著想，盼君勿離去。君之辭呈，若由我批准，我總覺對新亞有負。我只能留中不批，俾繼任者再有向君挽留之機會，而君亦可重加考慮再作決定。當蒙明璇應允，任職如舊。乃明璇自此後，對我意態忽有變。在我辭職進行中，彼乃屢有勸戒，當如此，勿如彼，似乎又回復了兩人以前私交時之情誼。我告彼以必欲辭職之內外因緣，彼亦時以所知，越出其職務以外者告我。我辭職已成定局，彼毅然以移交之代理人自負。並與我往來漸頻，不憚遠來我之私寓，又常與我在半島酒店樓下，作半日茶煙之相晤。

我自馬來亞返港，明璇亦已辭去其在新亞六年之職務，一日，偕新亞雅禮代表人蕭約來沙田辭行，相談半日，明璇陪坐，但事後極稱許我當日所言。明璇與蕭約私交亦不薄，其公私之分明有如此。

我遷居臺北，明璇往返書信最密，幾乎每月必有一往復。我去香港，必與明璇有半島樓下半日之茶會，故我於明璇為況，知之甚切。最近已積久未去香港，明璇曾有意往日本一遊，路過臺北，可有較長接觸，惜乎其竟未如意。而我兩人又時時有病。最後明璇來信，我遲未復，不意在香港報端竟睹明璇長逝之消息。又不獲親往弔唁。悼念何極。

長憶離大陸，來香港，獲交燕謀明璇兩友，知我深，待我厚，不僅助我事業，尤其對我性情多有慰藉。今皆離我而去。僅在我生命中，留下了幾許不可抹去之痕跡。尤其明璇，未盡天年，彼胸中藏有許多抑鬱苦悶，我未能有一臂之助，媿負之情，何堪回溯，亦恨我短於辭章，不能作為詩歌，以表達我之哀思於萬一也。

「敬悼青瑤師」

錢胡美琦

前日收到香港寄來的一份《大成雜誌》，駭然讀到范甲君〈敬悼顧青瑤老師〉一文，方知顧青瑤師已於今年五月一日在加拿大辭世，哀痛之情難以言敘。我習畫曾先後從顧青瑤、金勤伯兩師遊，而顧師為我啟蒙之師，而且我之決意習畫，當時全由青瑤師之特加眷顧。我從青瑤師習畫先後兩次，為時均不長，但青瑤師給我之印象則甚深。至今回憶此一段師生之緣，往事歷歷如在目前，亦作敬悼一文，稍抒余意。

要敘述我與青瑤師之結緣，不得不從新亞書院創辦藝術系說起。藝術系在新亞屬後創，賓四始創新亞，旨在發揚中國固有文化，他認為藝術是中國文化中不可或缺的一大項，惟因新亞初期過於窮困無力提倡。他常說他想辦藝術系的理想並不專在造就專業的藝術家，更求培養全校學生之情趣，希望他們都能領略到一些中國藝術對人生之情味，則對每人品格陶冶上可有莫大之功用。他又常提起新亞初創時，經人介紹認識當時流亡香港之崑曲名家俞振飛，曾有意延攬來新亞倡導崑曲。他常說那時新亞只要每月能籌出兩百元港幣，就可能暫時把俞振飛留住，但俞振飛終於因生活問題而不得不返回大陸。每次提起，賓四總有不勝惋惜之情。以後新亞得到美國雅禮協會補助，不久有了九龍農圃道自建之校舍，藝術系的創辦即在此後。

當時新亞經濟狀況已較前稍寬裕，但賓四要創辦藝術系仍遭到學校內部同事的反對。因當時雅禮協會補助新亞的經費一年一筆整數，如成立新系，勢必要緊縮其他方面之開支，牽動全局。賓四決心用創辦新亞時兩手空空的精神來創辦藝術系。他內心決定後，逢開董事會，會議將結束，他發言說：我今日有一報告，並非議案，不需表決。他於是述說要創辦藝術系的計劃。他說只要學校借出幾間教室供使用，其他可不費分文，儘由他來負責。董事會一時無異議。直到此後藝術系正式成立，賓四當時「只是報告不是提案」這八個字，仍為董事會中幾位董事屢向賓四提起，以表稱讚。

事隔二十年，至今我仍清晰記得，賓四第一次約預定藝術系主任陳士文先生來家，商談籌劃創辦藝術系的情景。士文先生來時，不巧賓四染病在床，高燒後全身無力，不能起身，說話有氣無力。那時我們住在九龍鑽石山難民區，睡房很小，放一雙人床，一梳粧臺，兩隻衣箱外，少有迴旋之餘地。我放一小凳在床前，請客坐。賓四起初說話上氣不接下氣，後來越說越有精神，霍然坐起。我記得他再三對士文先生說，辦藝術系只能像新亞初創時般赤手空拳做起。要牢記，需靠藝術系師生自己的努力來爭取外界的支持。當時新亞專任教授薪水及房租津貼按月合共可得一千元。藝術系只主任一人專任，薪水暫定三百元，其他先生一律只支鐘點費，似乎鐘點費亦與其他各系有差別。此因藝術系經費必需自給自足，全部支出由正式學生學費，並於暑假中開暑期繪畫班所得學費一併負擔。視收入狀況每年酌量調整。士文先生曾留學法國，擅長西畫。賓四提出他心中多年來早定要聘請之兩位國畫先生，一位是吳子深先生，一位即是顧師青瑤。賓四當時說，藝術系無經費，他將效法武訓辦學精神，親自登門，以誠心懇請，務盼聘到兩位先生，為新亞藝術系增光。

賓四與子深先生早就相識，與青瑤師則本不相識，僅於數年前在一友人處，偶見青瑤師所繪一山水橫幅，上有其自題之詩句，賓四對其詩書畫都大為欣賞不已。由主人處又得知此山水畫上之印章為青瑤師自刻，並備詳其家學淵源，知自其曾祖數代書畫傳家，其祖若波先生尤負盛名。家居蘇州，建有「怡園」，為當時文人藝士聚會之所。賓四早年熟聞若波先生之名，並曾數遊「怡園」，遂對青瑤師留有深刻印象。

賓四偕士文先生登門聘請吳子深先生，吳先生認為藝術系既要敦聘他，而主任一職已屬他人，意大不懌，遂堅拒。我還記得那夜賓四自吳家歸來，神情沮喪，輾轉難眠，以為藝術系失此一良師大為可惜，隨又往聘青瑤師。

青瑤師當時在香港北角租賃一室獨居，在家開門授徒，也出門赴學生家教授。顧師體素弱，不能獨立出門，外出授課向由學生家負責派車接送。青瑤師弟子大多為閨秀，其中頗有富商巨室之夫人、小姐。賓四初次登門敦聘，與青瑤師一見意氣相投，惟顧師以體況欠佳並授課時間早經排定婉拒。因又告賓四，倘夫人願來習畫，我必盡力教導。賓四必期其能到新亞任教，遂即滿口答應，但告以內人即將出國，需一年始返，仍望先生先來學校授課，時間全憑指定，青瑤師允明年再考慮。賓四歸家告我，我自知無藝術天分，從來無意習畫，頗怪賓四輕率決定，然念為時尚早，未以為意。

我於民國四十七年一月赴美，進修一年後，於四十八年二月返港。其時青瑤師已在新亞任課，知我返港，又向賓四舊事重提，願收我為弟子。賓四遂極力鼓勵我前往受業。不久，由他陪我登門謁師，遂開始我一段學畫生涯。

初謁青瑤師在其北角寓所，室不寬大，內無裝飾，一大畫桌佔地最廣，此外一床一櫃，四周堆置書籍、畫冊、紙張。其後青瑤師在香港半山區西摩道自購一公寓住宅，與子媳及兩孫同居。入其宅，室內質樸如前居。青瑤師居室為最裏一間，有大窗面海，可供遠眺，大畫桌即臨窗而放，此當為顧師平居最愜心快意之處。青瑤師患有多年失眠症，每夜必過兩、三點方能入眠，遇心中有事常終夜不寐。因此習慣夜間看書，早起遲。我上課時間排在上午，每至師處，顧師常剛起床。

早餐時，我常陪坐其旁，顧師喜邊吃邊談，所言多屬其平素所知之畫壇軼事，及其年少習畫時種種瑣事。猶記顧師曾告我，年七歲，其祖父若波先生命其習畫，因身材矮小，不能坐下畫，乃立於桌前畫。惜乎我隨聽隨忘，未能一一牢記。一日，另有一同門在座，談及某友做壽事，遂詢及青瑤師年歲，青瑤師答以早將自己年齡忘了。此後我又曾俟機相詢，每次青瑤師以同一語相答，其淡泊人事又如此。我直到今日讀范君悼文，始得知青瑤師之年歲。

我初次從青瑤師習畫僅五月，即不得不停止。因賓四將赴美耶魯大學講學，我亦同往，預計在國外將有一年之逗留，行前需將香港之家整個作一結束，未有餘暇作畫。返港後，賓四選定九龍鄉郊沙田半山區居家，往返市區非常不便，遂久未去顧師處習畫。第二次去青瑤師處習畫時，她已遷入香港半山區西摩道。我每星期上課需徒步下山至火車站，乘火車進城，轉搭輪船渡海，上岸再乘公共車或計程車上山，來去頗為費時。又因後來新亞校務煩雜，賓四患高血壓，我習駕車後，一切作息時間皆視他需要為主，因此我從青瑤師第二次習畫為時僅及一年，又不得不暫時停止。惟定期上課雖停，我與顧師一直保有聯繫，時趨其府受教，直到民國五十六年我們遷居臺北。此後我亦曾數度返港，每次抵港，亦必拜謁青瑤師。最後一次在港見面時，青瑤師一家正準備移居加拿大。我生性懶於寫信，從此少聯繫。

青瑤師之大弟子榮卓亞女士，乃是港商李冀曜先生之夫人，自備有車，與青瑤師同在新亞任課，每次陪同青瑤師來去。我與卓亞女士因此往來亦甚稔，見其作品，皆甚精美。卓亞女士與青瑤師年齡相差不大，恐不到五、六年，但其執弟子禮甚恭。其視我如同學，我則以前輩視之（編者按：李夫人先顧老師逝世數年）。青瑤師又曾先後介紹張碧寒、蕭立聲兩先生來藝術系任教，張、蕭兩先生在新亞授課時期皆甚長。碧寒先生乃上海世家子，幼喜書畫，曾從名師遊，家富收藏，我們夫婦多次被邀至其府賞畫。立聲先生則以繪人物名。

我從青瑤師習畫為時雖不久，但青瑤師對我影響甚深且巨，至今我稍能懂得些許對中國書畫之欣賞與喜愛，實由青瑤師當日之啟蒙及誘導。記得我從青瑤師習畫，青瑤師命我應多讀畫。於是由青瑤師之介紹，認識香港太古洋行黃寶熙先生。寶熙先生之夫人（編者按：黃寶熙夫人丁漱清女士不幸數月前在港病逝）與公子仲方皆從青瑤師習畫有年，尤以仲方弟年幼聰慧、秉性敦厚，極為顧師所寶愛，黃氏一家與青瑤師情誼彌篤。寶熙先生富收藏、喜鑑賞，邀我夫婦至其府觀畫。在其家，一面觀畫，一面聆聽青瑤師與其議論，甚長我見識。我們夫婦曾多次被邀請，每次均有青瑤師在座。寶熙先生又曾與數友好結社定期展覽，各出若干珍藏供欣賞，並不對社會公開，但青瑤師從不忘通知我前往。碧寒先生亦為一名畫家，又精於鑑賞，知我初習畫，每次在其府觀畫，他所談論多從畫家之佈局，用筆著意處為言，如同給我上課，使我受益不淺。

民國五十二年冬，美國密契根大學與華盛頓福瑞爾博物館聯合拍取故宮全部書畫珍藏照片。

此事真是當時世界藝術界一件盛事，因故宮所藏兩宋時期繪畫珍品舉世聞名，但從未公開於世。他們特聘請王季遷先生為顧問。其時，季遷先生自美來港，亦在新亞藝術系任教。青瑤師得知此消息後，一再鼓勵我應把握機會隨季遷先生赴臺參觀。當時故宮尚在臺中霧峰鄉下，我來臺寄居臺中一親戚家，每晨搭車去霧峰看拍照，下午返臺中，如同去辦公。在臺中停留近兩月，雖未看完整個過程，但兩宋、元、明之部已見十之八九。尤以其時在霧峰同觀畫者，除我之外，皆為專家，有來自美國專門研究中國畫的博物館負責人及各大學教授與研究生們多位，有臺灣的畫家、學者。他們一面觀看，一面討論，這段時期確實使我對中國畫的認識邁進一大步。青瑤師又曾命我應多與季遷先生聯繫，因其為居美大收藏家，來港喜與香港書畫古董收藏商往來，可以看到許多別人不易見到的私人收藏，我因此追隨季遷先生亦曾看過港九間多家收藏。至今回憶，我所以能培養出對繪畫的興趣，實全賴青瑤師當年之教導與督促，如今青瑤師已仙逝，回憶往昔，曷勝愴然！

青瑤師居港後因體弱，作畫不多，但即其教課時之隨意數筆，亦皆清雅有致。我所見其作品不多，然每見一幅，不論大小，不論山水、翎毛、花卉或人物，都能使我悠然神往，觀賞久久，愛不忍離。我夫婦遷居臺灣時，青瑤師以我喜畫梅，特檢出其舊藏梅花譜兩大冊相贈，以為紀念。又特繪兩小橫幅相贈，一山水，一花鳥，至今懸於畫室，常相晤對。每對青瑤師之畫，總感有一股清逸之氣自畫中透出，而又覺其筆法剛勁有力，富男性氣息，更為難得。青瑤師素喜倪雲林畫，猶記我習畫僅三月，即命我開始臨摹倪雲林山水。她常喜用「不食人間煙火」一語來讚賞倪畫之清雅。每讀青瑤師畫，我常不禁想到此語，亦常生此感，心中只覺一片安詳寧靜。

青瑤師體格矮小，瘦骨嶙峋，初見面給人有弱不經風之感。相交久，則知她實是一位個性堅毅獨立性極強的女性。我曾聽顧師自道，甚為年輕時，即需獨立奉老母撫稚子。又曾言，自幼習畫雖淵源於家學，但詩、書、畫、刻四樣全能，卻是自己不服輸的個性奮鬥得來的。五、六十年前，在中國社會，一個年輕女性出外自謀生活大非易事。我常對賓四說，青瑤師自有一股豪傑之氣，惟相知不久，則難以體會到。

新亞藝術系創於艱困中，以後能得到香港社會的看重，以及國際學術界的承認，不能不歸功於早期藝術系諸位先生的努力。他們當時只支領極有限的鐘點費，課後常為學生改習作，不計名利，都曾對新亞藝術系的創建有過貢獻。

我於民國四十五年春于歸賓四，至五十四年，賓四辭去新亞院長一職，前後整十年，我獨與新亞藝術系諸先生往來最多，過從最密，而尤以青瑤師之人品高卓、造詣精純，觀其所志，應可與古人相伯仲，尤其使我畢生難忘。即藝術系諸先生，對青瑤師亦群加推敬，無異辭。我近兩年來忙於寫《中國教育史》一書，畫筆久已擱置。今驟聞青瑤師仙逝，萬感叢集，真不知如何下筆，稍吐我寸心敬悼之萬一；但亦終不能不一吐，遂草此文，聊抒我鬱。

民國六十七年八月二十二日

寫於外雙溪素書樓

新亞書院創辦簡史

新亞書院創辦於民國三十八年，在流離顛沛中，無財力、缺人力，一切過程簡陋無章，未有詳細之記錄，以至於今無一確實無誤之校史。

學校創始初期，凡與外界接觸，常由余個人經手。其交涉經過，多委曲轉折，個中辛酸有不足為外人道者。私念人生處艱困中，人心更需鼓舞，雖耗費心力，凡無確切希望之事，余對學校同仁常略而不言。有確切希望之事，亦往往僅告以簡約，其曲折過程皆所省略。此或為學校同仁對創辦初期實情所知多誤之主因。

惟新亞之有今日，實有賴甚多校外人士之熱心幫助。而不詳實情，則無所感激。今欣逢創辦四十周年，余責無旁貸，理應為新亞寫一創校簡史，此實為余應盡而未盡之責任。惟余已老邁不堪，近年來思路日塞，已無力特撰專文，今僅將余《師友雜憶》一書中所述，剪裁成篇。該書為余十年前所撰，雖限於體例，敘述過於簡略。然有關新亞之一段，乃余生命中最值珍視者，凡所記憶，大體無誤，略堪新亞師生之參考。

民國三十八年春假，余與江南大學同事唐君毅，應廣州私立華僑大學聘，由上海同赴廣州。一日，在街頭，忽遇老友張曉峯。彼乃自杭州浙江大學來。告余，擬去香港辦一學校，已約謝幼偉、崔書琴，亦不久當來，此兩人乃余素識。又一人治經濟學，余所未識。今亦忘其名。曉峯邀余參加。余謂，自民二十六年秋起，屢荷浙大之邀，僅赴遵義作一短期停留，有負盛情，每以為憾。此次來廣州，本無先定計畫，決當追隨，可即以今日一言為定。曉峯又告余，近方約集一董事會，向教育部立案，俟事定再告。但此後不久，聞曉峯已得蔣總統電召去臺北矣。

※　※　※

余在僑大得識同事趙冰，一見如故。秋季僑大遷回香港，趙冰夫婦與余偕行，余即宿其家。後乃借一中學校教室，暑假無人，余夜間拼課桌舖被臥其上，晨起即撤被搬回課桌，如是為常。

嗣又得教育部函邀孔子誕辰作公開演講重返廣州。乃聞幼偉、書琴兩人已抵港，進行創辦學校事，而余在香港竟未獲與彼兩人謀面。校名為「亞洲文商學院」，由幼偉約其友人劉某為監督，派余任院長。余去函聲明，決踐宿諾，返港共事，惟院長一職，萬不願任。一則人地生疏。二則粵語、英語均所不習，定多困難。三則與監督劉君素昧平生。懇幼偉、書琴另商。不日，幼偉、書琴特囑曉峯原邀之第三人治經濟者返粵，攜幼偉、書琴函，面告一切，促余速返港。迨余抵港，晤及幼偉、書琴，乃知依港例，申請創辦學校，必由監督一人出面負責。劉君夙居香港，與幼偉熟稔，故請其任此職，俾便與香港教育司接頭。並謂院長一職，亦已正式立案，成為定局，極難臨時更動。此後校中一切事，彼兩人必盡力應付。余見事已如此，只有勉允。

不久，幼偉忽得印尼某報館聘其去任總主筆。書琴力勸其行，謂狡兔三窟，香港新校究不知若何維持，幼偉去印尼亦可多得一退步，港校事彼當加倍盡力。余見彼兩人已同意，亦無法堅留幼偉。而赴廣州面促余之某君，亦留粵不再返。於是亞洲文商之開學，實際乃由余與書琴兩人籌劃。有時書琴夫人亦在旁預聞鼓勵。余即邀在廣州新識之張丕介，時在港主編《民主評論》，懇其來兼經濟方面之課務。又商得君毅同意，彼隨僑大來港，懇其兼任幼偉所遺哲學方面之課務。書琴則任教務長一職。於民國三十八年之秋季十月正式開學。時並無固定之校址，只租九龍偉晴街華南中學之課室三間，在夜間上課，故定名為「亞洲文商夜校」。又在附近砲臺街租得一空屋，為學生宿舍。

開學後不久，丕介偕其在重慶政治大學之舊同事羅夢冊來晤面。余抗戰時赴重慶，曾與夢冊在政大有一席之談話。至是亞洲文商遂又獲一新同事。又君毅舊友程兆熊，亦來港，亦聘其任教。

惟彼不久即離港去臺，在臺北代為亞洲文商招生，得新生約二十人左右，由臺來港。亞洲文商在港新生僅得約四十人左右，至是乃增至六十人之數。

余在港又新識一上海商人王岳峯，彼對余艱苦辦學事甚為欣賞，願盡力相助。遂在香港英皇道海角公寓租賃數室，作為講堂及宿舍之用，安插自臺來港之新生。而余等則在日間赴香港上課，夜間則仍在九龍上課。時為民國三十九年之春，即亞洲文商學院開辦之第二學期。余與君毅暫住九龍新界沙由僑大宿舍，兩人輪番住砲台街宿舍中，與諸生同屋。

※　※　※

民三十九年之秋，岳峯斥貲在九龍桂林街頂得新樓三楹，供學校作新校舍。余遂商之監督劉君，擬改學校為日校。劉君似以此一學年來，學校事皆由余接洽主持，彼不欲再虛膺監督之名。乃告余，亞洲文商乃彼所創辦，不欲改日校，亦不願將校名相讓。當由君另向香港教育司申請立案創辦新校。余遂赴香港教育司另請立案。其時書琴夫婦亦因臺北來邀，離港而去。新校遂由余一人主持。

學校自遷桂林街，始改名「新亞書院」。桂林街乃在九龍貧民區中新闢，一排皆四層樓，學校占其三單位中之三、四兩層，每單位每層約三百尺左右。三樓三單位中，一單位是學生宿舍，另兩單位各間隔成前後兩間，得屋四間。前屋兩間向南，各附有一陽臺，由丕介、君毅夫婦分居。

丕介後屋一間，余居之，君毅後屋一間，為辦公室兼余及張、唐兩家之膳堂。四樓三單位共間隔成四間教室，兩大兩小。夢冊夫婦由岳峯另賃屋居之。

同事亦大增，吳俊升士選本為教育部高教司長。教育部自廣州遷臺北，彼亦來港，別與數人創一學校，而為況極冷落。至是遂來新亞任課。（士選在新亞任課約一年，離港赴臺九年後，新亞得香港政府補助，余邀其再返新亞任副校長職。）又介紹該校同事任泰東伯來任英語課。東伯曾任西方某團體英譯漢書事，與余為新識。劉百閔、羅香林亦來任課，兩人皆舊識。張維翰蒓漚在滇相識，曾邀余至其家午餐長談。余極賞其屋宇精雅，花木幽蒨，有詩人之致。至是亦在港晤面。彼謂，君艱苦創學校，恨無力相助，願義務任教國文一課，以表同情。梁寒操新相識，亦來任國文課。衛挺生曾於某年暑假在廬山晤面，彼詢余留學何國。余告以年幼失學，未獲進國內大學，更無出國機會。彼謂與君雖初見面，然君在商務出版之《論語要略》特在家教子誦讀。我兩人實如故交，幸勿過謙。余謂此乃實語，非謙辭。彼謂，君未受新式教育，於《論語》一書，以如此新的編纂，表達如此新的觀點，更非常情所能想像。至是亦在港再晤，來校任經濟方面之課務。又陳伯莊，在重慶相識，曾書柬往返有所討論。至是亦再晤面。彼家近桂林街，喜圍棋，余亦已破戒，遂常至其家對奕。彼亦來校任社會學方面之課務。兆熊與國民政府行政院長陳誠辭修有戚誼，其返臺時，辭修留其居臺。但兆熊仍返港，願與余等同甘苦，來校繼續任課，學校無法為彼安排住處，乃舉家住郊區沙田。為省交通費，往返十數里，每日作長程徒步。又有楊汝梅，在大陸金融界負盛名，與余為新識，亦邀其來校任教。

當時在香港學校任教者，例必詳列其學歷、資歷報教育司。時香港教育司亦特聘國內流亡學人某君任祕書，見新亞所聘各教授，均係國內政界、學界知名負時望者。論其人選，香港大學中文系遠不能比，新亞遂因此特受教育司之重視。某日，教育司長高詩雅親來巡視，適余不在校，見樓梯口有新亞書院大學部一匾，囑移去勿懸室外。香港惟有一大學，即香港大學。居民皆逕稱大學堂，不聞有稱香港大學者。自不能破例許人另立一大學。然教育司於新亞特多通融，有所請乞，皆蒙接受，甚少為難。殆亦震於新亞之教授陣容有以使然也。

新亞又另組董事會，請趙冰為董事長，亦在學校任課。其他如寒操等，皆邀為董事，多粵人所推敬。而趙冰為香港大律師，尤受港人重視。香港律師職務名利兼高，惟大律師占極少數，業務亦冷落。香港除英國法律外，亦兼行大清律例。趙冰於此方面，乃一人獨擅。然登其門者，如夫婦、父子等涉訟，趙冰必先曉以大義，詳述中國倫常大道，勸其自為和解。或竟面斥，不啻如一番教誨，使來者難受。余常親往其事務所，趙冰每一人寂居，攜便當充午餐，門可羅雀。得其允為辯護者，數十案中難得一案。故雖為香港政府所重視，而其家境清寒，不僅為律師業務中所少有，亦知識分子中所稀見也。故新亞董事會亦先與學校有諒解，專為學校法律上之保護人，而絕不負學校經濟方面之責任。

學生來源則多半為大陸流亡之青年，尤以調景嶺難民營中來者占絕大比數。彼輩皆不能繳學費，更有在學校天臺上露宿，及蜷臥三、四樓間之樓梯上者。遇余晚間八、九時返校，樓梯上早已不通行，須多次腳踏襆被而過。或則派充學校中雜務，如掃地、擦窗等，可獲少許津貼。而學校亦並無一工友，僅一廚師治膳食，由岳峯家派來。一人管理一切文書繕寫，由廣州教育部流亡來之某君任之，此人亦得暇旁聽課業。有好許學生，一俟其家在臺定居，即中途離校而去。至如香港居家者，因見學校規模窮陋，應考錄取後，亦多改讀他校。否則亦隨例請求免費，或求免一部分。總計全校學生不到百人，而學費收入則僅得百分之二十而已。

其時學校經費日形窘迫，而同人課務則不甚煩重。不得已乃規定鐘點計薪，任課一小時受酬港幣二十元。同人堅持余必支最高薪，乃任課十時，月薪港幣兩百。依次而下，至港幣八十、一百不等，然僅為一時維持之計。

新亞初創時，又設一公開學術講座，每週末晚上七時至九時在桂林街課室中舉行。校外來聽講者每滿座，可得六十人至八十人左右。學生留宿校內者，只擠立牆角旁聽。有一老者，每講必來，散會後，仍留三樓辦公室閒談。乃知其為江蘇南通籍沈燕謀，與胡適之同年出國留學，在美學化學，歸國後協助張謇季直在滬辦工廠。以其餘暇，閱覽古籍，方專意陳壽《三國志》。在港無事，交談既熟，遂成至友。蓋余等之在此辦學，既不為名，亦不為利，羈旅餘生，亦求以文會友，以友輔仁之意。此講會能對社會得何成效，亦所不計。而海外逃亡獲交新友，亦枯寂生命中一莫大安慰也。

※　※　※

王岳峯之經濟能力有限，亦儘能為新亞頂押一新校舍，又維持其前一、兩月之日常經費，以後即不再能供給。新亞已達山窮水盡之絕境，同人等皆盼余赴臺北，儻獲政府支援，或可再維時日。

民國三十九年之冬，余以新亞全校同人力促赴臺北，期獲政府救濟，少維年月，再謀發展。某日，乘飛機抵臺北，已有數人奉蔣經國先生命來機場迎候。是夕，宿火車站近旁之勵志社。翌晨，即蒙蔣總統召見午宴，由張曉峯陪赴士林官邸。是日，適大陸派伍修權赴美國，出席聯合國講演。總統在市區總統府開會未歸，電話來官邸，囑稍待。總統夫人陪坐，命煮湯糰充飢，並與余談伍修權事。余謂伍修權此行決無成果。夫人言，當持反對意見發問，俾君暢言，幸勿介意。如是往返問答，總統府亦屢來電話。踰午刻，總統返。即設午宴，席間總統垂詢新亞事。余所最受感動者，所進米飯乃當時之配給米，甚為粗糙。念總統高年亦進此米，余等稍涉艱難，何敢直率以告。遂趦趄以他語搪塞。

隔日之晚，行政院陳辭修院長亦在其官邸招宴。同座者僅臺灣大學校長傅斯年孟真一人。余與辭修院長乃初識，是夕所談多由孟真與余暢論有關前清乾嘉學術方面事。又一日，經國先生招宴，所進亦屬配給米。又一日，謁教育部長程天放於其官邸。時教育部官邸尚在臺大左外側市郊僻處，一切設備極簡陋。自念國難方殷，何忍以新亞處境瀆陳，遂亦絕口不談。

又一日，居正覺生招宴。覺生乃抗戰時期重慶舊識，詢余新亞事。謂，聞君創辦此校極艱辛，此來亦向政府有所請乞否。余詳告經過，並謂依理應向教育部陳述。然觀教育部之拮据，亦何忍開口。覺生言，君幸稍待，我當為君作一安排，再以相告。越日，覺生告余已為代洽，某夕在天放部長寓邸餐聚，屆時總統府、行政院、中央黨部均有負責人列席，可共商之。是夕，余在席上僅陳在港一年半之觀感所及，供政府作參考。乃述及新亞事，謂最渴需者，各位任課人之鐘點費。最低以每小時每月港幣二十元計，再加其他緊急開支，全校每月至少需港幣三千元，勉可維持。行政院副院長張厲生言，今夕陳院長因事不克來，新亞事明晨轉達，行政院應可承允協助。總統府祕書長王世杰雪艇繼言，此來得總統面諭，行政院協款幾何，總統府當從府中辦公費項下節省出同額款項相助，遂定議。惟行政院協款須留待提出立法院通過，約需待明春始可作正式決定，總統府款則立可支撥。余言得總統府協款，目前難關已可渡過，此後當續報情況。此夕之會遂告結束。後余亦再未向行政院提起對新亞協款事。

※　※　※

余此來目的已達，群勸余作中、南部之行，略觀臺灣情況。北大舊同事陳雪屏，時長臺灣教育廳，派一員同行，俾沿路接洽，在各中學作講演。余之此行又別有一私事。前在無錫江南大學曾撰《莊子纂箋》一書，遍檢群籍，猶有近代著作兩小書未見。此來，詢之中央研究院，悉皆藏有，乃設法借出，攜以南行。至臺南工業專門學校，即此後之成功大學，其校長官邸移作賓館，屋舍寬敞，有園林之勝。余得一人借宿館中，環境清幽，日夜展讀此兩書，選錄入余之纂箋中。旬日完工，纂箋一書遂得成稿。

余又去鳳山，在陸軍官校作講演。總司令孫立人邀余至其屏東寓邸，乃前日本空軍軍官宿舍。樓屋數十座，尚多空置，未經派定居家。余告立人，總統府祕書長王雪艇告余，萬一香港有變，政府派船去港，新亞學校可獲優先第一批接運來臺。學生可轉各學校肄業，惟教師及其家眷未蒙提及。此處多空樓，君肯暫留數座備濟急否。立人問需若干。余答，有四、五棟即夠。立人允之。余此行為新亞前途乃得一大解決。歸後告諸師生，皆欣慰萬狀。

余又去岡山海軍官校。海軍總司令桂永清，適因公去臺北，由副總司令馬紀壯接待。余又去彰化，愛八卦山之幽靜，一人獨宿一空樓，歷一星期始離去。適永清返岡山，邀余再去，又留宿數日。永清偕余去澄清湖，其時尚為一荒湖。兩人坐沿湖草地上，欣賞湖景。遙望湖中一山，永清指以告余，君肯留臺，可在此湖中山上定居，真讀書勝地也。海、陸兩官校皆近，君可分別去講學，振作士氣，亦大佳事。余答，新亞師生在惶慄不安中，余不能不歸去共患難。此湖如在仙境，僅可留余夢想中矣。時海軍官校有大鵬劇團正上演，每夜必往觀賞。適齊如山亦來，暢談平劇種種藝術特勝處，亦此行意外一快事。

※ ※ ※

民國四十年之夏，香港大學中文系新聘英國人林仰山為系主任。一日，偕及門柳存仁來訪。仰山邀余至港大任教。余答以新亞在艱困中，不能離去。仰山堅請，謂，君不能離新亞，來港大兼課，事無不可。余答，新亞事萬分艱辛，實不容余再在校外兼課分心。仰山謂，君來港大，不僅港大諸生同受教益，並港大中文系一切課程編製及系務進行亦得隨時請教。又謂，港大近得美國在港救濟知識份子協會一款，可聘任若干研究員。君可否兼任港大研究員名義，時間可無限定。余為其誠意所感，答，願在必要時參加港大中文系集會，貢獻意見，惟以不任職、不授課、不受薪為原則，仰山無以強。

林仰山來港大主任中文系，賀光中辭職離去。羅香林、劉百閔皆改聘為專任。兩人皆新亞舊同事。百閔並在余來臺時，多方盡力為新亞謀渡難關，與余情意猶密。故余屢次去港大中文系出席會議毫無拘束。仰山又定同系諸教師每月必有一宴集，輪流為主人，余亦必被邀參預，但終不許余為此項宴集之主人。

是年美國人艾維來香港主持香港美國之亞洲協會職務。初到，即來訪，謂在美有人介紹，故特來訪。艾維尚年輕，直率坦白，一見如故。謂初來一切摸不到頭腦，但知余創新亞之艱辛，他日有可能，必盡力相助，遂常來往。

※　※　※

余又於四十年冬再赴臺北，因前一年來臺，在臺中得識臺籍數友。彼輩意欲余在臺辦一新亞分校，來函告余已選定校址。港方同人亦以新亞在港困頓無發展，儻在臺辦分校，或可獲新生機，遂又促余行。余抵臺後，即去臺中，觀察所擇地址。在郊外，離市不遠。背臨山，草坪如茵，溪流縱橫，地極寬敞，曠無人煙，將來宜大可發展。時劉安祺駐軍臺中，告余，學校建築可派軍隊任之，於地價外又可省工資。君應急速從事。

余返臺北，即向行政院長陳辭修報告。辭修告余，政府決策不再增設大學。余謂，多增大學，畢業生無安插，固滋不安。但為長久計，他日返大陸，大學畢業高級知識分子恐終嫌不夠。余又謂，聞明年美國教會將來臺設立一新大學，不知政府何以應之。當時臺灣稱大學者惟臺灣大學一所。此國外教會所擬來臺創辦之大學，即翌年成立之東海大學。辭修言，此事容再思之。

余既未得政府明白應允，而滯留已數月，擬即歸。何應欽敬之為總統府戰略顧問委員會主任委員，來邀作講演。余擇〈中國歷代政治得失〉一題，分漢、唐、宋、明、清五代，略述各項制度，共講五次，是為余在臺北有系統演講之第三次。

※　※　※

余講演方畢，忽又朱家驊騮先來邀為聯合國中國同志會作一次講演。依例該會按月一講，自該月十五至下月十五為一期。時適在四月初，騮先云，三月份講會尚未舉行，懇余少留在十五日前作一講。余允之。不日，騮先又來云，頃一法國某君過此，不克多留，擬將君講期讓之。四月十六日為四月份講期之最先第一日，懇君即移是日講演，幸君再稍留。余亦允之。不日，騮先又來告余，謂常借用之講堂共有幾處，不巧是日均不克借用，頃借淡江文理學院新落成之驚聲堂，乃為該堂第一天使用日。屆時當派車來接，余亦漫允。及期，余忽覺心神不安，騮先派車未到，余逕自雇街車去，適該車伕不識地址，過門不停，駛盡一街，乃知有誤，回頭再覓，始得。上講堂已誤時，聽者盈座，樓上座位亦滿。有立法委員柴春霖，約友數人遊士林花圃，諸友乘原車赴陽明山，春霖獨云，需聽講演，一人雇車來驚聲堂，坐樓上。余講辭已畢，待聽眾發問，前座有人先離去。騮先見春霖在樓上，招手邀其下樓來前座。余方答問者語，忽屋頂水泥大塊墜落。蓋驚聲堂建築方竣，尚未經工程師驗收，提前使用，乃出此變。時余與騮先駢肩立講臺上，余一手錶放講桌上兩人間。泥塊直擊余頭部，騮先無恙，即桌上手錶亦無恙，余則倒身泥塊下。一堂聽眾驚聲盡散，忽有人憶余倒臺上，乃返，從泥塊中扶余起。一人見余頭部血流不止，乃以手持筆記本掩之。出門漫拉一車，直送附近之中心診所。余已不省人事。但尚聞一人言，我乃代表總統來慰問。又聞一人云，彼已死去。蓋春霖坐前座，被泥塊擊中胸部。彼本有心臟病，送來醫院即氣絕。余與春霖不相識，始終未覩其一面，然春霖不啻為余而死，每念此事，不勝惋然。又聞人云，今當送君移手術室。余既一切不知，乃能聞此三語，亦心理學上一稀遘之經驗也。

過一宵，晨醒，漫問余在何處。旁一女護士云，在醫院中。余忽憶及有一講演，未去出席，奈何。女護士告余，講演已畢，乃來此。余竟全不記憶。稍後，乃漸憶起，直至屋頂泥塊下墜前，余方作何語，亦記及。此下則全由別人相告，即頭部痛楚亦不自知。若果從此死去，則生不知何由來，死不知何由去，真亦人生一大糊塗，亦人生一大爽快矣。是日為民國四十一年之四月十六日，余五十八歲，誠為余此後生命中最值紀念之一日。

余在病中得新亞同仁來信，知香港政府新定法令，凡屬私立學校，其為不牟利者，須據實呈報，由港政府詳查覈定。余遂函囑由新亞董事長趙冰代勞一切。結果得港政府認許新亞乃為香港當時唯一獨有之一所私立不牟利學校。此亦新亞一難得之榮譽也。

余在存德巷養病時，適新亞學生胡美琦服務臺中師範學校圖書館，日來相陪。前後約共四月，余始轉臺北、返香港。而余之頭部常覺有病，閱一年後始痊癒。

※　　※　　※

翌年，民國四十二年初夏，美國耶魯大學歷史系主任盧定教授來香港，約余在其旅邸中相見，蘇明璇陪往。明璇畢業於北平師範大學，其妻係師大同學，曾親受余課。又明璇曾在臺灣農復會任事，北大校長蔣夢麟為主委。及是來香港美國亞洲協會任職，故與余一見即稔，常有往來。據民國六十九年盧定來香港參加新亞三十週年紀念之講詞，知其當年來港前，先得耶魯大學史學系同事瓦克爾教授之推薦，故盧定來港後，余為其相約見面之第一人。瓦克爾曾在民國四十一年先來香港，後又來港任亞洲協會事，與余亦甚相稔。是晨，盧定告余，彼受雅禮協會董事會之託，來訪香港、臺北、菲律賓三處，以學校與醫藥兩項為選擇對象，歸作報告，擬有所補助，俾以繼續雅禮協會曾在中國大陸長沙所辦醫院及學校兩事未竟之業。彼謂，君為我此行首先第一約見之人，如有陳述，請儘直言。余答，蒙約見，初無準備。君既負有使命，儻有垂詢，當一一詳告。盧定聞余語，面露喜色，隨於衣袋中掏出兩紙，寫有二、三十條，蓋事先早書就者。遂言，如我所問直率瑣碎，幸勿見怪。余答，儘問無妨。

盧定首問，君來港辦學校，亦意在反共否？余答，教育乃余終身志業所在，余在大陸早已從事教育數十年，苟不反共，即不來港。但辦學校自有宗旨，決不專為反共。盧定又問，君辦學校曾得臺灣政府補助，有此事否？余答，蔣總統乃以與余私人關係，由總統府辦公費中撥款相助，與政府正式補助性質不同。盧定又問，以後儻得他方補助，能不再接受此款否。余答，此項補助本屬暫時救急，儻新亞另有辦法，此款自當隨即請停。盧定又問，儻雅禮能出款相助，須先徵港政府同意，君亦贊成否？余答可。以下盧定逐條發問，余逐問回答。自上午九時起，已逾中午十二時始問答完畢。三人遂出外午餐。盧定又隨問余對宗教之態度。余答，余對各宗教均抱一敬意，在余學校中，耶、回教徒皆有，並有佛寺中之和尚、尼姑在校就學者。但余對近百年來，耶教徒來中國傳教之經過情況則頗有不滿處。盧定屢點首道是。余又告盧定，余決不願辦一教會學校。盧定亦點首。惟盧定言，雅禮儻決定對新亞作補助，仍須派一代表來，俾其隨時作聯繫。余謂此屬雅禮方面事。但此一代表來，不當預問學校之內政。盧定亦首肯。

相晤後數日，盧定即去臺北。返港後，又約相見。盧定告余，彼不擬再往菲律賓，已決以新亞一校為雅禮合作對象。並囑余，分擬年得美金一萬、一萬五、兩萬之三項預算，由俾擕歸，俟董事會斟酌決定。余遂寫一紙與之，定年得一萬則另租一校舍，一萬五則頂一校舍，兩萬則謀買一校舍。盧定見之，大表詫異，云，聞君校諸教授兼薪微薄，生活艱窘，今得協款何不措意及此。君亦與學校同仁商之否。余答，君與余屢見面，但未一至學校。余因指桌上一茶杯云，如此小杯，注水多，即溢出。余等辦此學校，惟盼學校得有發展，儻為私人生活打算，可不在此苦守。如學校無一適當校舍，斷無前途可望。請君先往新亞一查看。一日，盧定私自來新亞，遇及兩學生，在課室外閒談而去。適新亞舉行第二屆畢業典禮，在校外另借一處舉行，亦邀盧定前往觀禮。盧定來，禮成，留之聚餐，與諸同仁分別談話而去。後新亞三十週年紀念，盧定演詞中謂，是夕見新亞舉校師生對余一人之敬意，深信此校之必有前途。

盧定臨別前告余，彼返美後，雅禮董事會定於新亞有協助。惟君對此款，仍當作學校日常開支用，至於校舍事，容再另商。又約一美人蕭約與余見面，謂彼亦雅禮舊人，今居港，有事可約談。及盧定返美後，來函云，補助費按年二萬五千美元，又超原定最高額之上。但蕭約延不交款。一日，蕭約來校告余，天熱，教室中不能無電扇，已派人來裝設。余因語蕭約，謂君告余雅禮款已到，今延遲不交，豈欲新亞先拒臺北來款否？此事決不可能。苟余得雅禮協款，再謝辭臺北贈款，始有情理可言。如欲余先拒受臺北贈款，以為獲取雅禮協款之交換條件，以中國人情言，殊不妥當。蕭約道歉，即送款來。時為民國四十三年之五月。新亞乃具函謝總統府，時總統府祕書長已易張羣岳軍。贈款乃從此而止。

同時艾維來告，有關校舍事，盧定在離港前曾與彼相商，當另作籌措，幸勿為念。余初來港，人心惶亂，亦曾為新亞經費多方向大陸來港商人輾轉請乞。其稍有關係者，亦曾出力相助。惟所開支票，既不列受款人姓名，亦不列付款人姓名，若恐他日或因此受累。余亦遂不敢以此擾人。

余初次自臺北返港，教育司即派人來邀余到教育司一談，云有人向政府告密，謂君實去廣州，非去臺北。教育司因受政府囑，不得不邀君親來解釋，此亦政府禮待之意，務懇原諒。余適有臺北返港證一紙留在身邊，乃攜赴教育司。司中人以咖啡點心相待，歡語移時，屢表歉意。如此類事，不勝枚舉。及是時局漸定，然新亞得雅禮協款已普遍流傳，欲再獲他方協助亦成難事。或有疑新亞不獲中國社會同情，乃始終僅賴雅禮一方協助，此一層在余心中常滋慚恧，然亦無可語人也。

※　※　※

盧定離港後艾維又來訪，語余，新亞既得雅禮協款，亞洲協會亦願隨分出力，當從何途，以盡棉薄。余告艾維，新亞創辦乃因大陸遭劇變促成。余意不僅在辦一學校，實欲提倡新學術，培養新人才，以供他日還大陸之用。故今學校雖僅具雛形，余心極欲再辦一研究所。此非好高騖遠，實感迫切所需。儻亞洲協會肯對此相助，規模儘不妨簡陋，培養得一人才，他日即得一人才之用，不當專重外面一般條例言。艾維深然之。謂願出力以待他日新機會之不斷來臨。乃租九龍太子道一樓，供新亞及校外大學畢業後有志續求進修者數人之用。新亞諸教授則隨宜作指導，是為新亞研究所最先之籌辦。時為民國四十二年之秋。

※　※　※

民國四十三年秋季，新亞自得雅禮協款，即在嘉林邊道租一新校舍，較桂林街舊校舍為大，學生分於嘉林邊道及桂林街兩處上課。雅禮派郎家恒牧師來作駐港代表。余告以雅禮派君來，君之任務，雅禮當已交代明白，余不過問。學校事，已先與雅禮約定，一切由學校自主。君來乃學校一客，學校已為君在嘉林邊道佈置一辦公室，君可隨時來。雙方有事，可就便相商。家恒唯唯。但數月間，家恒袖來介紹信已三、四封。余告家恒，學校聘人必經公議。外間或誤會新亞與雅禮之關係，凡來向君有所請託，君宜告彼逕向學校接頭，俾少曲折。家恒亦唯唯。

又一日，艾維來告，盧定返美，即為新亞建校舍事多方接洽。頃得福特基金會應允捐款。惟香港不在該基金會協款地區之內，故此事在美惟雅禮，在港惟彼與余兩人知之，向外務守祕密，以免為福特基金會增麻煩。余初意擬在郊外覓地，屢出踏看。遇佳處，又因離市區遠，各教師往返不便。而大批造教授宿舍，則財力有限，又妨學校之發展。最後乃決定在九龍農圃道，由港政府撥地。建築事均交沈燕謀一人主持。忽得港政府通知，港督葛量洪不久即退休，在其離港前，盼能參加新亞校舍之奠基典禮。遂提前於民國四十五年一月十七日舉行新校舍奠基典禮，而建築則於四十五年暑後落成遷入。

某日，福特基金會派人來巡視，極表滿意。余詢其意見。彼謂，全校建築惟圖書館佔地最大，此最值稱賞者一。課室次之。各辦公室佔地最少，而校長辦公室更小，此值稱賞者二。又聞香港房租貴，今學校只有學生宿舍，無教授宿舍，此值稱賞者三。即觀此校舍之建設，可想此學校精神及前途之無限。余曰，君匆促一巡視，而敝校所苦心規劃者，君已一一得之，亦大值稱賞矣。

嗣後學校又有第二、第三次之興建，此不詳。

※　※　※

民國四十四年春，哈佛雷少華教授來嘉林邊道訪余，沈燕謀在旁任翻譯。余談新亞創校經過，謂斯校之創，非為同人謀噉飯地，乃為將來新中國培育繼起人才，雷少華極表讚許。余謂，惟其如此，故學校規模雖小，同時已創辦了一研究所。科學、經濟等部分優秀學生，可以出國深造，惟有關中國自己文化傳統文學、哲學、歷史諸門，非由中國人自己盡責不可。派送國外，與中國人自己理想不合，恐對自己國家之貢獻不多。惟本校研究所規模未立，仍求擴大。雷少華提聲道是。謂君有此志，願聞其詳，哈佛燕京社或可協款補助。余言，新亞同仁對原有研究所只盡義務，未受薪水。依香港最近情勢，大學畢業生即須獨立營生，故辦研究所，首需為研究生解決生活，供以獎學金。以當前港地生活計，一人或一夫一婦之最低生活，非港幣三百元，不得安心。正式創辦最先僅可招收研究生五、六人，此下再相機逐年增添。雷少華謂此款當由哈燕社一力幫助，君可放手辦去。余謂尚有第二條件，雷默然良久，問復有何條件。余答，辦研究所更要者在書籍，前兩年日本有大批中國書籍可購，新亞無經費，失此機會，但此下尚可在香港絡續購置，惟已無大批廉價書可得。雷謂此事誠重要，哈燕社亦當盡力相助。余又謂尚有第三條件，雷甚表詫異之色，謂更再有第三條件耶？君試再續言之。余謂新亞辦此研究所，由哈佛出款，一切實際進行則新亞自有主張，但須逐年向哈燕社作一成績報告，始獲心安。故創辦此研究所後，即宜出一學報，專載研究所指導同仁及研究生之最近著作與研究論文，可使外界知此研究所之精神所在，亦為全世界漢學研究添一生力軍，亦即為哈燕社作報告。此事需款不巨，但為督促此一研究所向前求進，亦不可缺。雷頻頻點首，告余，君可照此三項具體作一預算，當攜返哈佛作決議。是晨十時起，談至十二時，余偕燕謀在街上一小餐店與雷少華同膳而別。

新亞已先得亞洲協會之助，即在太子道租一層樓，作辦研究所之用。但艾維不久即離亞洲協會，此事遂無發展。至是，始為新亞創辦研究所之正式開始。

新亞研究所在先不經考試，只由面談，即許參加。或則暫留一年或兩年即離去，或則長留在所。自獲哈燕社協款，始正式招生。不限新亞畢業，其他大學畢業生均得報名應考。又聘港大劉百閔、羅香林、饒宗頤三人為所外考試委員，又請香港教育司派員監考。錄取後修業兩年，仍須所外考試委員閱卷口試，始獲畢業。擇優留所作研究員，有至十年以上者。

※ ※ ※

一日，余告董事會，有一報告但非議案不必討論。學校擬創辦一藝術系，以經費困難，下學期學校先添設一二年制藝術專修科。僅求在學校中劃出教室及辦公室兩間。教師已多洽聘，但如本校初創時例，只致送鐘點費，學校不煩另籌經費。俟藝術專修科獲得社會之認可，相機再改辦藝術系。諸董事皆默無語。此後有一董事，美國人，屢向余作戲言，云此乃報告，非議案。以藝術系初辦，即獲美譽，故彼常憶及往事也。

藝術專修科創始於民國四十六年二月，又得僑港珍藏名畫者三四人，各願暫借其所藏，合得四十件左右，暑假期間由新亞開一展覽會。一時觀者絡繹，港督亦特來參觀。其後藝術專修科師生又舉行一次作品聯展，頗獲佳譽。此項展覽品後由雅禮協會贊助運往美國，在美國各地巡迴展覽，亦得美譽。其有助於此後正式成立藝術系為力亦甚大。民國四十八年秋，雅禮協會又增加協款，正式添設一藝術系。但教師待遇則仍不平等。

余因藝術系與其他各系同樣招考，有不合資格應考，而有志學國畫者，多被拒門外。遂於假期內開設一補習班。並同時開一展覽會，展出學期中諸師生近作。社會觀眾瞻其成績，競來報名，學校即以補習班所得學費，補貼藝術系各教師，聊濟薪水之微薄。

※ ※ ※

雅禮駐新亞之代表，初派郎家恒。民國四十七年暑改派羅維德來作代表。羅維德乃耶魯大學之宗教總監，又任耶魯大學皮爾遜學院院長。其在耶魯德高望重。年老退休，雅禮乃請其來港任駐新亞之代表。

一日，羅維德語余，若新亞更求發展，似宜添設理學院，但不知余意云何。余云，余亦久有此意，惟需經費甚鉅，不敢向雅禮輕易提出。今君亦同具此意，大佳。但物理、化學諸系，須先辦實驗室，俟物理儀器化學藥品粗備，始可正式開辦，免來學者虛費歲月。當先開設數學系，次及生物系，只需購置顯微鏡等少數幾項應用儀器即可。時適耶魯有理學院某教授赴菲律賓，為其某大學部署理學院研究所，羅維德遂邀其迂道來港，為新亞設計，以最低款籌備物理、化學等實驗室。而數學、生物兩系，則率先創設。時為民國五十九年秋。隔一年，始正式添物理、化學系。若非羅維德來港，新亞理學院恐不能如此順利創辦。

其時香港政府忽有意於其原有之香港大學外，另立一大學。先擇定崇基、聯合與新亞三校為其基本學院，此後其他私立學院，凡辦有成績者，均得絡續加入。崇基乃一教會學院，經濟由美國各教會支持，創辦後於新亞。聯合書院乃由亞洲基金會出資，集合其他私立學院中之五所組成。因新亞已得雅禮、哈佛協助，亞洲基金會遂改而支持此五校。凡此崇基、聯合、新亞三校，皆得美國方面協助。港政府似乎意有不安，乃有此創辦一新大學之動議。崇基、聯合均同意，新亞同人則多持異見。余意新亞最大貢獻在提供了早期大批青年難民之就學機會。今則時局漸定，此種需要已失去。而新亞畢業生，非得港政府承認新亞之大學地位，離校謀事，極難得較佳位置。儻香港大學外，港政府重有第二大學，則新亞畢業生出路更窄。此其一。又國內學人及新起者，散布臺港美歐各地日有加，儻香港再增辦一大學，教師薪額一比港大。此後絡續向各地延聘教師，亦可藉此為國儲才。香港政府所發薪金，亦取之港地居民之稅收。以中國人錢，為中國養才，受之何媿。此其二。三則辦一大學，當如育一嬰孩，須求其逐年長大。而新亞自得雅禮、哈佛協款，各方誤解，欲求再得其他方面之大量補助，事大不易。必求一校獨自發展，余已無此力量與信心。抑且余精力日衰，日間為校務繁忙，夜間仍自研讀寫作，已難兼顧。亦當自量才性所近，減少工作，庶亦於己無媿。而香港政府意，則實以新亞參加為其創辦新大學一主要條件。余以此事告羅維德，彼極表贊同，更不發一語致疑問。余謂學校內部會議，余可負全責。遇學校與港政府磋商，君肯任學校代表，不憚奔走之勞否。彼亦慨允。

一日，港政府送來一創辦新大學之綱領，凡二十餘款，囑各校參加意見。新亞特開一會議，逐款加以改定者，逾三之二。但港政府亦不堅持，率從所改。又一日，余偕同事四五人赴教育司應邀談話，羅維德亦同往。時高詩雅已退休，毛勤接任，手持一紙，列五六條，起立發言。先述第一條，辭未畢，余起立告毛勤，能有幾分鐘許余先有申述否。毛勤允之。余發言畢，再請毛勤講話。毛勤謂，尊意未盡，儘可續言，於今日之會有益無損。余遂繼續發言，再讓毛勤。毛勤又言，君儘暢所欲言，勿作存留。余再繼續發言。自上午十一時開會，壁上掛鐘打十二響，余告媿憾。毛勤謂，今日暢聆君言，極所愜意。惟有一事乞愿諒。港政府為成立新大學事，亦特組織一會。我居此位，特轉達政府公意，非私人有所主張。今晨聆錢先生言，當轉告政府，俟下次再商，遂散會。是夜，新亞在市區有酒會，羅維德告美琦，今日錢先生有一偉大令人敬佩之表現。席散，美琦詢余，乃以午間教育司開會事告之。

羅維德駐新亞一年，回雅禮，由蕭約繼任，在盧鼎來港時，即與余相識。其人久居中國，又娶一中國太太，離大陸後，居港寫作亦已多年。與港政府人多相熟。時以新亞意與港府意彼此傳遞，為助亦大。港政府又特自倫敦聘富爾頓來，為創建新大學事，與三校磋商。富爾敦力贊新亞研究所之成績，謂當保留此研究所，成為將來新大學成立後之第一研究所，一任新亞主辦。並將此意寫入新大學創建法規中，俾成定案。余與談及新校長人選，余主由中國人任之。富爾敦謂，先聘一英國人任首席校長，再由中國人繼任，或於實際情勢較適，未細談而罷。

※　　※　　※

民國四十八年秋，余得耶魯大學來信，邀余去在其東方研究系講學半年。余以新亞事煩，適桂林街舊同事吳士選俊升自國民政府教育部次長退職去美，余邀請其來新亞任副院長，余離港可暫代校務。毛勤告余，吳君曾任臺灣政府教育部次長職，彼來新亞，似有不便，港政府將拒其入境。余問毛勤，在英國是否有從政界退職轉入學校任教之例。今吳君已正式從國民政府退職，轉來新亞，有何不便。毛勤言辭趦趄，謂新亞聘人易，君何必選走一限途。余謂，港政府儻有正當理由告余，余自可改計。倘並無正當理由，何乃堅拒余請。毛勤通粵語，並亦略讀中國書。彼謂，君心如石，不可轉也。只有仍待港政府作最後決定。

一日，蕭約特來告余，私聞港政府中人語，新亞申請吳君入境，頗懼大陸忽提抗議，橫生波折。頃港督休假離港，不三日即返，專待其最後一言。萬一堅拒新亞之請，豈不對新亞顏面有關。不如暫撤所請，再俟他日從長商榷。余謂，既只須再待三數日，余必俟港督返，聽其作最後之決定。及港督返，語其部下，我們且勉從新亞此一請，他日復有此等事，再作詳商。翌晨，毛勤一早來新亞，入余室，即連聲恭喜，謂港督已允吳君入境，並已直接通知紐約英國領事館，囑其就近轉達吳君，俾可即速治裝。毛勤又謂，君為此事延遲美國之行，頃吳君不日可來港，君亦可整備行裝矣。

又一日，毛勤來告余，彼於明年夏須退休返英倫，君將去美國，特先來辭行。彼又謂，英國乃民主政治，於反對方面意見，亦知尊重。君堅持己見，一次不見從，儘可再次提出，幸勿介意。

毛勤又於年前向余提議，由新亞來創辦一中文中學，可作港九中文中學之榜樣。囑余先選定一地，香港政府可無條件撥付。校舍圖樣繪就，建築經費新亞只需擔任其十分之一，其餘十分之九，全由港政府負擔。將來此中學之常年經費，教育司當擔任其百分之八十，而內部用人行政，則全由新亞作主，教育司決不干預。余遂於九龍近郊荃灣擇定一地，距市區不遠，而隔絕煩囂，可全不受市區之影響。其地背負山，南面距海亦近，可遙望，地極寬敞。惟須待港政府先在該區四圍築路，再於路面下安裝自來水電燈各線。余並聘定臺北沈亦珍來任校長。亦珍特來港一行，同去踏看新校舍之地址。一切端倪粗定，忽港政府創設新大學之動議起，余為此事，各方商談，極費曲折，遂將中學事擱置。及毛勤去職，亦未目睹其成。

余自辦新亞，與香港教育司時有接觸。前為高詩雅，繼任者為毛勤。而高詩雅任職時，毛勤即為之副。故余與毛勤交接為特多。高毛兩人皆久居港地，通達中國社會人情，對余皆具禮貌。及中文大學成立，特授高詩雅以名譽博士學位。高詩雅來港接受學位時致辭，特紀念及余與新亞之往事。余時已離港來臺，有人特轉送其演講辭於余。余初不通英語，居大陸時，與外國人交涉極少，不謂在香港交接得許多美國英國人。至今不勝馳溯。亦余生平師友中所難忘之幾人也。

※　※　※

吳士選既來，余夫婦遂成行。時為民國四十九年一月十八日。留美前後共七月餘。於九月一日離美轉赴倫敦。

余離港前，倫敦來邀即將合組新大學之三院院長前往訪問。余因赴美在即，約定離美後單獨前往，至是始成行。余至倫敦，毛勤已退休歸家，住倫敦近郊。親來邀赴其家，盤桓一天，深夜始歸，均由毛勤駕車迎送。

富爾敦亦特來邀余夫婦去其家住一宵。火車路程一小時即達，午後討論香港創辦新大學事，談及校長問題，兩人仍各持舊見，不相下。出至郊外，參觀在此興建一大學之新校址，彼即預定任此校之校長。晚餐後，續談香港新大學校長問題，仍不得解決。翌晨再談，仍無結果。午後，富爾敦親送余夫婦返倫敦。車上仍續談此問題。余問，當前中國學人君意竟無堪當一理想大學校長之選否。富爾敦色變，遽謂此問題當依尊旨，即此作決定，幸勿再提。

※　※　※

在英共住二十二日，自倫敦轉巴黎。賀光中夫婦適自星加坡來巴黎，光中乃專為抄錄巴黎所藏敦煌文件而來，故需久住，特租一屋。余夫婦亦同寓其處，在巴黎多蒙其夫婦陪遊。

余夫婦遊巴黎共旬日，忽得香港新亞來信，學校有事，促急歸。因取消歐陸其他各國之行，法國其他地區亦未前往，匆匆離巴黎轉赴羅馬，作為此行最後之一程。

余夫婦遊羅馬凡六日即匆促賦歸。

余返香港，乃知新亞內部為國慶日懸國旗有齟齬。余告來談者，國家民族精神之體究與發揚，乃我全校師生積年累月所當努力一要目。懸掛國旗，乃一儀式。不當為此使學校前程生波折，亂步調。但國慶之晨，仍有人在學校樓頂私升國旗，旋又卸下，未肇事端。蓋少數幾人主張，絕大多數置之不問，而另有少數臨事加以勸阻。然余之歐遊則竟為此中輟，至今思之猶為悵然。

※　※　※

民國五十一年七月富爾敦又來港，初面，又詢余有關校長事仍持初意否。余告以余所爭乃原則性者，他日物色校長人選，余決不參一議。富爾敦頷首不語。有關新大學一切爭議，至是遂定。又議校名問題，或主取名中山大學，或主名九龍大學，其他尚有多名，久不決。余謂，不如逕取已用之英文名直譯為中文大學，眾無異議。新校長既來，召崇基聯合新亞三院院長每週開一聯席會議，遇有異見，舉手多數即通過。余與富爾敦毛勤以前彼此討論商榷之情形，今則渺不可得矣。余自新亞決定參加大學，去意亦早定。大學既成半年，乃商之趙冰董事長，得其同意，辭去新亞院長之職。時為民國五十三年之夏，自創校以來，前後十五年，連前亞洲文商學院夜校一年，則為十六年。亦為余生平最忙碌之十六年。惟董事會允余五十四年為正式辭職之年，此一年則為余之休假年。時余年七十一。余旅居香港之辦學生涯遂告終結。

上引資料仍有未夠詳盡處，或亦不免尚有遺漏。然重要之點應已敘及。茲有數事，余尚須特加更正者。

一、新亞前期亞洲文商學院之創辦，主張自張其昀曉峯先生。謝幼偉、崔書琴、某君（忘其名）及余，皆曉峯所邀。曉峯本擬親來港創校，不意因先總統　蔣公電召未能來港。余二次來港時，謝、崔兩君已向港府教育司辦妥學校登記，並未經同意逕用余名登記為院長。後某君返大陸不歸，幼偉又因事他去，余始邀君毅、丕介來共事。故亞洲文商學院之創辦，實非余與君毅用教育部講演費所設立。可謂無曉峯，即無亞洲文商。無亞洲文商，亦不可能有新亞。余不敢掠美，特加更正。

二、民國三十九年冬，新亞經濟困難，余赴臺灣向政府請求援助。行政院代表政府允助港幣每月三千。先總統　蔣公亦允比照政府補助款數同額補助。　蔣公之款自其總統府辦公費省下，允諾後，立即按月撥付新亞，無任何手續。直到民國四十三年五月，新亞獲得雅禮補助方自請停止。而政府方面所允補助之三千元，則僅屬虛文，實際並無下落。翌年，余為求打開新亞困局，再次赴臺，擬在臺創立分校。當時已獲得臺籍友人之捐地捐款，不需政府任何經濟補助，只求准許立案。四處奔走請託，竟滯留數月之久，而無法獲得政府之同情。最後竟以「驚聲堂」意外，轉變余此行。其中經過，委曲難言。故余屢對新亞同仁以及雅禮諸先生明確宣言：新亞所得臺灣之補助，乃　蔣公私人對新亞之同情，與政府政治皆無關。其中區別，不待贅言。

三、一九五三年七月，耶魯大學盧鼎教授代表雅禮協會來遠東尋找新合作對象，結果選定新亞。盧鼎於七月二日抵港，七月四日即與余見面。如其來港前，未先對新亞有所知，余二人之見面不可能如是之速。一九七九年新亞創校三十周年紀念，盧鼎特來港參加慶典，其「一九五三年東西之會」一講詞（刊於《新亞生活月刊》七卷一期）曾對此事經過明白敘述。

當年雅禮與新亞之合作，雙方皆極慎重。在東西方之學術界，亦為一極富意義極值重視之舉。不意在新亞公開之文字記載中竟言：「盧鼎到港，因本校學生奚會暲君之介紹而與學校始有接觸……。」如此則雅禮尋訪新合作對象之舉太過輕率，實使新亞有愧於異國友人之真誠相助。余不得不特加鄭重更正。

四、新亞研究所之創立，最初得香港美國亞洲協會負責人艾維之主動援助。亞洲協會經費有限，僅補助新亞研究生及圖書與房租等費，時在民國四十二年秋。惟艾維不久離去，此事遂無發展。

四十四年春，哈佛雷少華教授來港，新亞研究所得哈佛燕京社資助，始正式招生，並聘校外考試委員閱卷口試，學生畢業可擇優留所作研究員。圖書費大增，新亞始能作有計畫之購書。又增添出版補助費。

惟亞洲協會及哈燕社皆從未資助新亞設專任教授。後香港政府開始補助新亞，余提出請求，研究所始由港府補助得設專任教授四人。

余觀新亞同仁過去之文字記載云：「美亞洲協會負責人艾維結識本校學生多人，因而慨然有意協助。藉建立新亞研究所之名，由該會撥助專任研究人員的研究費，而以其中半數轉交新亞書院，以應付學校最低限度的經費需要。有專任教授四人……。」此乃不實之言。

艾維初抵港，即來訪，謂在美有人介紹。並表示知余創新亞之艱辛，他日如有可能，必盡力相助。後艾維主動援助新亞，其事之始洽，實在盧鼎與余見面返美後。惟一經商定，立即開始，時為民國四十二年秋。而雅禮之補助，雖商談在先，需經該會董事會通過，於民國四十三年五月，在亞洲協會已資助新亞籌辦研究所後方正式開始。又盧鼎初次來港，與中國文化界人士之接觸，幾全由亞洲協會之協助。陪余與盧鼎見面之蘇明璇君，即是艾維當時之助理。艾維已詳知雅禮即將資助新亞，何需另藉名再補助？此說實難言之成理。

新亞創始初期，經費來源極簡，支出亦簡，故由教授兼雜務尚可敷衍。此後學校日擴，一切人事行政需漸上軌道，故研究所初創，書院與研究所經費事務即分人負責，此或為事實誤解之起因。

以上四事皆極具體，均余當年親自經手。今余既知新亞過去文字記載有誤，理應加以更正。

新亞四十周年紀念祝辭

今年欣逢新亞創校四十周年紀念，林校長及新亞校慶特刊編輯委員會主席唐端正，兩位先生來信，要我寫一篇話舊或述感的文章。這是我義不容辭的事。人生一世三十年，四十年已超過十年，不能算是一個短時期。對於一個年已五十五的老人來說，更可算是一段艱困漫長的人生旅程。四十年前創辦新亞時，我絕想不到四十年後，我還能在有生之年來慶祝。這在我生命過程中，實感快慰。

我正式離開新亞已二十五年，離開香港亦已二十二年。但香港與新亞，始終在我深切的關懷中。近幾年，我衰老多病，不能多思考，惟對中國人未來的命運，仍如舊般在心。我感覺，似乎今天整個世界都在快速轉變中，沒有人能預知未來的世界會變成甚麼樣。由於「一九九七」的大限日近，香港未來的命運，像在風雨飄搖中。每想到香港，自然會連想到新亞，兩者是難以分開的。為紀念新亞創校四十周年，回念過去，想起三件事，值得在慶祝四十周年時，再向大家提起。

一是我當年為書院取名「新亞」，二是我為大學取名「中文」，三是我堅持第一任中文大學校長應由中國人擔當。這三件事，都有關新亞的歷史，並與香港地位特殊有關。

民國三十八年，我避禍來到香港，香港是英國的殖民地。回想四十年前的香港，中國人的地位是很低的。那一種殖民地的氣氛，深深壓迫著中國人，特別是對知識份子們。當年的感受，不是今天的香港青年所能瞭解。我不能安身國內，隻身流亡到香港，這近百年來既屬中國而又不算中國的土地。一個流浪者的心情，是很難描述的。我不敢暴露中國人身份的心情來要求有一個「新香港」，遂轉而提出「新亞洲」。我當時只能希望英國人對亞洲殖民地採取較開放的新姿態，使流亡在香港的中國人能獲較多自由，所以我為我們的書院取「新亞」為名，寄望我們將有一個稍為光明的未來。

僅不過十年，由於流亡香港的中國人的努力奮鬥，在香港做出了他們的貢獻。統治階層的英國人，不得不重視這批流亡者的存在，於是要來成立香港大學外的另一所大學。把已經有的流亡學校，組合起來，另創一個大學，以應實際需要。

大家都知道，原有的香港大學是一所以傳授西方文化用英國語言為主的大學，他代表殖民政府。而香港社會實際上有佔百分之九十以上的居民，是承襲中國文化，並使用中國語文的。我們的新亞，在當年雖是「手空空，無一物。」但在香港的文教界，早獲得了肯定，並且受到社會上普遍重視。所以在最初，新亞即被認定為新大學的一成員。當時大家花了很多時間，開了多次會議，討論為此一即將成立的新大學命名，提出了各種不同的意見，眾議紛紜，未有定論。我提議，不如即照當時籌備期所用英文名直譯為「中文」大學，終於獲得定論。以香港的特殊背景，用「中文」兩字來做新大學的名稱，是涵有某種特殊意義的。

後來大學成立，校長人選成了眾所矚目。香港政府當時有意委任一位英國人，而我主張應由一位中國人來任。我曾說：「不論香港政府請誰，我都不反對，只要他是一個中國人。」我至今記得很清楚，一九六一年，我與內人從美國回香港，特地繞道英國，與當時中文大學籌備委員會的負責人富爾頓爵士會面。並接受他的邀請，到他在倫敦近郊的家中住宿一晚。抵他家當天的下午，以及當日晚飯後，我們只討論一個問題，就是有關校長人選該是英國人抑是中國人的問題。第二天，富爾頓陪我們夫婦回倫敦，在火車中，我們還是討論同一問題。最後我問他：「你是否認為中國人之中沒有一個人能擔任大學校長的呢？」於是這一爭論，纔算告一段落。

當時的香港政府，以為在中文大學初創時，由一英國人來任校長，做政府與學校之間的橋樑，會有助於新大學行政的推行。以香港環境的特殊，中文大學成員背景的複雜，我們不能不承認香港政府的主張自有一番理由。我更深切明白，由中國人來任校長，絕不會比英國人任校長，對新亞能有更多的幫助。相反的，英國人任校長，新亞可能受到更多尊重。然而我是一個中國人，我要提倡中國文化，站在國家民族的立場，我不能同意由英國人來任校長。英國人終於接受了我的意見。

中文大學正式成立後，我即辭了新亞書院院長職務，不久遷來臺灣，長期離開了香港。今天為慶祝新亞四十周年撰文，關懷到香港的未來，我不免又想起以上三件事。我很高興，自中文大學校長由中國人出任後，沒有幾年，香港大學的校長也改由中國人來擔任了。今天香港政府其他多所大專院校的行政首長，也陸續換成了中國人。這在新亞創辦初期，是難以想像的，但今天卻變得很平常了。今天的中文大學，在世界學術界，其名聲地位，絕不低於香港大學。而「中文大學」這一名稱，在當時至少表達了大多數香港居民的心聲。

從前的香港，是中國人的土地來作英國的殖民地。我們希望香港不該再有殖民制度，即是希望中國人英國人同居一地，不應再有統治、被統治之別。也即是希望泯滅人類種族的分別，成一大同的集聚。至今不過四十年，現在不僅英國人即將退出其殖民地的地位，而香港也真成為新亞洲一重要的新邑了。我們中國人正該歡欣鼓舞，而不幸今天居住在香港的中國人，不僅沒有這表現，反而懷有恐懼憂慮的心情，這真是值得悲傷的。目前的香港究該如何？這是香港人眼前一大事，正須待香港人自己好好努力。我們總不能再存有依賴英國人之想，中國人的事該由自己負責。

四十年來，新亞面對所處的環境，曾盡了他的一份責任。雖然到今天，我們還很難給過去四十年的新亞做出正確的評價。然而四十年後，新亞即將要面對一個與前全然不同的環境，他所負的歷史使命也將有所不同。我們要對抗外來的壓迫是比較容易的，建立內在的自由卻轉較難。

新亞的校歌有一句說：「千斤擔子兩肩挑。」這是寫我當年心中的實感，一點也沒有誇大。我恐怕今天以後的中國人，肩上擔子絕不止千斤。當年的新亞，全校師生加起來不滿百，而物質上、精神上真是「手空空無一物」啊！然而我們當時卻自覺該背負起對國家民族的責任，並懷有堅定不移的信心，終於一步步度過難關。今天的新亞師生十倍當年。再加上畢業校友，恐已有百倍。以今天的新亞比從前，無論人力財力，精神物質上，力量大了何止十百倍。只要我們能團結一心，堅持信念，為我們苦難的國家民族共同努力攜手並進，縱然是萬斤重擔，我相信新亞師生也絕不會退縮。我不禁要再一次呼喚：「珍重！珍重！我新亞精神。」藉此創校四十周年紀念慶典，向新亞全體師生及畢業校友，獻上我衷心誠懇的祝福與期盼。

中華民國七十八年五月十八日於臺北外雙溪素書樓時年九十五歲

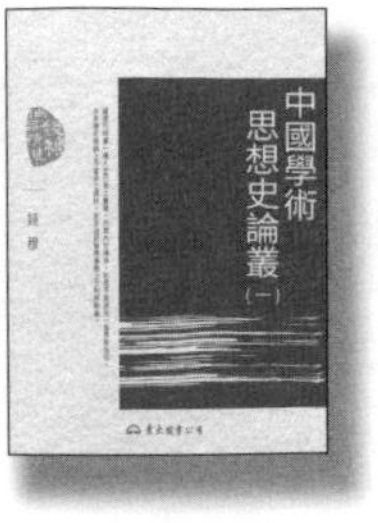

中國學術思想史論叢

錢穆 著

本套書凡三編，共分八冊，彙集了賓四先生六十年來，討論中國歷代學術思想，而未收入各專書之單篇散論。上編（一～二冊）自上古迄先秦，中編（三～四冊）自兩漢迄隋唐五代，下編（五～八冊）自兩宋迄晚清。先生治學主通不主專，是以能於歷代諸子百家中，梳理其學術流變，闡發其思想精微。三編一貫而下，中國歷代學術思想之脈絡自然呈現。

中華文化十二講

錢穆 著

本書乃賓四先生初定居臺灣期間，在各軍事基地之演講辭，共十二篇，大體討論中國文化問題。賓四先生認為中國文化有其特殊之成就、意義與價值，縱使一時受人輕鄙，但就人類生命全體之前途而言，中國文化必有其再見光輝與發揚之一日。或許賓四先生頌讚或有過分處，批評他人或有偏激處，要之讀此一集，即可見中國文化影響之悠久偉大。

八十憶雙親、師友雜憶（合刊）

錢穆 著

本書為《八十憶雙親》、《師友雜憶》二書之合編，皆為錢賓四先生對自己生平所作的記敘。《八十憶雙親》為先生八旬所誌，概述其成長的家族環境、父親的影響和母親的護恃。後著《師友雜憶》，繼述其生平經歷，以饗並世。不僅補前書之不足，歷數了先生的求學進程、於各地的工作經驗、做學問的契機、撰著寫就的過程以及師友間的往事等，使讀者對賓四先生有更完整、更深刻的認識；亦可藉由先生的回憶，了解其時代背景，追仰前世風範。

世界局勢與中國文化

錢穆　著

本書乃彙集三十年之散篇論文，共三十題，就其中一題，取名為《世界局勢與中國文化》，討論當前世界局勢之演變，及中國文化在此變動局勢中應如何自處之道。所涉方面甚廣，論題或大或小，或專或通。每題各申一義，而會合觀之，則彼此相通，不啻全書成一大論題，而義去一貫。其間各篇，雖因時立論，而自今讀之，亦無過時之感。

先秦諸子繫年

錢穆　著

先秦諸子年世問題實多，前人多據《史記・六國年表》加以考訂。然〈六國年表〉僅據秦史，本身即多闕漏。先生乃通過考證汲冢《竹書紀年》，改正《史記》之牴牾；兼之遍考諸子著述，博採秦漢古籍，對先秦諸子之生平思想，各家學派之傳承流變，一一論證。其廣度與深度，為當時的學術圈開創了一番新境界。

人生十論

錢穆　著

本書為錢賓四先生之講演稿合集，由「人生十論」、「人生三步驟」以及「中國人生哲學」等三編匯集而成。所論人生，雖皆從中國傳統觀念闡發，但主要不在稱述古人，而在求古今之會通和合。讀者淺求之，可得當前個人立身處世之要；深求之，則可由此進窺古籍，乃知中國傳統思想之精深，以及與現代觀念之和合。做人為學，相信本書皆可以啟其端。

中國古代思想史論

李澤厚　著

本書從剖析孔子仁學開始，論說了自先秦至明清的各種主要思潮、派別和人物。其中著重論證了中國的辨證法是「行動的」，而非「思辨的」。秦漢時期的「天人感應」宇宙觀；莊子、禪宗對人生作形上追求的美學；宋明理學則作為道德形而上學而具有重要價值，以及在明清時期思想中「治人」與「治法」已出現分離，象徵著傳統中國的政教合一制度動搖，思潮逐漸向近代靠近。

中國近代思想史論

李澤厚　著

本書收作者對近代中國自太平天國至辛亥革命時期各主要思潮和重要思想人物如康有為、譚嗣同、嚴復、孫中山、章太炎、魯迅等的系統論述和細緻分析。首篇即從思想角度剖析，太平天國為何「其興也勃，其亡也忽」，指出農民革命戰爭諸多規律性的現象，慨乎言之，深意存焉。其後數篇乃對戊戌變法維新思想和人物的詳盡分疏，於康有為大同思想和托古改制策略，評價甚高。此外，對嚴復在中國近代思想史的特殊地位，章太炎的民粹主義的突出思想特徵，本世紀初知識者由愛國而革命的心路歷程以及梁啟超、王國維等人的獨特意義，都或詳或略了以點明和論述。

中國現代思想史論

李澤厚　著

本書以「啟蒙」與「救亡」的雙重變奏，作為解釋中國近現代思想史上許多錯綜複雜現象的基本線索，在學術界引起了巨大討論。

此外，本書以數十年的新文學歷程，以及「現代新儒家」等哲學論題，深入淺出地探討現代中國思想的爭議與價值，並或明或暗地顯現了本世紀中國六代知識分子的身影與坎坷的命運。

國家圖書館出版品預行編目資料

新亞遺鐸／錢穆著.——初版一刷.——臺北市：三民，2023
面；　公分.——（錢穆作品精萃）

ISBN 978-957-14-7410-6（全套：精裝）
1.新亞書院 2.文集

525.8238　　111002222

新亞遺鐸（下）

作　　者	錢　穆
發 行 人	劉振強
出 版 者	三民書局股份有限公司
地　　址	臺北市復興北路 386 號 (復北門市)
	臺北市重慶南路一段 61 號 (重南門市)
電　　話	(02)25006600
網　　址	三民網路書店 https://www.sanmin.com.tw
出版日期	初版一刷 2023 年 1 月
書籍編號	S851981
I S B N	978-957-14-7410-6

三民書局